JN437662

모두들 알지만
아무도 안 본 사서오경
예기
【禮記】

모두들 알지만 아무도 안 본 사서오경

예기

【禮記】

초판 1쇄 인쇄 2009년 10월 28일
초판 1쇄 발행 2009년 11월 9일

글 · 그림 주춘차이
옮김 김윤진

펴낸곳 서해문집
펴낸이 이영선
출판등록 1989년 3월 16일 (제406-2005-000047호)
주간 강영선
편집장 김선정
편집 김문정 김계옥 이윤희 임경훈 성연이 최미소
디자인 오성희 김아영
마케팅 김일신 박성욱
관리 박정래 손미경
주소 경기도 파주시 교하읍 문발리 파주출판도시 498-7
연락처 전화 (031)955-7470 | 팩스 (031)955-7469
홈페이지 www.booksea.co.kr
이메일 shmj21@hanmail.net

ISBN 978-89-7483-409-8 07150
값은 뒤표지에 있습니다.

이 도서의 국립중앙도서관 출판시도서목록(CIP)은 e-CIP 홈페이지
(http://www.nl.go.kr/cip.php)에서 이용하실 수 있습니다.(CIP제어번호:CIP2009003259)

글·그림 주춘차이
옮김 김윤진

모두들 알지만
아무도 안 본 사서오경

예기

【禮記】

서해문집

맛 좋은 술을 마시듯 예기를 읽다

"예가 그처럼 중요한 것입니까?"

하루는 공자의 제자인 언언이 공자에게 물었다.

그러자 공자가 이렇게 대답했다.

"예를 잃는 자는 죽을 것이고, 예를 얻는 자는 살 것이다."

요즘도 우리는 스승과 제자 간의 예절이 예전 같지 못하다고 개탄한다. 흔히 사제지도師弟之道가 땅에 떨어졌다는 표현을 쓰면서, 그 원인을 교육에서 찾는다. 헌데 그 말은 틀렸다.

《예기禮記》에서는 "배움의 길에서 스승을 존경하는 법을 배우기가 가장 어렵다"고 말한다. "스승을 존경할 줄 알고 나서야 비로소 도를 숭상하고, 도를 숭상하고 나서야 학문을 공경할 줄 알게 된다"는 것이다. 한마디로 교육 때문에 사제 간의 예절이 달라진 게 아니라 사제 간의 예절이 달라졌기 때문에 교육이 변했다는 소리다. 정치가 안정되고, 문화가 활짝 꽃피는 사회를 원한다면 반드시 '예'의 가르침에서 시작해야 한다. '예' 하면 고리

타분한 예의범절이나 격식이라는 선입견 때문에 간과하기 쉽지만, 실제로 '예'는 주옥같은 인생의 지혜이자 문화이다.

이러한 인생의 지혜를 담고자 한 책이 바로 《예기》이다. 《예기》는 '예에 대한 해석'을 뜻하는데, 9만 자字에 달하며, 한 분야에 한정되지 않고 정치, 법률, 도덕, 철학, 역사, 제사, 문예, 일상생활, 역법, 지리 등 다방면의 내용을 섭렵·포괄하고 있다. 서술체 문장의 짤막하지만 살아 있는 이야기로 인생의 도를 깨우쳐주며, 빈틈없이 잘 짜인 구성은 함축적이고 의미심장하기까지 하다. 넓은 의미에서 '예'가 곧 문화이듯이, 《예기》는 곧 중국 문화다. 《예기》는 중국 문화와 사상의 심원한 기원을 명백하게 밝혀줄 귀중한 자료이다.

그런데 이렇게 중요하고도 재미있는 《예기》를 사람들은 어째서 이름만 알고 잘 읽지 않는 것일까? 여기에는 예기의 탄생 과정 탓이 크다. 예기의 기원을 거슬러 올라가면, 한나라 때에는 공자가 정의한 고서를 '경'이라 하고 경에다가 제자들이 해석을 붙인 것을 '전' 혹은 '기'라 불렀는데, 《예기》의 '기記'는 거기서 온 것이다. '예禮'는 진晋나라 이후에는 《의례儀禮》로 불렸던 《사례士禮》를 의미하는데, 춘추전국시대 예학자들은 이 《사례》를 학습할 때 '기'라는 참고자료도 함께 전수받아 익혔다. 이후 서한西漢의 예학자들은 《의례》를 전수할 때 각자가 '기'를 선별하고 편찬하여 보조 교재로 삼았다. 예학자 개개인이 흥미에 따라서 취사선택했으므로 설사 잘된 편집본이라 해도 '기'마다 편수와 편차編次가 제각각이었다. 그러니 춘추전국 시기에서 진한秦漢 시기까지 《의례》의 문장을 선집해, 유가 사상을 집대성한 《예기》도 물론 저자가 한 사람이 아니며 시작始作 시기도 각각 달랐다.

양도 또한 방대해서 서한 초기까지는 총 131편이었으나, 서한의 예학자 대성戴聖이 그중 49편을 선별하여 《소대예기小戴禮記》를 편찬했다. 오늘날 우리가 보는 《예기》는 대성이 편찬한 《소대예기》이다. 그럼에도 우리가 읽기에 《예기》는 여전히 내용이 방대하고 복잡하며 배열도 어수선하다. 그래서 정현이라는 사람은 범주를 정해 총 49편을 통론, 제도, 상복, 길사吉事 등 여덟 가지로 분류했으며, 근대에 양계초梁啓超라는 이는 다섯 가지로 나눴다.

《예기》의 분량이 워낙 엄청나기 때문에 이 책에서도 전편을 싣지 않고, 예기의 핵심이라 할 수 있는 아홉 편을 따로 뽑았다. 이 중에서 〈예운〉, 〈경해〉, 〈학기〉, 〈유행〉은 양계초의 분류에 따르면 첫째 부류인 '예의와 학술에 관한 부분'이고, 〈중니연거〉는 '공자의 언행을 다룬' 셋째 부류이다. 〈왕제〉, 〈제의〉, 〈곡례〉, 〈월령〉에서는 '고대 제도와 예식'을 다루는데, 특히 〈곡례〉와 〈유행〉은 격언과 명언을 많이 다뤄 독자들에게 친숙할 것이다.

비록 49편 전체는 아니지만 선별한 아홉 편을 통해서도 충분히 《예기》에 흐르는 정신과 영혼의 고갱이를 섭취할 수 있으며, 예악禮樂과 유가 사상을 핵심으로 정치, 윤리, 철학, 미학, 교육, 종교, 문화 등 각 방면의 풍부한 사상까지 섭렵할 수 있다.

《예기》에는 '예'의 본질이 무엇인지를 잘 설명해주는 이야기가 실려 있다. 〈예운〉 편에는 다음과 같은 구절이 나온다.

故禮義也者고예의야자 人之大端也인지대단야.

所以講信修睦소이강신수목, 而固人肌膚之會이고인기부지회, 筋骸之束也근해지속야.

所以養生소이양생, 送死송사, 事鬼神之大端也사귀신지대단야,

所以達天道소이달천도, 順人情之大竇也순인정지대두야.

故壞國고괴국, 喪家상가, 亡人망인, 必先去其禮필선거기례.

故禮之於人也고례지어인야, 猶酒之有蘖也유주지유얼야 君子以厚군자이후, 小人以薄소인이박.

그러므로 예의라는 것은 사람의 근본이다.

예를 행함으로써 신뢰와 화목을 다질 수 있으며

예와 신뢰와 화목과의 관계는 마치 사람 몸의 피부와 근육, 골격의 결속과 같다.

예는 살아가고 장사지내고,

귀신을 섬기는 일에 근본이 되므로 하늘의 도에 통달하고

인정을 순하게 하여 삶을 원활하게 만든다.

나라가 망하고, 집안이 몰락하고,

개인의 명예가 실추되는 까닭은 예를 버렸기 때문이다.

예는 사람에게 있어 술의 누룩과 같으며,

군자는 향기가 진한 맛좋은 술과 같지만 소인은 향이 없는 맛없는 술과 같다.

서한 초기까지도 의례에 종속되었던 《예기》는 동한東漢 말년 저명한 학자였던 정현鄭玄이 단 멋진 주해 덕에 성행하게 되었으며, 경전으로까지 그 위치가 격상되었다. 그러나 《예기》가 모체인 《의례》를 뛰어넘어 오늘날

까지 각광받을 수 있었던 가장 큰 원인은, 《예기》에 지금 현재를 사는 우리에게도 와 닿는 진귀한 문구가 담겨 있기 때문일 것이다. '예'란 인간을 가장 인간답게 만든다. 또한 순리에 따라 향기 진한 맛 좋은 술처럼 삶을 살아가는 방법이기도 하다. 복잡한 현대를 향기롭게 살아가는 지혜를 담은 이 책이 독자들에게 짧지만 핵심이 되는 지침서가 되길 바란다.

2009년 11월

김윤진

| 차례 |

고대 사회의 예禮는 선조들이 유지하고 보호하던 '천인합일天人合一'이라는 생태 이념에서 시작되었다. 이러한 이념은 화합이라는 가장 숭고한 목적을 염두에 두었기 때문에, 도덕의 한계를 뛰어넘어 종교적인 측면으로까지 승화될 수 있었다. 따라서 예는 광대한 영토와 수많은 인구를 하나로 묶을 수 있는 힘을 발휘했으며, 아울러 선조들은 예를 통해 삶을 풍성하게 발전시키고, 심오한 도덕 전통을 어우르는 광범위한 문화를 창조할 수 있었다.

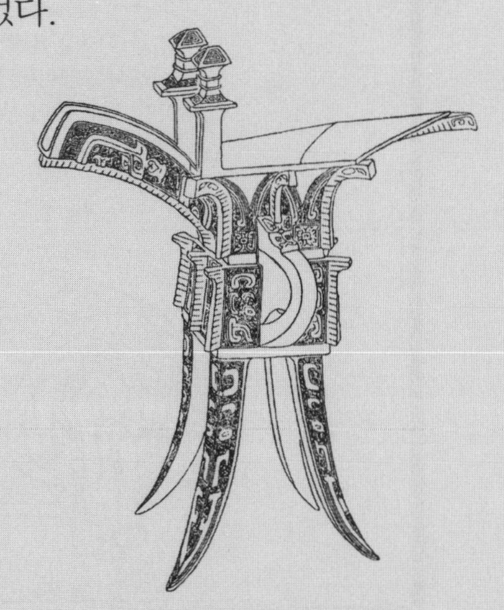

예란 인류사회 발전의 산물이자 문명의 상징이다. 예는 아주 오래전부터 생성되었으며 끊임없는 진보를 거듭하여, 주周나라 때에는 이미 내용과 형식을 완전하게 갖추었다. 중국이 '예의지국禮義之國'으로 알려진 것은 바로 주나라 때부터 예에 대한 기초를 닦았기 때문이다.

예를 이야기하기 위해서는 반드시 유학儒學에 관해 짚고 넘어갈 필요가 있다. 유학은 2500년 전 공자가 만들었다. 우리가 흔히 말하는 중국의 전통문화는 고대 중국의 주류 문화였던 유학을 뜻한다.

유학의 사상 체계를 상징하는 것이 바로 예이며, 앞으로 이 책에서 예에 대해서 설명해나갈 거랍니다.

유가의 핵심 사상은 어짊, 즉 인仁이다. 어짊은 박애와 우애 그리고 인도주의적인 관심과 배려를 포함하고 있다. '어진 사람은 사람을 사랑한다'는 의미의 '인자애인仁者愛人'의 표현형식이 바로 '예'이다.

예는 유가의 윤리와 도덕관념을 상징한다. 예는 인간의 사상에 막대한 영향을 끼쳤으며, 또한 거대한 중국 대륙을 하나로 통합하고 예의지국이라는 명성을 얻을 수 있도록 하였다.

전통문화를 구성하는 요소로서 예는 중국 민족의 독특하고 특색 있는 가치 체계를 구성하였을 뿐만 아니라, 인간의 행동과 사유 원칙에도 기틀을 제공하였다.

한편으로 예는 사회 협력과 안정을 유지하는 데 중요한 작용을 하였다.

부모는 자애로움으로 자식을 대하고, 자식은 효성으로 부모를 대해야 한다.

사람과 사람 사이에는 믿음이 있어야 한다.

예는 또한 어짊이라는 이상에 이르게 할 수 있으며, 인격의 승화와 진보를 이끌어내는 통로이다. 인격의 향상은 유가에서 평생 동안 추구하고 다다라야 할 궁극적인 목표이다.

仁
인

이 궁극적인 목표는 금욕을 통해 피안彼岸에 다다르는 것도 아니고 고해를 통해 열반에 드는 것도 아니다. 오히려 자아의 본성에 회귀함으로써, 즉 자연법칙에 귀의해야 도달할 수 있다. 이는 인간과 인간, 인간과 사물, 인간과 자연 사이의 불가사의한 화합과 융화를 의미한다.

민중의 지지를 받는 신념과 원칙이 없는 국가는 상상하기 어렵다. 수천 년 동안 예는 우리에게 보편적인 가치관과 윤리관, 도덕관, 인생관을 제공해주었다. 또한 우리에게 예술적인 언어와 의식화된 행동거지, 조화로운 환경, 자신감 그리고 고상한 태도와 몸가짐을 부여해주었다.

예는 개인에게는 자신의 존엄을 높이고 자아의 가치를 실현하여 평화로운 삶과 영혼의 안식처를 찾을 수 있도록 하였다.

《예기》에서는 예에 관한 정의를 내리고 있다. 그 중에서 가장 중요한 원칙은 하늘과 땅, 즉 천지간의 법칙과 자연에 대한 모방이다.

예는 이성에 바탕을 두고 있기 때문에, 인간 본성과 서로 모순되는 것이 아니다. 유가의 학설에서 예의 본질은 수학적인 언어로 묘사되어 있다. 따라서 원칙적으로 예는 초자연적인 요소를 포함하지 않는다.

'천인합일'이라는 세계관의 원칙에 따르면, '예'는 도덕이라는 측면에서 발전해 종교적인 기능까지 아우르게 될 것이다.

도덕은 항상 지루하고 강제력이 없기 때문이다.

자연에 대한 경외와 인성의 깨달음은, 한계를 초월하여 금욕과 절제를 자각하도록 일깨운다.

세계 각국은 백성의 영혼을 통제하는 힘으로 종교를 사용하지만, 유독 중국에서는 종교 대신 '예'를 선택했다. 예는 천지간의 모든 것을 하나로 만드는 합리적인 정신이자 자연의 법칙을 반영하고 있는 개념이다.

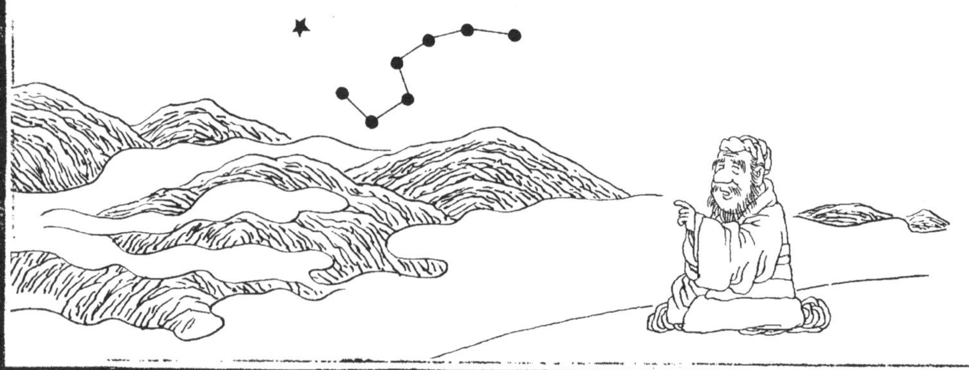

예는 더 넓은 의미를 포괄하는 고유문화의 한 부분이다. 따라서 《예기》에서 서술한 예禮와 오늘날 우리가 보통 말하는 예의범절과는 차이가 있다. 오늘날 우리가 정의하는 예로써 주나라 때의 예를 판단한다면 우리는 여러 문제에 해답을 찾을 수 없을 것이다.

그러나 우리는 《예기》를 연구함으로써 오늘날 발생하는 수많은 사회현상과 국가 발전의 궤적을 관찰할 수 있으며, 또한 미래 생활을 판단하는 데도 도움받을 수 있다.

게다가《예기》에 담긴 수많은 내용은 풍부한 상식과 지식을 제공하므로 문화 소양을 높일 수 있다.

《예기》는 또한 자연과 사회에 대한 깊은 통찰력을 제공하며, 자신감을 새로이 하는 데 도움이 된다.

2천 년이 넘는 세월 동안 동양의 어진 이들과 뜻있는 사람들은 '수신제가치국평천하修身齊家治國平天下'라는 유교 사상을 따랐으며,《예기》는 이와 같은 가치 기준과 사상의 개념을 뒷받침해주었다. 아울러 일찍부터《예기》의 이념은 사회 각계각층으로 스며들었으며, 사회 구성원들의 체질에도 녹아들었다. 역사적으로, 특히 근대 이후에《예기》의 가치에 대해 비난하는 평가도 있었지만《예기》는 국가와 민족의 결속력, 인격 완성에 막강한 영향력을 행사했다. 우리는 이 책을 통해 고대 문화의 보물이었던《예기》를 발굴할 수 있을 것이다.

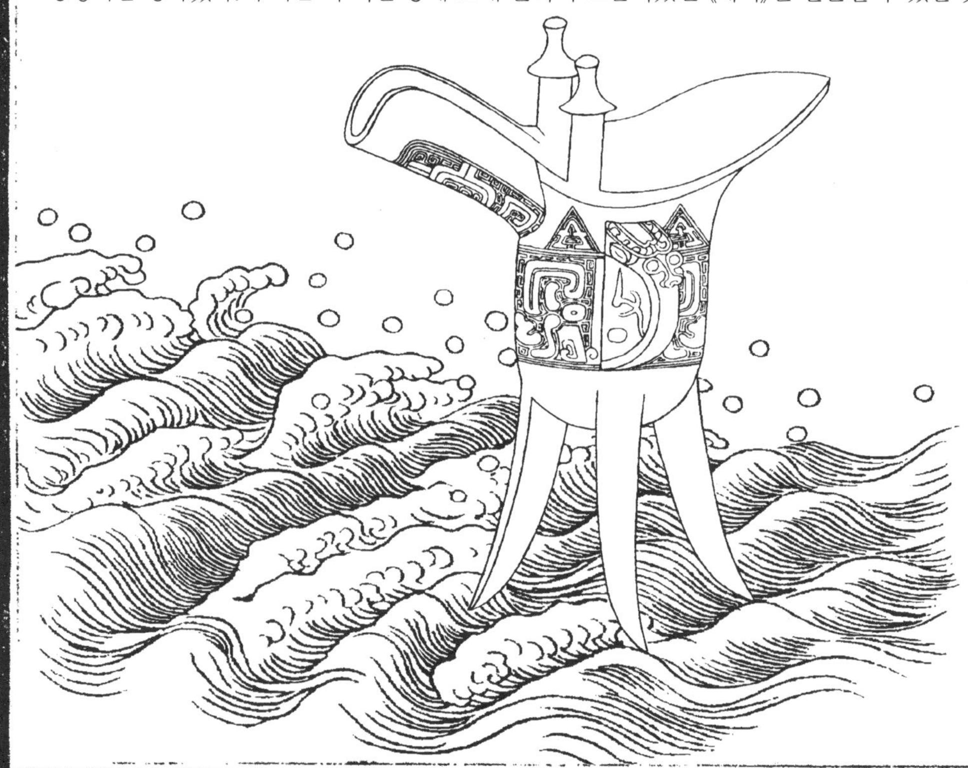

곡례 【曲禮】

곡례의 '곡曲'은 자질구레하고 사소하다는 뜻이다. 즉 곡례는 일상생활, 먹는 것, 타인을 대하는 방법 등 우리가 흔히 말하는 상식이라는 각종 예절을 포함하고 있다. 고대 중국에는 '십년조석학유의十年朝夕學幼儀'라는 이야기가 있다. 어린아이들이 열 살이 되면 예의범절을 배워서 규범에 따라 행동하고 태도를 익혀 도덕적인 수양을 갖춘 겸허한 군자가 되어야 한다는 뜻이다. 곡례는 상·하 두 장으로 나뉘어 있다.

曲禮上
곡 례 상

曲禮曰 곡 례 왈	《곡례》에서는	敖不可長 오 불 가 장	거만한 마음이 자라게 해서는 안 되며,
毋不敬 무 불 경	공경하지 않는 것이 없고,	欲不可從 욕 불 가 종	욕심을 따라서도 안 된다.
儼若思 엄 약 사	생각을 단정하고 신중하게 하고,	志不可滿 지 불 가 만	뜻을 품되 절대로 자만해서는 안 되며,
安定辭 안 정 사	말을 침착하고 명확히 해야만	樂不可極 락 불 가 극	즐거움도 극도로 누려서는 안 된다.
安民哉 안 민 재	백성을 편안하게 할 수 있다고 말한다.		

《곡례》 상上에서는 공경을 행동의 기준으로 삼아야 한다고 말한다.

단정하고 신중해야 하며, 생각을 깊이 해야 한다. 말을 할 때에는 침착하고 명확하게 해야만 백성에게 신뢰를 줄 수 있다.

오만방자한 마음을 품지 말며, 욕망으로 인하여 절대로 방종하지 말라.

뜻을 품되 절대로 자만하지 말 것이며, 육체적인 안락을 구하는 과도한 향락을 피하라.

賢者狎而敬之
현 자 압 이 경 지

畏而愛之 愛而知其惡
외 이 애 지 애 이 지 기 악

憎而知其善
증 이 지 기 선

積而能散
적 이 능 산

安安而能遷
안 안 이 능 천

臨財毋苟得
임 재 무 구 득

臨難毋苟免
임 난 무 구 면

很毋求勝 分毋求多
흔 무 구 승 분 무 구 다

疑事毋質
의 사 무 질

直而勿有
직 이 물 유

현명한 사람은 스스럼없으나 공경하며,
두려워하나 사랑하며, 사랑하나 그 악함을 알고,
미워하지만 그 선함을 알아야 한다.
모을 줄도 알고, 모은 것을 흩어 쓸 줄도 알아야 하며
편안함을 알지만 편안함에서 옮길 줄도 알아야 한다.
재물을 구차하게 얻으려고 하지 말며,
어려움을 당하면 구차하게 피하려 하지 말라.
싸워서 이기려 하지 말며, 내 몫으로 많이 차지하려 하지 말라.
의심스러운 일은 결정을 내리려 하지 말고
자신의 의견을 정직하게 말하되 이를 고집하지 말라.

덕행이 있는 군자에게는 친근함과 존중으로 다가가고, 복종과 흠모의 마음을 가져야 한다.

사랑하는 사람에게는 그 사람의 악함을 분별해내라.

싫어하는 사람에게는 그 사람의 강점을 발견해내라.

부를 축적할 수 있다면 나눌 수도 있어야 한다.

삶을 평화롭고 편안하게 그러면서도 변화에 적응해서 살아가야 한다.

우연하게 얻은 재물을 함부로 내 것으로 삼지 말며, 우연하게 만난 위기도 함부로 피하지 말라.

의견이 다르다고 해서 힘으로 굴복시키지 말라.

재물을 나눌 때 더 많이 얻으려 하지 말라.

자신도 알 수 없는 일을 함부로 증명하려고 하지 말라. 의견을 진술할 때 자기 주장을 강요하지 말며, 상대방이 스스로 결정하고 선택할 수 있도록 하라.

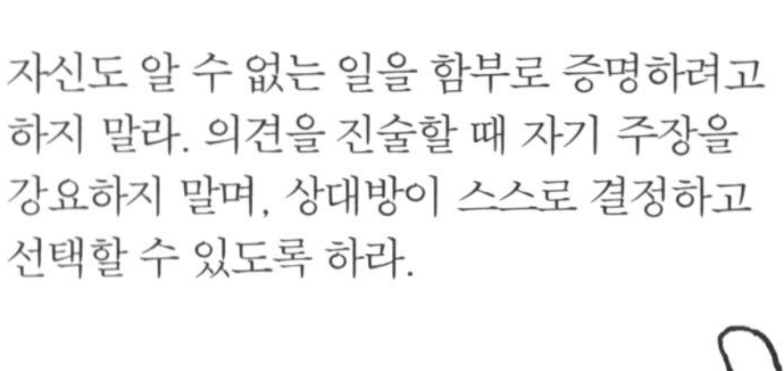

道德仁義 非禮不成 도덕인의 비례불성	도덕과 인의도 예가 아니면 이루어지지 않고,
教訓正俗 非禮不備 교훈정속 비례불비	백성을 바르게 가르치고 훈계하여 풍속을 바로잡는 일도 예가 아니면 갖추어지지 않는다.
分爭辯訟 非禮不決 분쟁변송 비례불결	분쟁을 해결하고 소송을 판결하는 일도 예가 아니면 해결할 수 없다.
君臣上下 父子兄弟 군신상하 부자형제	임금과 신하, 윗사람과 아랫사람, 아버지와 아들, 형과 아우도
非禮不定 비례불정	예가 아니면 정해질 수 없다.
宦學事師 非禮不親 환학사사 비례불친	벼슬하고 배우고 스승을 섬기는 일도 예가 아니면 즐겁게 할 수 없다.
班朝治軍 涖官行法 반조치군 리관행법	조정에 나가 나랏일을 보고 군대를 다스리며, 관직에 임하고 법을 시행하는 일도
非禮威嚴不行 비례위엄불행	예가 아니면 위엄이 서지 않는다.
禱祠祭祀 供給鬼神 도사제사 공급귀신	기도하고 제사하는 일도, 귀신에게 치성을 드리는 일도
非禮不誠不莊 비례불성불장	예가 아니면 정성스럽거나 정중하지 않다.

도덕과 인의는 예를 통해 얻어진다.
가르침과 훈계는 사회의 관습을
바로잡는 데 필요하다.
만약 예가 없다면 결함을
면치 못할 것이다.

사리를 분별할 때도 예를 기준으로 삼지 않으면 옳고 그름을 판단할 수 없을 것이다.

임금과 신하, 윗사람과 아랫사람, 아버지와 아들, 형과 아우가 예를 통하지 않고는 명분에 한계나 범주를 확정할 수 없다.

정치나 국가행정에 관한 일을 배우고, 학문을 연구하고 윗사람을 존중하는 일도 예를 기준으로 삼지 않으면 조화롭게 할 수 없다.

조정의 관계官階와 군대에서의 취임, 재임, 법령을 집행하는 일도 예법이 결여되면 위엄을 잃게 되고 복종할 수 없게 된다.

조상을 받들고 신령에게 제사하는 예는 일정한 의식을 따라야만 정성과 공경을 잃지 않는다.

是故聖人作 爲禮以教人 시고성인작 위례이교인	그런 까닭에 성인이 일어나 예로써 백성을 가르쳐
使人以有禮 知自別於禽獸 사인이유례 지자별어금수	예가 있음을 알려 사람이 짐승과 다르다는 것을 알도록 하였다.
大上貴德其次務施報 대상귀덕기차무시보	상고시대에는 덕이 가장 귀중하였고 그 다음이 베풀고 보답하는 것이었다.
禮尙往來 예상왕래	예란 주고받는 것을 중시한다.
往而不來 非禮也 왕이불래 비례야	주기만 하고 받지 않는 것은 예가 아니며,
來而不往 亦非禮也 래이불왕 역비례야	받기만 하고 주지 않는 것 또한 예가 아니다.
人有禮則安 無禮則危 인유례즉안 무례즉위	사람은 예가 있으면 편안하고 예가 없으면 위태롭다.
故曰禮者不可不學也 고왈례자불가불학야	그렇기 때문에 예라는 것은 배우지 않을 수 없다.

성인이 나타난 후, 예를 제정하여 백성을 교화하고 예법을 깨닫게 하였으며, 백성에게 스스로가 금수가 아니라는 사실 또한 가르쳐 주었다.

상고시대 사람들은 덕을 가장 중요하게 생각했고, 은혜와 보답을 그 다음으로 소중하게 생각했다.

'예'는 베풂과 보답을 주창했다. 다른 사람에게 은혜를 입고 보답하지 않거나 보답을 받고도 당연하게 여기는 것은 예에 어긋난다고 여겼다.

사람은 예가 있으면 편안하고 예를 잃어버리면 위태롭다.

夫禮者 自卑而尊人
부례자 자비이존인

예라는 것은 자신을 낮추고 남을 높이는 것이다.

雖負販者 必有尊也
수부판자 필유존야

행상꾼이라 할지라도 반드시 존중해야 하는데

而況富貴乎
이황부귀호

하물며 부귀한 사람은 어떻겠는가?

富貴而知好禮 則不驕不淫
부귀이지호례 즉불교불음

부하고 귀하여 예를 좋아할 줄 알면 교만하거나 음탕하지 않을 것이며,

貧賤而知好禮 則志不懾
빈천이지호례 즉지불섭

가난하고 천하여도 예를 좋아할 줄 알면 두려움이 없을 것이다.

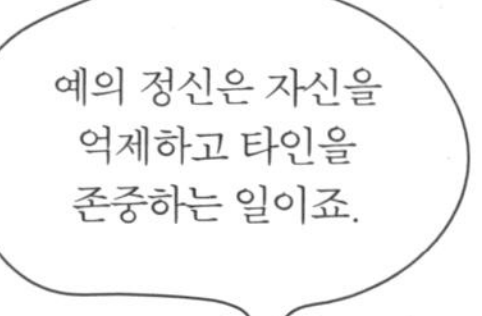

비록 등짐을 지는 사람들 중에도 존경받을 가치가 있는 사람이 반드시 있기 마련이니 부귀한 사람들은 말할 필요가 없다.

부귀한 사람이 예를 좋아할 줄 안다면 교만하고 사치하거나 음탕하고 안일할 수 없다.

가난하고 천한 사람이 예를 좋아할 줄 안다면 품은 뜻이 비겁하거나 곤궁할 수 없다.

燭不見跋 촉 불 견 발	촛불은 그 밑뿌리를 드러나게 하지 않는다.
尊客之前不叱狗 존 객 지 전 불 질 구	귀한 손님 앞에서는 개를 꾸짖지 않으며
讓食不唾 양 식 불 타	음식을 사양할 때는 싫은 내색을 하지 않는다.
侍坐於君子 君子欠伸 시 좌 어 군 자 군 자 흠 신	군자를 모시고 앉았을 때, 군자가 하품을 하거나 기지개를 켜거나
撰杖屨 視日蚤莫 찬 장 구 시 일 조 막	지팡이와 신을 만지거나 날이 이르고 저문 것을 보거든
侍坐者請出矣 시 좌 자 청 출 의	모시고 앉은 사람은 자리에서 물러나기를 청해야 한다.
侍坐於君子 君子問更端 시 좌 어 군 자 군 자 문 경 단	군자를 모시고 앉았을 때에 군자가 갑자기 생각난 듯이 어떤 일을 물으면
則起而對 즉 기 이 대	일어서서 대답해야 한다.
侍坐於君子 若有告者曰 시 좌 어 군 자 약 유 고 자 왈	군자를 모시고 앉았을 때에 만약 누군가가
少間願有復也 소 간 원 유 복 야	"잠깐 드릴 말씀이 있습니다" 라고 하거든
則左右屛而待 즉 좌 우 병 이 대	모시고 있던 사람들은 좌우로 물러나 기다려야 한다.

'촛불은 그 밑뿌리가 드러나지 않게 한다'는 뜻은 옛날 어둠을 밝히는 데 사용했던 촛불이나 등잔불이 다 타들어가기 전에 서로 작별 인사를 고해야 한다는 의미이다.

존경하는 손님 앞에서는 개를 꾸짖지 않는다.

주인이 내온 음식이 입맛에 맞지 않는다고 싫은 내색을 하지 않는다.

연장자와 함께 이야기를 나눌 때 연장자가 하품을 하거나 팔다리를 뻗거나 지팡이나 신발을 만지거나 시간이 얼마나 지났는지 신경을 쓰면 작별 인사를 하고 물러나와야 한다.

연장자와 함께 있을 때 연장자가 갑자기 새로운 일을 물으면 즉시 자리에서 일어나 대답함으로써 연장자에게 존중과 경의를 표해야 한다.

연장자와 함께 있을 때 만약 누군가 들어와서 "잠시 드릴 말씀이 있습니다"라고 이야기하면

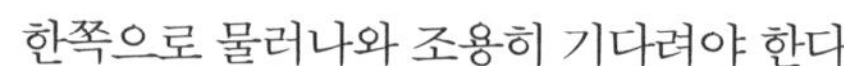

한쪽으로 물러나와 조용히 기다려야 한다.

曲禮 下
곡 례 하

國君死社稷
국 군 사 사 직

군주는 사직을 위해 죽고,

大夫死衆
대 부 사 중

대부는 민중을 위해 죽고,

士死制
사 사 제

사는 국가를 위해 맡은 바 임무를 성실히 수행하다 죽는다.

군주는 사직을 보위하기 위해 죽는다.

사직에서 '사社'는 오토五土*의 신에게 제사 지내기 위해 만든 것이고, '직稷'은 오곡의 신에게 제사 지내기 위해 만든 것이다. 직은 토土가 아니면 살 수 없고, 토는 직이 아니면 생생한 효험을 볼 수 없다. 그러므로 옛날 사람들은 사에 제사 지낼 때 반드시 직에게도 제사를 지냈다. 사직은 집을 짓지 않고 흙을 쌓아올려 단壇을 짓는다. 토지 신에게 제사 지내는 단은 동쪽에 쌓았고, 오곡 신에게 제사 지내는 단은 서쪽에 쌓아 국가를 상징하였다.

社
사

稷
직

대부大夫**는 개인의 사사로운 이익을 버리고 민중의 이익을 위해야 하며, 종묘가 아니라 민중을 위해 죽는다.

사士는 국가를 위해 그 맡은 바 책임과 임무를 다하고 죽는다.

* 오토: 토지의 다섯 종류로 산림, 천택川澤, 구릉丘陵, 분연墳衍, 원습原隰을 말한다.

** 대부: 벼슬아치를 세 등급으로 나눈 품계의 하나로 주나라 때에는 경卿 아래, 사士의 위쪽을 차지하고 있었다.

天子當依而立 천자당의이립	천자가 병풍을 등지고 서 있으면
諸侯北面而見天子曰覲 제후북면이견천자왈근	제후가 북면하여 천자를 뵈니 이를 근이라고 한다.
天子當寧而立 천자당령이립	천자가 문과 병풍 사이에 있으면
諸公東面 諸侯西面曰朝 제공동면 제후서면왈조	제공은 동면하고 제후는 서면하니 이를 조라고 한다.
諸侯未及期相見曰遇 제후미급기상견왈우	제후가 시간 약속을 정하지 않고 다른 제후를 만나는 것을 우라고 하고
相見於郤地曰會 상견어극지왈회	서로 양국의 중간에서 만나는 것을 회라고 한다.
諸侯使大夫問於諸侯曰聘 제후사대부문어제후왈빙	제후가 대부를 사신으로 다른 제후를 방문하도록 하는 것을 빙이라 하고
約信曰誓 涖牲曰盟 약신왈서 이생왈맹	믿음을 약속하는 것을 서라 하고, 희생 제물을 죽여 피를 마시고 신에게 맹세하는 것을 맹이라 한다.

천자가 검은색과 흰색이 번갈아 있는 병풍 앞에 서 있으면, 제후는 북쪽을 향하여 천자를 조견하는 것을 '근覲'이라 한다. 천자가 정문 한가운데 서 있으면, 제공들은 동쪽을 향하고 제후들은 서쪽을 향해 천자를 조견하는 것을 '조朝'라고 한다.

제후가 약속을 정하지 않고 또 다른 제후를 만나는 것을 '우遇' 라고 하고 양국의 중간에서 만나는 것을 '회會' 라 한다.

제후가 대부를 파견해 제후를 방문하는 것을 '빙聘' 이라 한다.

공동으로 준수해야 할 조약을 기록하는 것을 '서誓' 라 한다.

소를 잡아 피를 마시며 맹세하는 것을 '맹盟' 이라 한다.

天子之妃曰后 천자의 비를 후라 하고
천 자 지 비 왈 후

諸侯曰夫人 제후는 부인夫人이라 하고
제 후 왈 부 인

大夫曰孺人 대부는 유라 하고
대 부 왈 유 인

士曰婦人 사는 부인婦人이라 하고
사 왈 부 인

庶人曰妻 서인의 아내는 처라 한다.
서 인 왈 처

천자의 배우자를 '후后'라고 한다. 후는 천자의 조강지처를 말한다.

제후의 배우자는 '부인夫人'이라고 한다. 부夫는 돕다, 부축한다는 부扶의 의미를 갖는다.

대부의 배우자는 '유인孺人' 이라고 한다. 유孺는 부속되다, 따른다는 속屬의 의미를 갖는다.

사의 배우자는 '부인婦人' 이라고 한다. 부婦는 복종하여 섬긴다는 복服의 의미를 갖는다.

서인의 배우자는 '처妻' 라고 한다. 처는 똑같다는 제齊의 의미를 갖는다.

凡摯 天子鬯 범 체 천 자 창	예물에 있어서 천자는 창으로 하고
諸侯圭 卿羔 大夫鴈 士雉 제 후 규 경 고 대 부 안 사 치	제후는 규를, 경은 새끼 양을, 대부는 기러기, 사는 꿩을
庶人之摯匹 童子委摯而退 서 인 지 체 필 동 자 위 체 이 퇴	서인은 오리를 사용하고, 어린아이는 예물을 땅에 놓고 물러간다.
野外軍中無摯 야 외 군 중 무 체	싸움터에 있을 때에는 마땅한 예물을 찾을 수 없으므로
以纓 拾 矢可也 이 영 십 시 가 야	장식으로 다는 술이나, 활을 쏠 때 소매를 걷어매는 띠 혹은 화살로 한다.
婦人之摯 椇 榛 脯 棗 栗 부 인 지 체 구 진 포 조 속	부인의 예물은 호깨나무 열매, 개암나무 열매, 포, 대추, 밤을 쓴다.

보통 서로 만났을 때 사용하는 예물로 천자는 검은 기장으로 빚은 향기로운 창주鬯酒를 선물한다.

울금초를 울창鬱鬯이라고 하며, 울금초를 넣지 않고 빚은 술을 창鬯이라고 한답니다.

제후는 명규命圭*를 선물함으로써 자신의 신분을 나타낸다.

경은 새끼 양을 취하는데 새끼 양은 무리를 지어 당을 만들지 않고, 흰 털이 청렴과 소박함의 의미를 담고 있기 때문이다.

* 명규: 규란 옥으로 만든 홀笏을 말하며 보통 위쪽 끝은 뾰족하고 아래는 네모졌다. 천자가 제후를 봉하거나 신을 모실 때 사용했다.

대부大夫는 기러기를 사용하는데 이는 기러기가 때를 알고 대오를 지어 하늘을 나는 철새이기 때문이다.

사士는 꿩을 사용하는데 이는 꿩이 빛나고 곧으며 아름다운 깃털을 가졌기 때문이다.

서인庶人은 오리를 사용하는데 이는 날아오를 수 없는 오리처럼 끝까지 경작지를 지키기 때문이다.

어린아이들은 가지고 있는 것을 예물로 삼는데, 감히 어른과 함께 예를 행할 수 없기 때문에 예물을 땅에 내려놓고 물러간다.

군대가 싸움터에 있을 때에는 마땅한 예물을 찾을 수 없기 때문에 말에 매다는 장식용 술이나 활을 쏠 때 소매를 걷어매는 띠 혹은 화살을 예물로 삼는다.

부인들이 서로 만났을 때는 호깨나무 열매, 개암나무 열매, 말린 고기, 대추, 밤을 예물 삼아 성의를 표시한다.

왕제 【王制】

왕제는 임금이 나라를 통치하는 데 필요한 방침을 적어놓은 기록이다. 동한東漢의 유명한 학자 정현鄭玄은 "왕제는 선왕이 후세의 왕을 위해 작위를 내리고, 녹봉을 주고, 제사를 지내고, 웃어른을 모시는 법도를 적어놓은 것이다"라고 정의했다. 왕제에는 군주가 일 년 동안 행해야 할 정치 활동, 예를 들면 봉지를 제후들에게 하사하고, 토지를 분배하고, 순찰을 하고, 참배를 하고, 상례와 제사를 지내고, 사냥을 하고, 교육과 벌을 주고 하는 일들이 적혀 있다. 아울러 왕제는 후세 사람들이 고대사회의 가치관을 이해하고 연구할 수 있도록 도와준다.

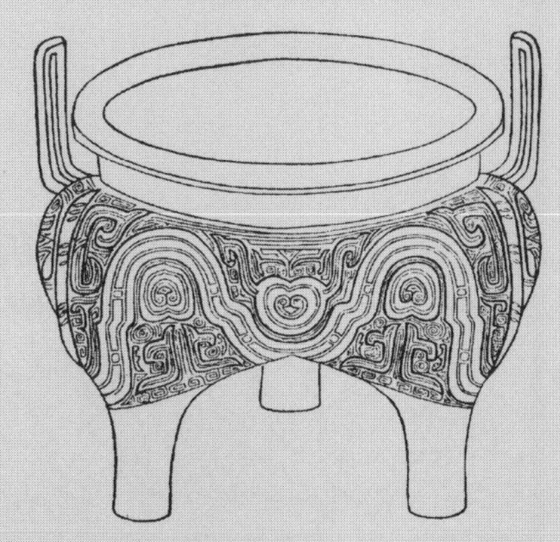

凡官民材 必先論之 범 관 민 재 　 필 선 론 지	인재를 등용할 때에는 반드시 먼저 그 인물과 기예를 심사한다.
論辨然後使之 任事然後爵之 논 변 연 후 사 지 　 임 사 연 후 작 지	논변 후 인재를 채용하고 일을 맡긴 후 벼슬을 내리고
位定然後祿之 위 정 연 후 록 지	벼슬을 정한 후 녹봉을 준다.
爵人於朝 與士共之 작 인 어 조 　 여 사 공 지	벼슬을 내릴 때에는 조정에서 공개적으로 하고
刑人於市 與衆弃之 형 인 어 시 　 여 중 기 지	죄인을 벌할 때에는 저자에서 백성이 볼 수 있도록 한다.
是故公家不畜刑人 시 고 공 가 불 축 형 인	그런 까닭에 국가나 공공단체는 죄인을 기르지 않으며,
大夫弗養 대 부 불 양	벼슬아치들은 죄인을 부양하지 않게 된다.
士遇之塗弗與言也 사 우 지 도 불 여 언 야	선비는 길에서 우연히 죄인을 만나더라도 더불어 이야기를 나누지 않는다.
屛之四方 唯其所之 병 지 사 방 　 유 기 소 지	죄인이 사방으로 가지 못하도록 막아 그가 있을 곳을 지정하고
不及以政 亦弗故生也 불 급 이 정 　 역 불 고 생 야	정치적인 생명력을 잃어 살아갈 수 없도록 만든다.

인재를 선별할 때는 반드시 먼저 그 사람의 재주와 덕이 어떤지 심사해야 한다. 심사를 마친 후에 알맞은 일자리를 주어야 한다.

일을 시작한 후에는 정식으로 관직을 내려야 한다. 관직이 확정된 후에는 녹봉을 정해 주어야 한다.

관직을 내릴 때에는 조정의 다른 벼슬아치들 앞에서 공개적으로 하사하는 의식을 거행해야 한다.

범죄자를 처벌할 때는 경각심을 높이기 위해 시장의 많은 사람들 앞에서 벌을 주어야 한다.

따라서 정부는 죄를 범한 사람을
가만히 놔둬서는 안 된다.

벼슬아치들도 죄를 범한 사람을
보살펴주어서는 안 된다.

선비들은 길에서 우연히 죄를 범한 사람을
만나거든 절대로 이야기를 나누어서는 안
된다.

타국으로 죄인을 추방했을 때, 죄인이 가는 곳마다 권리를 빼앗아 이들이 세상에서 발붙이고
살아갈 수 없도록 한다.

諸侯之於天子也 比年一小聘 제후지어천자야 비년일소빙	제후는 천자에게 해마다 대부를 사절로 보내고
三年一大聘 五年一朝 삼년일대빙 오년일조	삼 년에 한 번씩 경을 사절로 보내고 오 년에 한 번씩 친히 가서 천자를 알현한다.
天子五年一巡守 천자오년일순수	천자는 오 년에 한 번씩 제후를 순시하는데
歲二月 東巡守 세이월 동순수	2월에 출발하여 동쪽으로 순시하여
至于岱宗 柴而望祀山川 지우대종 시이망사산천	동악東岳인 태산泰山에 이르러서는 시제를 올려 하늘에 제사하고 망제를 올려 산천에 제사한다.
覲諸侯 問百年者就見之 근제후 문백년자취견지	그러고 나서 제후국의 제후들을 접견하고 백 세가 넘은 노인이 있는지 묻고, 있다면 친히 방문한다.
命大師陳詩以觀民風 명대사진시이관민풍	천자는 대사에게 명하여 현지의 민요를 채집하도록 하여 미풍양속을 살피며
命市納賈以觀民之所好惡 명시납가이관민지소호악	상관에게 물가가 어떠한지 보고하도록 하여 백성이 좋아하고 싫어하는 것이 무엇인지 살핀다.
志淫好辟 지음호벽	또한 백성의 취향이 사치스러운지, 기호가 부도덕하고 음란한지 살핀다.

제후가 매년 대부를 대표로 삼아 예를 갖추어 천자를 방문하는 것을 소빙小聘이라 하고, 삼 년에 한 번씩 경을 대표로 삼아 예를 갖추어 천자를 방문하는 것을 대빙大聘이라 한다.

오 년에 한 번씩 제후는 친히 천자를 조견한다.

泰山
태산

천자는 오 년에 한 번씩 제후를 순시하는데, 2월에 출발하여 동쪽으로 순시하여 동악 태산*에 이른다. 태산에서 하늘과 산천에 제사한다.

* 태산: 중국의 5대 명산 오악五岳 중 천하제일의 명산.

그러고 나서 천자는
제후국의
제후들을 접견한다.

백 세가 넘는 노인이 있는지 묻고, 있다면
친히 찾아간다.

악관樂官에게 현지에서 유행하는 민요를
채집하도록 하여 미풍양속을 살핀다.

상관商官에게 물가의 높낮이를 보고하도록
하여 백성이 좋아하고 싫어하는 것이
무엇인지 살핀다.

천자는 또한 백성의 취향이 사치스러운지, 기호가 부도덕하고 음란한지 살핀다.

命典禮 考時月
명전례 고시월

예를 맡은 관리에게 명하여 계절을 헤아리고

定日 同律禮樂制度 衣服正之
정일 동율례악제도 의복정지

시진을 확정하여 예악 제도와 복식 제도를 바로잡는다.

山川神祇有不擧者爲不敬
산천신지유불거자위불경

산천의 신명에게 제사 지내지 않은 자는 불경한 일을 저지른 것이다.

不敬者君削以地
불경자군삭이지

불경한 자가 있다면 봉지를 삭감한다.

宗廟有不順者爲不孝
종묘유불순자위불효

종묘에 불순한 자는 불효를 저지른 것이다.

不孝者君絀以爵
불효자군출이작

불효한 자는 제후의 자리에서 물러나야 한다.

變禮易樂者爲不從
변례역악자위불종

예와 악을 쉽게 바꾸는 자는 불복종을 저지른 것이다.

不從者君流
불종자군류

불복한 자는 제후의 자리에서 추방한다.

革制度衣服者爲畔
혁제도의복자위반

제도와 의복을 개혁하는 자는 반역을 저지른 것이다.

畔者君討
반자군토

반역한 자는 제후의 자리에서 규탄받아야 한다.

有功德於民者 加地進律
유공덕어민자 가지진율

공덕이 있는 자는 영지를 더해주고 녹봉을 올려준다.

예를 맡은 관리에게 명하여 그 지역의 계절을 헤아리고,
매일의 시진을 확정하여 율법을 통일하도록 한다.

아울러 이에 걸맞은 예악과 복식 제도를 정한다. 산과 강의 신에게 제사 지내며,
제사 지내지 않으면 이를 불경不敬이라고 한다.

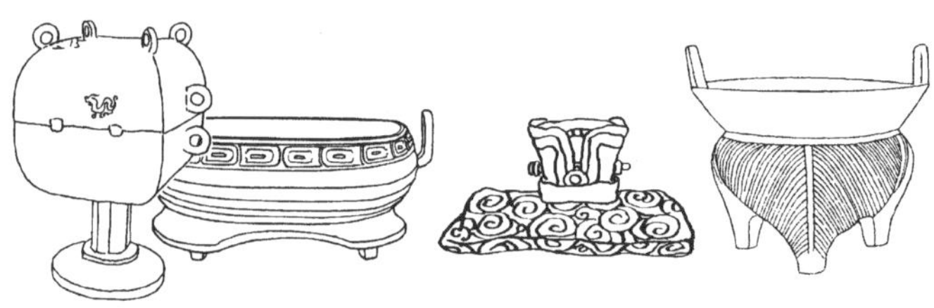

불경한 사람은 그의 봉지를 빼앗는다.

제때에 종묘에 제사를 올리지 않거나 소목昭穆*의 앞뒤 순서를 바꿔놓는 것이 바로 불효다. 불효한 자는 제후의 작위를 강등한다.

예속과 음악을 바꾸는 자는 복종하지 않는 자이며, 복종하지 않는 자가 있다면 제후의 자리에서 쫓아낸다.

제도와 의복을 감히 바꾸려는 자는 반역을 꾀하는 자이며, 이와 같은 제후는 규탄받아 마땅하다.

공로가 있는 자에게는 토지와 녹봉을 더 주도록 한다.

* 소목: 종묘나 사당에 조상의 신주를 모시는 순서를 말한다. 1세를 중심으로 왼쪽 줄을 소昭라 하고, 오른쪽 줄을 목穆이라 하는데 2세, 4세, 6세는 소에 모시고, 3세, 5세, 7세는 목에 모신다.

五月南巡守至于南嶽
오 월 남 순 수 지 우 남 악

5월에는 남쪽으로 순시하여 남악에 이르러

如東巡守之禮
여 동 순 수 지 례

동쪽으로 순시를 떠나는 동순수의 경우와 같은 예를 행하고

八月西巡守至于西嶽
팔 월 서 순 수 지 우 서 악

8월에는 서쪽으로 순시하여 서악에 이르러

如南巡守之禮
여 남 순 수 지 례

남순수의 경우와 같은 예를 행하며

十有一月北巡守至于北嶽
십 유 일 월 북 순 수 지 우 북 악

11월에는 북쪽으로 순시하여 북악에 이르러

如西巡守之禮
여 서 순 수 지 례

서순수의 경우와 같은 예를 행한다.

歸假于祖禰 用特
귀 가 우 조 녜 용 특

수도로 돌아와서 조상의 묘에 제사하고 희생제를 올린다.

5월에 천자는 남쪽으로 순시를 떠나 남악에 이르러, 동쪽으로 순시를 떠났을 때와 마찬가지로 예를 올린다. 8월에는 서쪽으로 순시를 떠나 서악에 이르고, 남쪽으로 순시를 떠났을 때와 마찬가지로 예를 올린다. 11월에는 북쪽으로 순시를 떠나 북악에 이르러, 서쪽으로 순시를 떠났을 때와 마찬가지로 예를 올린다. 수도로 돌아와서 조상의 묘에 제사를 지내고 돼지나 양, 소를 잡아 희생제를 바친다.

諸侯賜弓矢然後征
제 후 사 궁 시 연 후 정

제후는 천자에게 활과 화살을 하사받은 후 정벌에 나서고,

賜鈇鉞然後殺
사 부 월 연 후 살

부월을 하사받은 후 사람을 죽일 수 있다.

賜圭瓚然後爲鬯
사 규 찬 연 후 위 창

규찬을 하사받은 후 울창주를 신에게 바칠 수 있다.

未賜圭瓚 則資鬯於天子
미 사 규 찬 즉 자 창 어 천 자

천자가 규찬을 하사하지 않았다면
천자에게 울창주를 달라고 청해야 한다.

天子命之敎然後爲學
천 자 명 지 교 연 후 위 학

천자에게 가르치라는 명을 받은 후에 학교를 개설할 수 있다.

小學在公宮南之左
소 학 재 공 궁 남 지 좌

소학은 제후의 궁에서 남쪽 왼편에 있고

大學在郊
대 학 재 교

대학은 근교에 있다.

天子曰辟雍 諸侯曰頖宮
천 자 왈 벽 옹 제 후 왈 반 궁

천자가 설립한 대학을 벽옹이라고 부르고
제후가 설립한 소학을 반궁이라고 부른다.

제후는 천자에게 활과 화살을 하사받은 후 군대를 일으켜 정벌에 나설 수 있다.

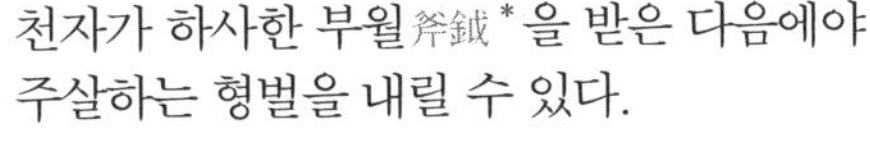

천자가 하사한 부월斧鉞*을 받은 다음에야 주살하는 형벌을 내릴 수 있다.

천자가 하사한 옥작玉爵**을 받은 다음에야 신의 강림을 기원하는 제사에 바치는 손수 빚은 울창주***를 바칠 수 있다.

천자에게 옥작을 하사받지 못했다면, 반드시 천자에게 울창주를 내려달라고 청해야 한다.

* 부월: 출정하는 대장에게 통솔권의 상징으로 임금이 손수 주던 작은 도끼와 큰 도끼를 말한다. 정벌, 군기, 형륙形戮을 뜻한다.
** 옥작: 발이 세 개 달린 술을 담는 제기祭器.
*** 울창주: 검은 기장에 울금초를 섞어서 빚은 술로 신에게 바치는 방향주芳香酒.

천자가 제후에게 학교를 설립하라고 명령을 내린 후에
제후국에서는 학교를 설립할 수 있다.

소학은 제후의 궁 남쪽 왼편에 세우고 대학은 교외에 설립한다.

大學
대 학

小學
소 학

'벽옹'이라고 이름을 붙인 이유는 군주가 능력 있는 사람들을 존중하고 국가의 화합을 추구한다는 뜻을 표현하기 위함이다. 벽옹에서는 학문을 연구하고 도예를 연습한다.

제후가 설립한 소학을 '반頖'이라 한다. '반'은 '반班'을 뜻하며 양반의 자제를 교육하기 위해 설립되었다.

일반적으로 '소학'은 어린아이들이 글을 배우기 위해 처음 공부를 시작하는 곳이므로 이렇게 불렀다. 한나라 때에는 문자학을 이렇게 지칭했으며 나중에는 문자학과 훈고학, 음운학을 총칭하였다.

'대학'의 내용은 격물格物과 치지致知, 성의誠意, 정심正心, 수신修身, 제가齊家, 치국治國, 평천하平天下이다.

國無九年之蓄曰不足 국 무 구 년 지 축 왈 부 족	나라에 9년의 비축이 없으면 부족하다고 하고
無六年之蓄曰急 무 육 년 지 축 왈 급	6년의 비축이 없으면 급하다고 말하고
無三年之蓄曰國非其國也 무 삼 년 지 축 왈 국 비 기 국 야	3년의 비축이 없으면 국가가 아니라고 한다.
三年耕必有一年之食 삼 년 경 필 유 일 년 지 식	3년 경작하면 반드시 1년 식량을 비축해야 하고
九年耕必有三年之食 구 년 경 필 유 삼 년 지 식	9년 경작하면 반드시 3년 식량을 비축해야 하며
以三十年之通 이 삼 십 년 지 통	30년을 평균한 양식을 비축하면
雖有凶旱水溢 수 유 흉 한 수 일	비록 흉년이 들고 가뭄과 홍수를 만나도
民無菜色 민 무 채 색	백성의 낯빛에는 굶주린 기색이 없을 것이다.
然後天子食 日擧以樂 연 후 천 자 식 일 거 이 악	그러면 천자는 매일 성찬을 마련하고 음악을 들으며 음식을 먹을 수 있다.

국가에 9년의 비축이 없다면
풍족하다고 말할 수 없다.

6년의 비축이 없다면 곤궁하다고 말한다.

3년의 비축이 없으면 국가라고 할 수 없다.

3년을 경작하면 1년 양식을
비축해놓아야 한다.

9년을 경작하면 3년 양식을
비축해놓아야 한다.

이와 같으면 기근과 흉년, 수재와 한재를
만나도 백성은 굶주리지 않는다.

30년 동안 식량을 비축하여
과잉과 부족을 조절하고 예산을 세운다.

그러면 천자는 걱정 없이 매일 음악을 들으며
편안하게 즐길 수 있다.

凡居民材
범거민재

必因天地寒暖燥濕
필인천지한난조습

廣谷大川異制
광곡대천이제

民生其間者異俗
민생기간자이속

剛柔輕重遲速異齊
강유경중지속이제

五味異和 器械異制
오미이화 기계이제

衣服異宜
의복이의

修其教 不易的其俗
수기교 불역적기속

齊其政 不易其宜
제기정 불역기의

무릇 백성이 살아가는 데 필요한 재료는
반드시 천지의 춥고, 덥고, 건조하고, 습함에 따라
넓은 골짜기와 큰 하천에 따라 달리해야 한다.
자연환경에 따라 풍속이 다르고
강하고 유하고, 가볍고 무겁고, 느리고 빠름이 같지 않으며
오미의 조화가 다르고 기계의 제작이 다르고
의복이 서로 다르다.
예의를 가르치고 닦아도 그 습속을 쉽게 바꿀 수 없으며
다스려 질서정연하게 하여도 그 마땅한 바를 쉽게 바꿀 수 없다.

강하고 약하고, 무겁고 가볍고, 느리고 빠르고 하는 성질이 각각 서로 다른 것과 마찬가지다.

오미五味* 도 각각 그 맛의 조화가 다르듯이, 사용하는 기계도 각각 다르다.

의복의 재료와 형태도 각자 다르다.

예의를 교육하는 것은 생활 습속을 바꾸려는 목적이 아니다.

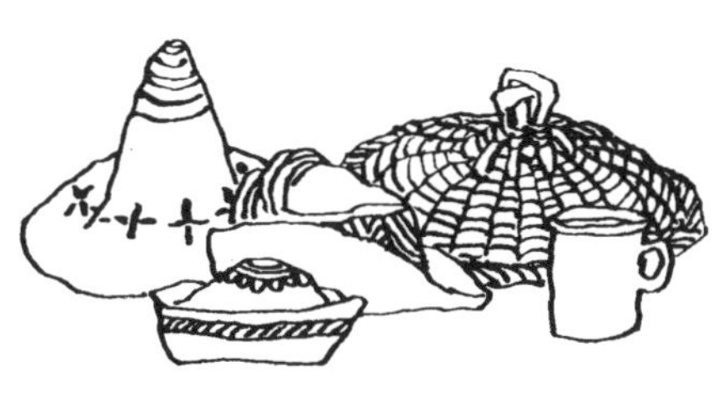

공공시설을 통일하는 것은 생활에 방해가 되지 않게, 편리하게 바꾸려는 목적이다.

* 오미: 신맛, 쓴맛, 매운맛, 단맛, 짠맛의 다섯 가지 맛을 뜻한다.

◎ 司寇正刑明辟 以聽獄訟 사구는 형벌을 바르게 하고, 죄를 밝혀 소송사건을 처리한다.
사구정형명벽 이청옥송

必三刺 반드시 세 번 물어서 처단한다.
필삼자

有旨無簡不聽 유죄이나 명문화된 법으로 정해져 있지 않으면 기소하지 않는다.
유지무간불청

附從輕 赦從重 처벌하려면 죄가 가벼운 사람을 선택하고 사면하려거든 죄가 무거운 사람을 선택한다.
부종경 사종중

凡制五刑 必卽天論 다섯 가지 형벌을 좇을 때에는 반드시 천륜을 따져보아야 한다.
범제오형 필즉천논

郵罰麗於事 책벌은 마땅히 사실에 의거해야 한다.
우벌려어사

사구司寇*는 형률을 심사하여 확정하고, 죄와 벌을 명확하게 판단하며 모든 형사소송의 소장訴狀을 접수하고 심리審理하는 책임을 맡고 있다.

만약 유죄로 보이지만 명문화된 규정이 없으면 기소하지 않는다.

법조문을 인용하여 처벌할 때는 반드시 형량이 가벼운 사람을 선택하고, 사면을 행할 때는 형량이 무거운 사람을 선택한다.

오형五刑**을 적용할 때는 반드시 천륜과의 관계를 고려해야 한다. 죄를 정하고 벌을 부과할 때는 반드시 사실에 의거해야 한다.

* 사구: 형조판서에 해당하는 벼슬 이름.
** 오형: 중국에서 행하던 다섯 가지 형벌. 이마나 팔뚝 따위에 먹줄로 죄명을 써넣던 묵형, 코를 베는 의형, 발을 베는 비형, 성기를 자르는 궁형, 목을 베는 대벽을 이른다.

◎ 析言 破律 亂名 改作 법률 해석을 분산시켜 법률을 파괴하고 인륜을 어지럽히고 제도를 고치고
석언 파율 난명 개작

執左道以亂政 殺 이단과 사도를 가지고 정치를 어지럽히는 자는 죽인다.
집좌도이란정 살

作淫聲異服 奇技奇器 퇴폐적인 음악과 기이한 기구를 만들어
작음성이복 기기기기

以疑衆 殺 백성을 미혹케 하는 자는 죽인다.
이의중 살

行僞而堅 言僞而辯 거짓된 행위를 하나 그럴듯하고
행위이견 언위이변
거짓된 이야기를 하나 말재간이 뛰어나고

學非而博 順非而澤 학문이 아니건만 박학하게, 순리가 아니건만 번지르르하게 꾸며
학비이박 순비이택

以疑衆 殺 백성을 미혹케 하는 자는 죽인다.
이의중 살

假於鬼神時日 卜筮 귀신과 시일에 의탁하여 거짓으로 길흉과 화복을 점쳐
가어귀신시일 복서

以疑衆 殺 백성을 미혹케 하는 자는 죽인다.
이의중 살

此四誅者 不以聽 이런 자들은 소송, 심리, 사면 없이 반드시 죽인다.
차사주자 불이청

교활하고 간악한 행위로 사람들에게
허황된 믿음을 심어주거나 거짓된 이야기를 그럴듯하게 꾸며대거나
사악한 지식이 많거나 죄행을 은폐하거나 민심을 꾀어 속이는 자는 죽인다.

거짓으로 귀신에게 화와 복을 의탁하고
시일의 길흉을 점치는 사람은 모두, 사람들을
미혹하고 예법에 어긋나므로 죽인다.

이러한 자들은 심리나 사면을 할 필요 없이
반드시 죽인다.

❁ 少而無父者謂之孤
소 이 무 부 자 위 지 고

어려서 부모를 잃은 자를 고라 하고

老而無子者謂之獨
노 이 무 자 자 위 지 독

늙어 자녀 없는 자를 독이라 한다.

老而無妻者謂之矜
노 이 무 처 자 위 지 환

늙어 아내가 없는 자를 환이라 하고

老而無夫者謂之寡
노 이 무 부 자 위 지 과

늙어 남편이 없는 자를 과라 한다.

此四者 天民之窮而無告者也
차 사 자 천 민 지 궁 이 무 고 자 야

이와 같은 네 종류의 사람들은 하늘이 낸 백성 중에서 가장 곤궁하여 호소할 데가 없는 사람들이다.

皆有常餼
개 유 상 희

때문에 군주로부터 일정한 식량을 받는다.

瘖 聾 跛 躄 斷者 侏儒 百工
음 롱 파 벽 단 자 주 유 백 공

벙어리, 귀머거리, 절름발이, 앉은뱅이와 다리 잘린 자, 곱사등이, 각종 장인들을

各以其器食之
각 이 기 기 식 지

각각 기능에 따라 일을 시키고 밥을 먹인다.

어려서 부모를 잃은 자를 '고孤'라 한다.

늙어 자녀가 없는 자를 '독獨'이라 한다.

늙어 아내가 없는 자를 '환矜'이라 한다.

늙어 남편이 없는 자를 '과寡'라 한다.

벙어리나 귀머거리, 절름발이, 앉은뱅이, 각종 장인들은 스스로를 부양할 수 있는 일이라면 어떤 일이든 할 수 있도록 기회를 주어야 한다.

마침내 내 힘으로
생계를 해결할 수
있게 되었어.

비록
귀머거리지만
기술이 있어.

예운 【禮運】

〈예운〉은 글자 그대로 예악이 흥망성쇠하는 과정과 음양의 조화가 널리 퍼진 도리를 이야기하고 있다. 그 중에는 세상이 온 백성의 것이라는 '대동大同'의 이상적인 개념이 생동감 넘치게 그려져 있으며, 또한 천하가 한가족이라는 '소강주치小康主治'가 구체적으로 표현되어 있다. 아울러 상고시대 사람들이 움집이나 토굴에서 살다가 집이나 한 장소에 정착하는 역사적인 변천 과정을 설명하고 있으며, 예의 기원과 내용·의의를 밝히고 있다. 깊고 예리하며 심오한 경구警句도 포함되어 있다.

昔者仲尼與於蜡賓
석자중니여어사빈

옛날에 공자가 사제에 초대되어 참석했는데

事畢 出遊於觀之上
사필 출유어관지상

제사가 끝나고 누각에 올라 구경하다가

喟然而嘆
위연이탄

무의식중에 탄식했다.

仲尼之嘆 蓋嘆魯也
중니지탄 개탄노야

공자의 탄식은 노나라 때문이었다.

言偃在側曰
언언재측왈

곁에 있던 언언이 물었다.

君子何嘆
군자하탄

"스승님, 왜 한숨을 쉬시는지요?"

孔子曰
공자왈

공자가 말했다.

大道之行也 與三代之英
대도지행야 여삼대지영

"어질고 밝은 인물이 하, 은, 주 삼대에 큰 도를 행한 것을

丘未之逮也 而有志焉
구미지체야 이유지언

나는 보지 못했지만 기록으로 남아 있다."

공자가 사제蜡祭*에 초대되어 손님으로 참석한 적이 있었다. 제사가 끝나고 공자는 궐문 옆에 있는 높디높은 누각에 올라 무의식중에 한숨을 푹 쉬었다. 조국이었던 노나라를 생각하니 한숨이 절로 나왔던 것이다. 그때 공자의 제자였던 언언言偃**이 물었다.

* 사제: 주나라 때 연말에 올리던 제사.

** 언언: 기원전 506년에 태어났으며 오나라 사람으로 자는 자유子遊다.

스승님,
왜 한숨을
쉬시는지요?
하나라, 은나라, 주나라 때처럼 영명한 군주가
나라를 다스려 큰 도가 성행했던 시절에
세상에 태어나지 못해
안타깝게도 그 시대에 살 수 없지만
당시를 기록해놓은 이야기는 읽을 수가 있지.

大道之行也 天下爲公
대도지행야 천하위공

큰 도가 행해진 세상에서는
천하가 온 세상 사람들 것이라고 생각했다.

選賢與能 講信修睦
선현여능 강신수목

어진 사람과 능력 있는 사람을 선출하였으며
신뢰와 화목을 위해 애썼다.

故人不獨親其親
고인불독친기친

그러므로 사람들은 자신의 부모만을
부모라고 여기지 않았으며

不獨子其子
불독자기자

자신의 자녀만을 자녀라고 여기지 않았다.

使老有所終 壯有所用
사노유소종 장유소용

노인들은 행복하게 여생을 보낼 수 있었고
장정들은 능력을 마음껏 발휘할 수 있었고

幼有所長
유유소장

아이들은 보살핌을 받으며 성장할 수 있었다.

矜寡 孤獨 廢疾者 皆有所養
긍과 고독 폐질자 개유소양

홀아비와 과부, 고아, 자녀가 없는
노인과 불구자는 보살핌을 받을 수 있었으며

男有分 女有歸
남유분 여유귀

남자들은 각자가 맡은 일이 있었고
여자들은 모두 가정이 있었다.

노인들은 행복하게 여생을 보낼 수 있었고, 장정들은 능력을 마음껏 발휘할 수 있었고, 아이들은 보살핌을 받으며 성장할 수 있었다.

홀아비와 과부, 고아, 자녀가 없는 노인과 불구자는 보살핌을 받을 수 있었다.

여자들은 모두 가정이 있었다.

貨惡其弃於地也 不必藏於己
화 오 기 기 어 지 야 불 필 장 어 기

사람들은 재물을 헛되이 낭비하는 것은 싫어했지만 자기를 위해 감춰두지 않았다.

力惡其不出於身也
역 오 기 불 출 어 신 야

사람들은 일하지 않고 빈둥거리는 사람을 싫어했지만

不必爲己
불 필 위 기

자신들에게 이로움을 주지 않기 때문은 아니었다.

是故謀閉而不興
시 고 모 폐 이 불 흥

때문에 간사한 꾀가 막혀 일어나지 않았고

盜竊亂賊而不作
도 절 난 적 이 부 작

도둑들이 세상을 어지럽히는 일도 일어나지 않았다.

故外户而不閉
고 외 호 이 불 폐

그래서 대문을 열어둔 채 닫지 않았으니

是謂大同也
시 위 대 동 야

이런 세상을 두고 대동의 세상이라고 한다.

사람들은 재화를 헛되이 낭비하는 것을 싫어했으나, 재화를 사사로이 독점하기 위해서는 아니었다.

아울러 사람들은 건강하지만 일하지 않고 하루 종일 빈둥거리는 사람을 싫어했으나, 게으른 사람이 그들을 위해 일해주길 원했기 때문은 아니었다.

따라서 모든 음모와 궤계는 소용이 없었고, 재물이나 권리 따위를 교묘한 수단이나 힘으로 뺏는 일도 발생하지 않았다.

때문에 대문을 잠그는 사람이 아무도 없었다.

今大道旣隱 天下爲家
금대도기은 천하위가

오늘날 대도는 이미 사라지고
사람들은 천하를 가족 단위로 나눴기 때문에

各親其親 各子其子
각친기친 각자기자

각기 자신의 어버이만을 어버이로 여기고
자신의 자녀만을 자녀로 여기며,

貨力爲己
화력위기

재물과 힘도 자신을 위해서 사용한다.

大人世及以爲禮
대인세급이위례

대인들은 권력 세습을 예로 삼고

城郭溝池以爲固
성곽구지이위고

성곽과 해자를 만들어 스스로를 굳게 지킨다.

禮義以爲紀 以正君臣
예의이위기 이정군신

예의를 기강으로 삼아 군신의 분수를 바로잡고

以篤父子 以睦兄弟
이독부자 이목형제

부모와 자식 간에 돈독히 하고 형제와 화목하고

以和夫婦 以設制度
이화부부 이설제도

부부간에 화합하고 제도를 만들고

以立田里 以賢勇知
이립전리 이현용지

농경지와 가구를 세우고 용맹함과 지혜로움을 존중하고

以功爲己
이공위기

스스로를 위해 공을 세우도록 한다.

故謀用是作 而兵由此起
고모용시작 이병유차기

그러므로 간사한 꾀가 일어나고 전쟁도 이로 인해 일어난다.

지금 세상에서 큰 도는 사라지고 사람들은
천하를 가족 단위로 나누었다.
그래서 사람들은 자신의 부모만을 사랑하고
자신의 자녀들에게만 자애롭다.
재물과 힘도 개인적으로
사유하고 사리를
도모하는 데 사용한다.

제후의 권력은 변질되어 세습되며,
그것을 당연시 여기게 되었다.
성곽과 해자를 만드는 것도 견고한
방어망을 구축하기 위함이다.

예의를 제정하여 기강으로 삼는 것은 임금과 신하의 분수를 바로잡기 위함이며, 부모와 자식 간의 자애로움과 효를 강조하기 위함이며, 형제간의 화목과 부부간의 애정을 돈독히 하기 위함이다.

제도를 설립하고, 경계를 구분하여 전답을 나눠주고, 호적을 만들어 인구를 조사하고, 용감한 자와 현명한 자를 존중하고, 공적을 개인이 차지하도록 한다.

이 때문에 간사한 꾀가 일어나고 전쟁도 일어난다.

쌔—앵!

禹 湯 文 武 成王 周公 由此其選也
우 탕 문 무 성왕 주공 유차기선야

우왕, 탕왕, 문왕, 무왕, 성왕
주공도 예로써 뛰어난 업적을 이루었다.

此六君子者 未有不謹於禮者也
차육군자자 미유불근어례자야

이 여섯 명의 군왕은 예를 섬기지 않는 사람이 없었으며

以著其義 以考其信
이저기의 이고기신

예로써 의를 드러냈으며 신을 세웠으며

著有過 刑仁講讓
저유과 형인강양

허물을 밝히고 형벌과 인애를

示民有常
시민유상

백성에게 알려주었다.

如有不由此者 在執者去
여유불유차자 재집자거

이를 따르지 않으면 집권자라 할지라도

衆以爲殃 是謂小康
중이위앙 시위소강

백성이 이를 멸하였다.
이런 세상을 소강이라 한다.

우왕, 탕왕, 문왕, 무왕, 성왕, 주공도 예를 지켰기 때문에 위대한 지도자가 되었다.
이 여섯 명의 군왕 가운데 예를 섬기지 않은 사람이 없었다.

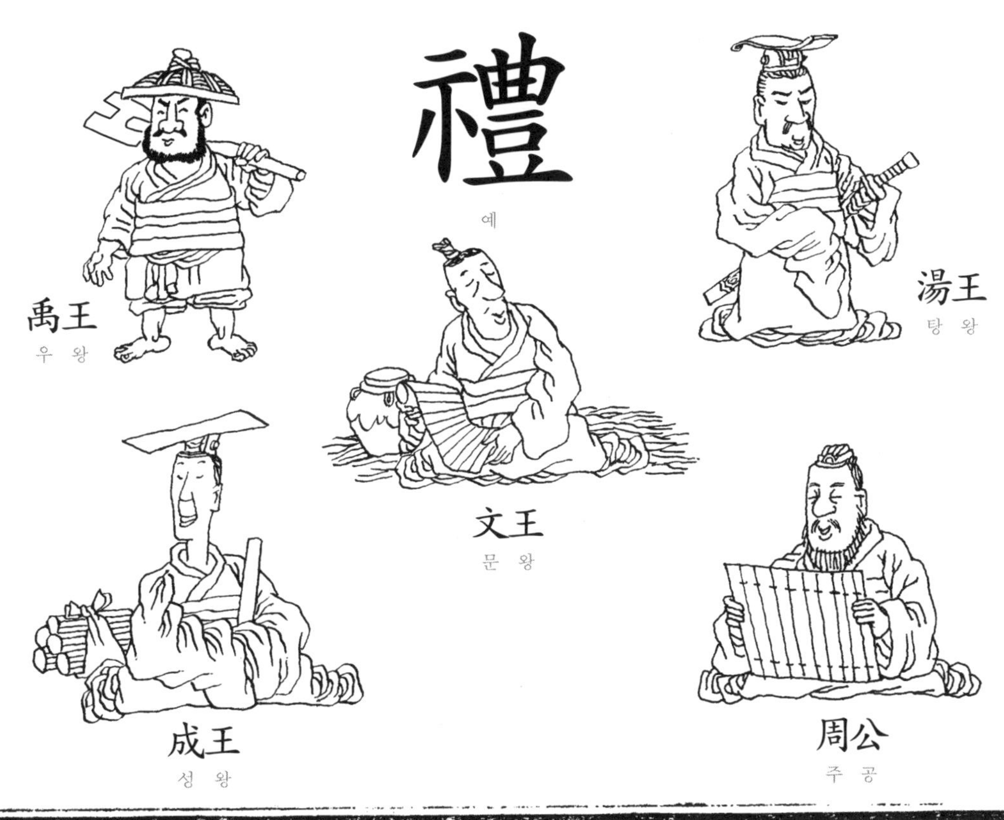

아울러 이러한 지도자들은 예의 본뜻을 발휘하여 백성의 신망을 모으고, 잘못을 지적하고, 어질고 사랑스러운 마음과 겸손하게 사양하는 도를 꼼꼼히 따져 사회 활동에 적합한 행동이 무엇인지 백성에게 보여주었다.

정상적인 궤도를 벗어나거나 일반적인 상식에 반하는 행위를 하는 사람은 군주라 할지라도 반드시 징계를 받고 자리에서 물러나도록 한다.

言偃復問曰 如此乎禮之急也
언언복문왈 여차호례지급야

언언이 다시 물었다. "예가 그처럼 중요한 것입니까?"

孔子曰 夫禮
공자왈 부례

공자가 이렇게 대답했다. "예라는 것은

先王以承天之道 以治人之情
선왕이승천지도 이치인지정

선왕이 하늘의 도를 받아 인간의 정을 다스린 것이다.

故失之者死 得之者生
고실지자사 득지자생

때문에 예를 잃은 자는 죽을 것이고
예를 얻는 자는 살 것이다.

詩曰 相鼠有體
시왈 상서유체

《시경》에서는 '쥐도 하물며 몸뚱이를 가지고 있는데

人而無禮 胡不遄死
인이무례 호불천사

사람으로서 예를 갖추지 않는다면
어찌 일찍 죽지 않겠는가' 라고 하였다."

언언이 "예가 이렇게 중요한 것입니까?" 라고 묻자 공자가 이렇게 대답했다.
"예는 본래 선왕들이 받들었던 자연의 법칙이었으며 이 법칙은 사람들의 행동을 규제하는 데 사용되었다. 때문에 예를 잃어버리고 우리는 생존할 수 없으며 예가 있어야만 비로소 멸망하지 않는 것이다."

《시경》에서도, 쥐도 하물며 몸뚱이가 있는데 사람이 어떻게 예를 갖추지 않고 살아갈 수 있겠느냐고 하였다.

사람으로서 예를 갖추지 못했다면 죽은 사람보다 나을 바가 없다.

是故夫禮 必本於天
시 고 부 례 필 본 어 천

殽於地
효 어 지

列於鬼神
열 어 귀 신

達於喪 祭 射 御 冠 昏 朝 聘
달 어 상 제 사 어 관 혼 조 빙

故聖人以禮示之
고 성 인 이 례 시 지

故天下國家可得正也
고 천 하 국 가 가 득 정 야

"때문에 예란 반드시 하늘에 근본을 두며
땅을 본받고
귀신과 조화를 이루고
상사, 제사, 활쏘기, 어거하기, 관례, 혼례, 조회, 빙례에 통달해야 한다.
성인들은 예를 행해보임으로써
천하만국의 정치를 바로 세웠다."

그러므로 예는 하늘과 땅을 다스리는 법칙과 귀신과의 조화를 근거로 해야 한다. 장례와 제사, 궁술, 어거하기*, 혼례, 관례, 조회, 빙례 등의 예의를 표현해야 한다.

성인聖人들은 이러한 예의를 사용하여 올바른 도와 인정人情을 나타냈고, 이로써 천하의 모든 나라가 질서정연하게 되었다.

* 어거하기: 수레나 마차를 끄는 말이나 소를 부려 운전하는 일.

言偃復問曰 夫子之極言禮也
언언복문왈 부자지극언례야
可得而聞與
가득이문여
孔子曰 我欲觀夏道
공자왈 아욕관하도
是故之杞而不足徵也
시고지기이부족징야
吾得夏時焉
오득하시언
我欲觀殷道 是故之宋
아욕관은도 시고지송
而不足徵也
이부족징야
吾得坤乾焉 坤乾之養
오득곤건언 곤건지양
夏時之等 吾以是觀之
하시지등 오이시관지

언언이 다시 물었다. "스승님께서 말씀해주신 예를 좀 더 구체적으로 말씀해주시면 어떻겠습니까?" 공자가 이렇게 대답했다. "나는 하나라의 도를 알고자 기나라에 갔지만 증거가 될 만한 것을 얻을 수 없었고 고작《하시》만 얻을 수 있었다. 나는 또 은나라의 도를 알고자 송나라에 갔지만 증거가 될 만한 것은 얻을 수 없었고 고작《건곤》이라는 책만 얻었다. 그러나《건곤》의 뜻과《하시》의 등을 통해서 예에 대한 증거를 볼 수 있었다."

언언이 "스승님께서는 예를 이처럼 중요하게 생각하시는데, 저희에게 예에 대해 이야기를 해주시는 것이 어떻겠습니까?" 하고 물었다. 공자가 "나는 전에 하나라 때 행해지던 예에 관한 제도를 배우기를 열망했다. 그래서 하나라가 멸망하고 그 땅에 세워진 기杞나라를 여행했지만, 증거조차 남아 있지 않았다. 내가 얻은 것이라고는《하시》라는 책이 고작이었다" 라고 대답했다.

나는 또 은나라 의례에 대해 알고 싶어서 은나라 땅에 세워진 송宋나라를 방문했지만 그곳에서도 의례에 대한 어떤 증거도 남아 있지 않았다. 내가 얻은 것이라고는 《건곤》이라는 책이 고작이었다.

그러나 나는 《건곤》에 나오는 음양의 작용을 근거로 건곤의 뜻을 알 수 있었고, 농사 절기를 논한 《하시》를 통해서 역서曆書를 고증할 수 있었다.

《하시》는 농사 절기와 관련이 있는 역서로 《하소정夏小正》이라고도 한다.

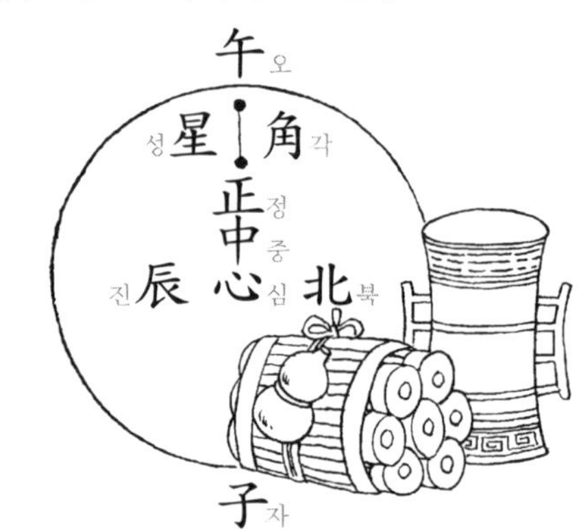

夫禮之初 始諸飮食
부 례 지 초 시 제 음 식

예의 시작은 음식에서 비롯되었다.

其燔黍捭豚
기 번 서 패 돈

옛날 사람들은 기장을 돌 위에 얹고 불로 달구어 익혔으며, 돼지고기를 돌 위에 놓고 구웠다.

汙尊而抔飮
오 존 이 부 음

땅에 구덩이를 파서 우물을 만들고 손으로 우물물을 떠서 마셨다.

蕢桴而土鼓
괴 부 이 토 고

황모를 묶어서 북채를 만들고 땅을 치면서

猶若可以致其敬於鬼神
유 약 가 이 치 기 경 어 귀 신

귀신에게 경의를 표했다.

及其死也 升屋而號
급 기 사 야 승 옥 이 호

임종이 임박해서는 지붕 위에 올라가

告曰 皐某復
고 왈 고 모 복

"아무개여 돌아와주오!"라고 외친 다음에

然後飯腥而苴孰
연 후 반 성 이 저 숙

생쌀을 죽은 사람의 입에 넣고, 풀잎으로 싸서 익힌 고기를 죽은 사람에게 바친다.

故天望而地藏也
고 천 망 이 지 장 야

이와 같은 초혼 의식을 행한 까닭은

體魄則降 知氣在上
체 백 즉 강 지 기 재 상

사람이 죽으면 육체는 땅에 묻히지만 영혼은 하늘로 올라간다고 믿었기 때문이다.

故死者北首 生者南鄕
고 사 자 북 수 생 자 남 향

따라서 죽은 자의 머리는 북쪽으로 두고 살아 있는 사람의 머리는 남쪽으로 향하게 하는데

皆從其初
개 종 기 초

이러한 관습은 고대부터 전해진 것이다.

'예'의 시작은 음식을 먹는 행위에서 비롯됐다. 사람들은 본래 곡식과 돼지를 불 위에 놓고 구울 줄만 알았다.

땅을 파서 우물을 만들었고 손으로 우물물을 떠서 마셨다.

황모를 묶어서 북채를 만들어 땅을 치면서 조상과 천지에 경의를 표했다.

사람이 죽을 때가 되면 살아 있는 사람은 지붕 위에 올라가 하늘을 향해 외친다.

그리고 익히지 않은 생쌀을 죽은 사람의 입에 넣고, 풀잎으로 싼 조리된 고기를 죽은 사람과 함께 땅에 묻는다.

이와 같이 초혼을 부르는 의식을 행했던 까닭은 사람이 죽으면 육체는 땅에 묻히지만 영혼은 하늘로 올라간다고 믿었기 때문이다.

그러므로 나중에는 죽은 사람을 땅에 묻을 때 머리를 북쪽으로 향하게 하고, 살아 있는 사람들은 남쪽을 향하여 앉는 방식으로 존경을 표했다. 이러한 관습은 고대부터 전해진 것이다.

昔者先王未有宮室 석자선왕미유궁실	이전의 선왕들은 궁실이 없었다.
冬則居營窟 夏則居橧巢 동즉거영굴 하즉거증소	겨울에는 토굴에 살고 여름에는 나뭇가지로 대충 지은 움집에서 살았다.
未有火化 食草木之實 미유화화 식초목지실	불을 사용할 줄 몰랐으며 초목의 열매를 따먹고
鳥獸之肉 飮其血茹其毛 조수지육 음기혈여기모	새나 짐승의 털도 뽑지 않고, 피도 씻지 않고 고기를 날로 먹었다.
未有麻絲 衣其羽皮 미유마사 의기우피	아직 삼베나 명주가 없었기 때문에 새의 깃털이나 짐승의 가죽으로 옷을 만들어 입었다.
後聖有作 然後修火之利 후성유작 연후수화지리	나중에 성인이 나타나 불을 이용하게 되었고
范金合土 범금합토	금속을 가공하거나 도기를 만드는 데 사용했다.
以爲臺榭宮室牖戶 이위대사궁실유호	또한 누각과 정자, 궁실과 집을 짓고 문과 창문을 만드는 데도 사용했다.
以炮 以燔 以亨 以炙 이포 이번 이형 이자	불을 이용하여 음식을 굽고, 끓이고, 삶아서 먹었으며
以爲醴酪 이위례락	단술과 죽을 만들었다.
治其麻絲 以爲布帛 치기마사 이위포백	삼베나 비단을 짜서 옷을 지어 입었고
以養生送死 이양생송사	이를 이용하여 삶을 영위하고 장례를 치르고
以事鬼神上帝 皆從其朔 이사귀신상제 개종기삭	귀신과 하느님을 섬겼다. 이는 모두 고초의 예를 좇은 것이다.

이전에 선왕들은 궁전에서 살지 않았다.
겨울에는 토굴에서 살았고,
여름에는 나뭇가지로
대충 지은 움집에서 살았다.

불을 이용하여 비린내를 제거할 줄도
몰랐으며, 나무에 열린 열매를 먹고
새나 짐승의 고기를 먹었다.

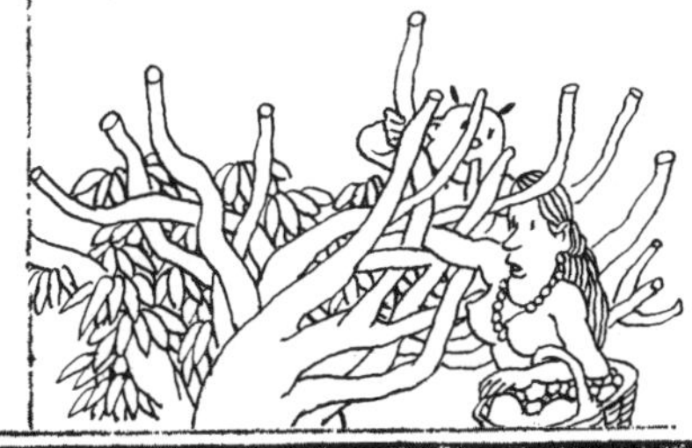

새나 동물의 신선한
피를 마시고
날고기를 먹었다.
옷감을 지을 줄
몰랐기 때문에 새의
깃털이나 짐승의
가죽으로 만든 옷을
입었다.

성인들이 나타난 후에 불을 다양하게 이용하기 시작했으며, 금속을 가공하거나 도기를 만드는 데도 불을 이용했다.

나중에는 누각과 정자를 짓고, 궁전과 집, 문과 창문을 건축하는 데 불을 이용했다.

불을 이용해서 음식을 끓이고 구웠으며 단술과 죽을 만들었다.

삼실이나 비단실로 삼베와 비단을 짜서 평상복을 만들어 입었을 뿐 아니라 장례식에 사용할 예복도 만들었다.

불은 또한 귀신이나 하느님에게 지내는 제사에 쓸 희생을 잡는 데도 사용되었다.

원문	음	풀이
故玄酒在室 醴醆在户	고현주재실 예잔재호	그러므로 제례를 지낼 때, 현주는 중심이 되는 방에 놓고 예와 잔은 문 가까이 놓고
粢醍在堂 澄酒在下	자제재당 징주재하	자제는 마루에 놓고 징주는 마루 아래에 놓는다.
陳其犧牲 備其鼎俎	진기희생 비기정조	희생을 진설하고 제기를 갖추고
列其琴瑟管磬鍾鼓	열기금슬관경종고	거문고, 비파, 관악기, 경, 종, 북 등 각종 악기를 늘어놓고
修其祝嘏	수기축하	축하를 연주하여
以降上神與其先祖	이강상신여기선조	천상의 신과 선조의 영혼이 내려오도록 한다.
以正君臣 以篤父子	이정군신 이독부자	이로써 군신의 도리를 바르게 하고 부자의 정을 두텁게 하고
以睦兄弟 以齊上下	이목형제 이제상하	형제 사이에 화목하고 아랫사람과 윗사람이 질서를 세우고
夫婦有所	부부유소	남편과 아내 사이를 구별한다.
是謂承天之祜	시위승천지우	이를 두고 하늘이 복을 내려준다고 한다.
祝以孝告 嘏以慈告	축이효고 하이자고	축은 효를, 하는 자애로움을 고하므로
是謂大祥 此禮之大成也	시위대상 차례지대성야	이를 대상이라고 한다. 이로써 예는 이루어진다.

그러므로 제사를 지낼 때 현주玄酒는 중심이 되는 방에 놓고, 예醴와 잔盞은 문 가까이 두며, 자제粢醍*는 마루에 놓고, 징주澄酒**는 마루 아래 놓는다.

위와 같이 제사에 쓰이는 술 다섯 가지는 각각 등급에 따라 진설해놓는다. 현주는 곧 샘물이다. 아주 먼 옛날 술이 없었을 때부터 사용했기에 높여 부르는 것이며, 현주는 실내의 북쪽과 가깝게 놓는다. 예는 단술이다. 잔은 아주 연한 남빛의 술이므로 후세 사람들이 이렇게 불렀다. 잔은 실내에 놓을 때 약간 남쪽으로 문 가까이에 놓는다. 자제는 홍적색의 술로 대청에 놓는다. 징주는 찌꺼기를 가라앉힌 술로 대청 아래에 놓는다.

* 자제: 기장으로 만든 술로 예보다는 늦게 만든 술.

** 징주: 맑은 술로 가장 늦게 만든 술.

제물로 바친 제사 음식을 제기에 진설하며 종묘제악을 울린다. 주인이 신에게 기원하는 이야기인 축祝과 신을 상징하는 시尸, 시동尸童*이 주인을 축복해주는 이야기인 하嘏를 준비하고 천상의 신과 조상들의 강림을 맞는다.

군신의 도리를 바르게 하고, 부자父子의 관계를 두텁게 하고, 형제간의 우애를 돈독하게 하고, 남편과 아내는 각자의 본분을 지키면 이를 하늘의 축복을 받았다고 일컫는다.

선조나 신의 대리자

受祭者尸 수제자시

주인의 기원인 축사祝辭에는 후손들의 경외심이 가득합니다. 하늘의 기원인 하사嘏辭에는 선조들의 자애로움이 나타나 있습니다. 이를 가장 길〔吉〕하고 가장 상서〔祥〕롭다고 하지요. '예'의 가장 만족스러운 결과랍니다.

제사 의식을 주관하는 자

主祭者 주제자

* 시동: 제사 지낼 때 신위 대신 교의에 앉히는 어린아이로 죽은 사람을 대신하여 제사를 받았다.

孔子曰 嗚呼哀哉 공자왈 오호애재	공자가 말했다. "아, 슬프도다!
我觀周道 幽厲傷之 아관주도 유려상지	내가 주나라의 도를 두루 살펴보니 유왕과 여왕이 이를 훼손하였구나.
吾舍魯何適矣 오사노하적의	노나라를 버리고 나는 어디로 갈 것인가!
魯之郊禘非禮也 노지교체비례야	노나라의 교사와 체사는 예가 아니거늘
周公其衰矣 주공기쇠의	주공의 가르침은 쇠하였구나!
杞之郊也 禹也 기지교야 우야	기나라에서 교사를 지내는 까닭은 우왕의 후손이기 때문이다.
宋之郊也 契也 송지교야 설야	송나라에서 교사를 지내는 까닭은 설의 후손이기 때문이다.
是天子之事守也 시천자지사수야	천자는 선조 천자들의 법도를 지켜야 한다.
故天子祭天地 고천자제천지	따라서 천자는 하늘과 땅에 제사 지내고,
諸侯祭社稷 제후제사직	제후는 사직에 제사하여야 한다."

공자가 "아, 슬프도다! 주나라의 제도를 살펴보니 유왕幽王, 여왕厲王 때부터 주나라의 예가 파괴되었구나. 노나라를 버리고 나는 어디로 갈 것인가?"라고 탄식했다.

기나라에서는 교외에서 제사를 행할 수 있다. 기나라 선조 우왕은 3대 성왕聖王 중 한 사람이기 때문이다.

禹
우왕

송나라도 교외에서 제사를 행할 수 있다. 송나라의 선조 설이 은나라의 시조이기 때문이다. 후손 천자는 선조 천자들의 방식을 따라 제사 지냈다.

契
설

천자는 하늘과 땅에 제사하고, 제후는 사직에 제사한다. 노나라의 선조 주공은 비록 성인이었지만 그 지위가 신하였다. 때문에 주공의 도를 자손들이 무시했고 예가 쇠락했다.

是故禮者 君之大柄也 시고례자 군지대병야	그런 까닭에 예라는 것은 임금이 나라를 다스리는 데 중요한 수단이다.
所以別嫌明微 소이별혐명미	따라서 예란 판단하기 어려운 일을 분별하고 미세한 것을 밝히고
儐鬼神 考制度 別仁義 빈귀신 고제도 별인의	인간이 귀신을 가까이 모시게 하고 제도를 고찰하고 어짊과 의로움을 구분하는 것이므로
所以治政安君也 소이치정안군야	나라를 다스리고 임금의 지위를 안정시킨다.
故政不正 則君位危 고정불정 칙군위위	정치가 바르지 않으면 임금의 지위가 위태로워지고
君位危則大臣倍 군위위즉대신배	임금의 지위가 위태로우면 대신들은 배신을 하고
小臣竊 소신절	소신들은 도둑질을 한다.
刑肅而俗敝 則法無常 형숙이속폐 칙법무상	형벌이 엄하고 풍속이 퇴폐하면 법이 수시로 바뀌고,
法無常 而禮無列 법무상 이례무열	법이 수시로 바뀌면 예에 차례가 없고
禮無列 則士不事也 예무열 즉사불사야	예에 차례가 없으면 사는 맡은 바 임무를 다하지 않는다.
刑肅而俗敞 則民弗歸也 형숙이속창 즉민불귀야	형벌이 엄하고 풍속이 퇴폐적이면 백성의 마음이 떠나갈 것이며
是謂疵國 시위자국	이를 일러 병든 나라라 한다.

예란 군주가 나라를 통치하는 수단이다.
예가 있어야 비로소 시비를 가릴 수 있으며,
깊이 감추어져 드러나지 않는 것도 통찰할 수 있다.

예가 있어야 신에게 가까이 다가갈 수 있으며
사회 계급을 나눌 수 있으며
법과 규율을 정할 수 있다.

예가 있어야 윤리적인 관계를 확립할 수 있으며 존경과 가까움을 구분 지을 수 있다.

예를 통해 정사를 처리하고 임금의 권리를 공고히 할 수 있다. 법으로 정사를 시행하지 않으면 임금의 위치가 위태롭게 된다. 임금의 위치가 흔들리면 대신들은 임금의 지휘에 따르지 않을 것이며, 소신들은 기회를 엿보아 사리사욕을 채우려 할 것이다.

설사 준엄한 형벌이 있을지라도 이러한 폐단을 따르면 염치를 모르는 사회 풍토가 조성되고 법령이 수시로 바뀌고 법령이 수시로 바뀌면 예절이 혼란스러워진다.

예절이 혼란스러우면 벼슬아치와 학자들은 어쩔 줄 몰라 한다. 형벌이 가혹하고 급해지면 풍기가 문란해지고, 풍기가 문란해지면 백성들이 한마음 한뜻을 이룰 수 없게 된다.

이러한 국가를 병든 국가라고 한다.

故政者 君之所以藏身也 고정자 군지소이장신야	정치라는 것은 임금이 몸을 간직하는 곳이다.
是故夫政本於天 시고부정본어천	때문에 무릇 정치란 하늘에 근본을 두고
殽以降命 효이강명	그것을 본받아 천하에 명령을 내려야 한다.
命降于社之謂殽地 명강우사지위효지	토신에게 제사한 후 내리는 명령을 효, 즉 땅을 본받은 정치라 하고
降于祖廟之謂仁義 강우조묘지위인의	조상의 묘에 제사한 후 내리는 명령을 인의의 정치라 한다.
降于山川之謂興作 강우산천지위흥작	산천에 제사한 후 내리는 명령을 흥작의 정치라 하고
降于五祀之謂制度 강우오사지위제도	오사에 제사하고 내리는 명령을 제도의 정치라 한다.
此聖人所以藏身之固也 차성인소이장신지고야	이는 성인이 몸을 간직하되 견고한 까닭이다.

산천의 신에게 제사를 지낸 후 왕은 건설을 위해 홍작의 정치를 정한다.

오사五祀, 즉 오행(금金, 목木, 수水, 화火, 토土)의 신에게 제사한 후 왕은 자연의 정신을 제도화한 제도의 정치를 정한다.

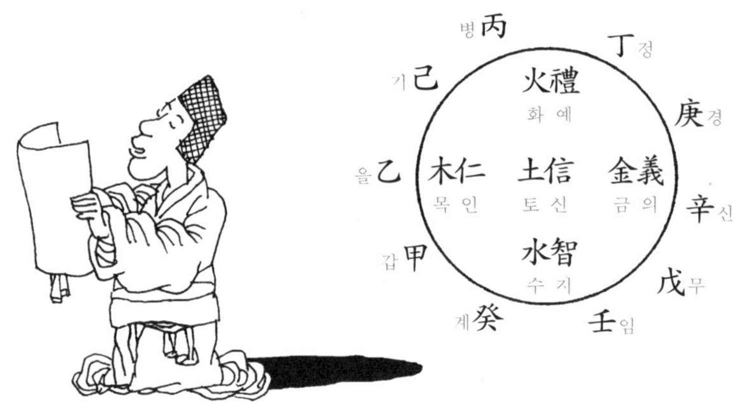

이러한 정치적인 행위를 통해 성인들은 몸을 편안히 하고 나라를 지켰다.

故聖人參於天地
고 성 인 삼 어 천 지

따라서 성인은 하늘과 땅의 법칙을 본받고

並於鬼神 以治政也
병 어 귀 신 이 치 정 야

귀신과 나란히 서며 이로써 정치를 하였다.

處其所存 禮之序也
처 기 소 존 예 지 서 야

자연의 법칙에 처해 살피면 예는 질서가 서게 되고

玩其所樂 民之治也
완 기 소 락 민 지 치 야

자연의 법칙에 순응하면 백성을 다스릴 수 있다.

故天生時而地生財
고 천 생 시 이 지 생 재

그러므로 하늘은 사계절을 창조하고 땅은 오곡백과를 창조한다.

人其父生而師敎之
인 기 부 생 이 사 교 지

사람은 아비가 낳고 스승이 그를 가르치니

四者君以正用之
사 자 군 이 정 용 지

하늘과 땅, 아비와 스승의 도리를 군주는 바르게 써야 한다.

故君者立於無過之地也
고 군 자 립 어 무 과 지 지 야

이러하면 군주는 허물이 없는 곳에 서 있을 수 있다.

따라서 성인은 하늘과 땅 그리고 귀신과 함께 일함으로써 백성의 일을 관리한다.

하늘과 땅과 모든 귀신들을 살핀 결과가 예의 질서이다.

자연의 법칙에 순응하면 백성도 타당한 위치를 얻을 수 있게 된다.

하늘은 사계절을 창조하고
땅은 오곡백과를 창조한다.

사람은 부모로부터 생명을 얻고,
스승으로부터 지식을 얻는다.
임금은 하늘과 땅, 부모와 스승이 도리를
바르게 쓰도록 한다.

이것이 바로 가장 적절한 위치에 있는
군주이다.

군주는 천시에 순응하고, 땅의 산물을 이용하는 데도 마땅히
도를 따라야 한다. 그러면 군주는 백성이 후회 없는 삶을
살도록 할 수 있을 것이다. 이는 예의 성립, 작용과도 밀접한
관련이 있다.

故聖人耐以天下爲一家	고성인내이천하위일가	그러므로 성인이 천하를 한집안처럼 만들고
以中國爲一人者	이중국위일인자	중국 전체를 한 사람처럼 만드는 것은
非意之也	비의지야	성인이 사리를 도모하지 않기 때문이다.
必知其情 辟於其義	필지기정 벽어기의	반드시 인정을 알아야만 의를 열 수 있고
明於其利 達於其患	명어기리 달어기환	이로움을 밝힐 수 있으며 근심거리를 알아낼 수 있다.
然後能爲之	연후능위지	그런 뒤에야 능히 천하가 한집안처럼 되고, 나라 전체가 한 사람처럼 될 수 있다.
何謂人情 喜怒哀懼愛惡欲	하위인정 희노애구애오욕	인정이란 무엇인가? 희, 노, 애, 구, 애, 오, 욕이다.
七者弗學而能	칠자불학이능	일곱 가지는 배우지 않고도 능히 알 수 있는 것이다.

따라서 성인은 천하를 한집안처럼 만들 수 있다. 성인은 천하 사람들을 자기 자신처럼 여기며, 사리사욕을 도모하지 않는다.

성인은 인정人情을 이해해야 하며, 의리義理에 통달해야 한다. 또한 백성에게 이로운 것과 해가 되는 것이 무엇인지 알아야 하며, 백성들의 근심, 걱정이 무엇인지 알아야 한다.

무엇을 인정이라 하는가? 인정은 기뻐하고, 성내고, 슬퍼하고, 두려워하고, 사랑하고, 미워하고, 욕심내는 것이다. 이 일곱 가지 심리적인 요인은 배우지 않고도 알 수 있다.

◎ 何謂人義 하위인의	무엇을 인간의 의라고 하는가?
父慈 子孝 兄良 弟弟 부자 자효 형량 제제	아버지의 자애로움과 아들의 효와 형의 어짊과 아우의 공경과
夫義 婦聽 長惠 幼順 부의 부청 장혜 유순	남편의 의로움과 아내의 순종함과 어른의 은혜와 어린이의 유순함과
君仁 臣忠 十者謂之人義 군인 신충 십자위지인의	임금의 어짊과 신하의 충성, 이 열 가지를 인간의 의라고 한다.
講信修睦 謂之人利 강신수목 위지인리	신뢰와 화목을 추구하는 것을 인간의 이로움이라고 한다.
爭奪相殺 謂之人患 쟁탈상살 위지인환	서로 빼앗고 죽이는 것을 인간의 재앙이라고 한다.
故聖人之所以治人七情 고성인지소이치인칠정	때문에 성인은 일곱 가지 인간의 정을 다스리도록
修十義 講信修睦 수십의 강신수목	열 가지 의를 세우고 신뢰와 화목을 추구하도록 하고
尚辭讓 去爭奪 상사양 거쟁탈	양보하는 마음을 숭상하고 다투어 빼앗는 일이 없도록 한다.
舍禮何以治之 사례하이치지	그러므로 예를 버리면 무엇으로 인간의 일곱 가지 정을 다스린단 말인가?

무엇이 인간의 의인가?
부모는 자애로워야 하고,
자녀는 효를 다해야 하고,
형은 선량해야 하며,
아우는 형을 공경해야 한다.

남편은 의로워야 하고 아내는 순종해야 한다.

어른은 아랫사람을 체휼함으로 대하고,
아랫사람은 열린 마음으로 어른의 가르침을
받아야 한다.

군주는 의로워야 하고 신하는 충성해야 한다.
이 열 가지 기준을 인간의 의義라 한다.

서로 신용을 지키고 화목을 유지하는 것을
가리켜 '인간의 이로움人利'이라고 한다.

서로 다투고 빼앗고 죽이는 것을 가리켜
'인간의 재앙人患'이라고 한다.

따라서 성인은 인간의 칠정七情을 조절하도록
열 가지 기준을 만들었으며, 신용을 추구하고
화목을 유지하고 사양하고 양보하는 것을 숭상하고
다투고 빼앗는 것을 버리도록 했다.
예를 제외하고 또 어떤 방법이
이렇게 만들 수 있단 말인가?

◎ 飮食男女 人之大欲存焉
음식남녀 인지대욕존언

음식과 남녀 관계에는 인간의 욕망이 존재하고 있다.

死亡貧苦 人之大惡存焉
사망빈고 인지대오존언

사망과 빈고에는 인간의 미움이 존재하고 있다.

故欲惡者 心之大端也
고욕오자 심지대단야

욕심과 미움은 칠정 중에서 가장 많이 차지하고 있으며

人藏其心 不可測度也
인장기심 불가측도야

사람이 그 마음을 숨기고 있어서 정도를 헤아리기 어렵다.

美惡皆在其心 不見其色也
미악개재기심 불견기색야

선과 악도 모두 마음속에 있어서 얼굴에 나타나지 않는다.

欲一以窮之 舍禮何以哉
욕일이궁지 사례하이재

만약 사람의 마음을 알아내고자 한다면
예를 버리고 무엇이 있겠는가?

음식과 남녀 관계에는
인간의 가장 기본적인 욕구가 있다.

죽음과 가난은 인간이 가장 무서워하는
일이다.

이 두 가지 종류의 좋아함과 싫어함好惡은
사람의 마음에 있는 가장 강렬한 의지이다.

그러나 인간은 자신의 의도를
숨기는 데 습관이 되서
다른 사람들은 그 정도를
헤아릴 수 없다.

좋아함과 싫어함은 모두 마음속에 감춘
것이므로 외양으로 나타나지 않는다.

인간의 칠정과, 좋아하고 싫어하는 감정을 열
가지 기준에 따른다면 행동거지가 자연히
예에 부합된다. 칠정에 압도당하는 사람은
패륜아가 되며, 이는 언행에서도
남김 없이 드러날 것이다.

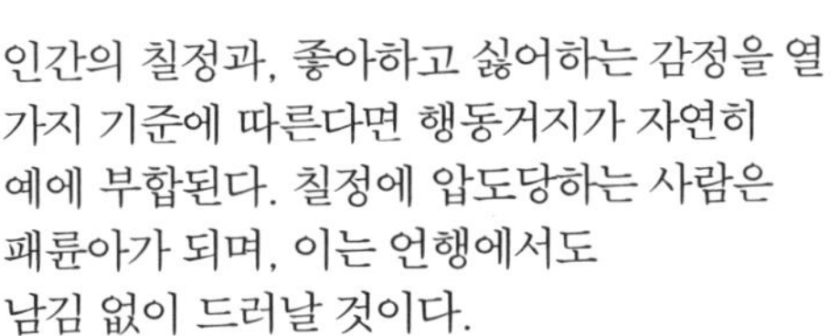

예 말고 패륜 전체를 폭로할 더 좋은 방법이
어디 있단 말인가?

故人者 其天地之德 (고인자 기천지지덕)	사람이라는 것은 천지 덕의 화합이며
陰陽之交 鬼神之會 (음양지교 귀신지회)	음과 양의 교합이며 귀신과의 만남이며
五行之秀氣也 (오행지수기야)	오행의 빼어난 기운이다.
故天秉陽 垂日星 (고천병양 수일성)	때문에 하늘은 양을 잡아 해와 별을 드리우고
地秉陰 竅於山川 (지병음 규어산천)	땅은 음을 잡아 산천에 구멍을 내어
播五行於四時 和而后月生也 (파오행어사시 화이후월생야)	오행을 사이에 뿌리고 이와 서로 합하여 달이 생겼다.
是以三五而盈 三五而闕 (시이삼오이영 삼오이궐)	달은 보름 만에 차오르고 보름 만에 이지러진다.
五行之動 迭相竭也 (오행지동 질상갈야)	오행의 운행은 바뀌어 서로 계속된다.
五行四時十二月 還相爲本也 (오행사시십이월 환상위본야)	오행, 사시, 열두 달의 운행은 서로 돌아서 근본이 된다.

그러므로 인간은 하늘과 땅의 덕성이며, 음양의 교합이며, 귀신의 만남이며, 오행의 가장 아름다운 조합으로 생겨난다.

하늘은 양에 속하므로, 반짝이는 해와 별 그리고 달을 만들어낸다.

땅은 음에 속하므로 산과 강은 생기가 충만하다.

목木, 화火, 금金, 수水는 땅에 뿌려져 사계절이 되고, 24절기가 되고 열두 달이 된다.

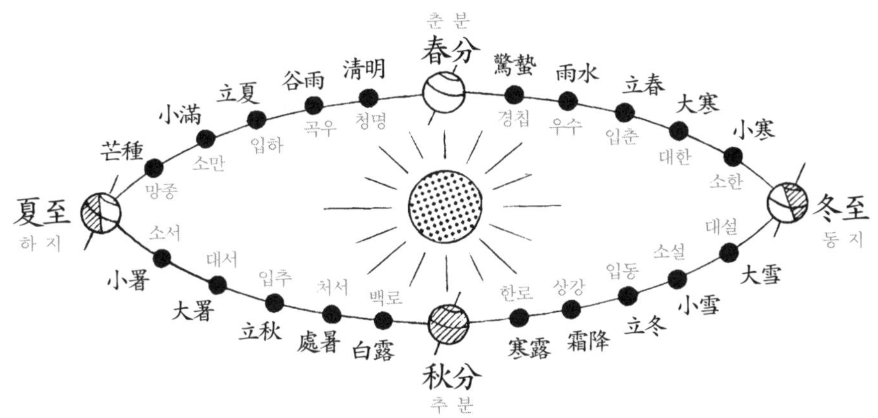

매달 전前 15일까지는 달이 점점 차오른다.

후後 15일까지는 차오른 달이 점점 이지러진다.

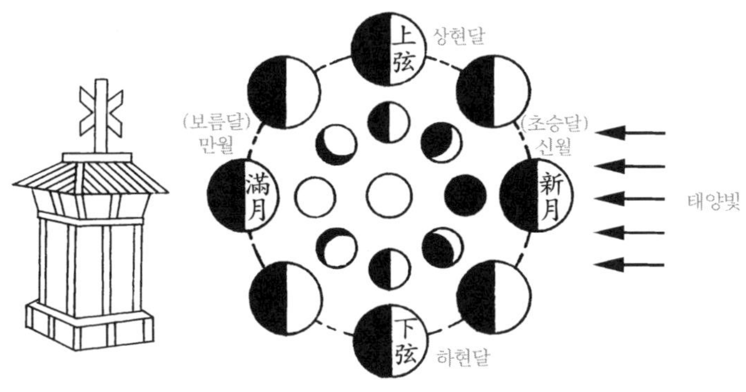

오행은 계속 순환하며 과거의 종말은 나중의 시작이 되어 끝없이 계속 돈다.

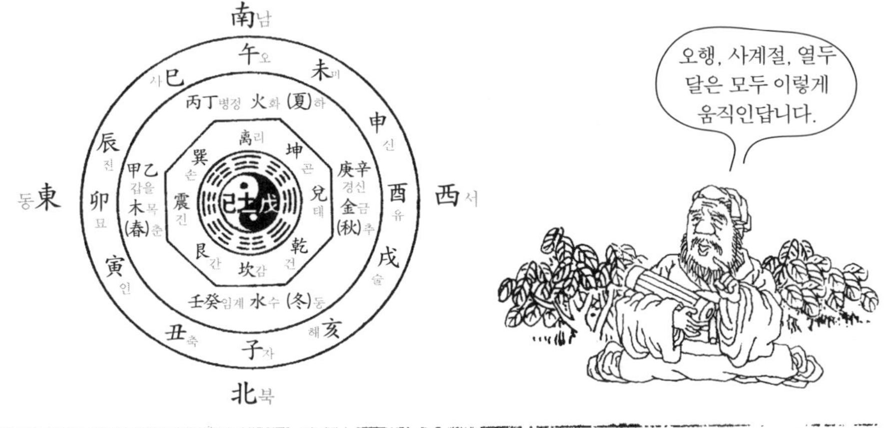

以天地爲本 故物可擧也
이천지위본 고물가거야

하늘과 땅의 도리를 근본으로 삼았으므로 사물의 존재를 드러낼 수 있으며

以陰陽爲端 故情可睹也
이음양위단 고정가도야

음양의 이치를 지침으로 하기 때문에 사물의 성질을 미루어 살필 수 있으며

以四時爲柄 故事可勸也
이사시위병 고사가권야

사계절을 근거로 삼았기 때문에 일을 장려할 수 있으며

以日星爲紀 故事可列也
이일성위기 고사가열야

해와 별을 기강으로 삼았기 때문에 일을 순서대로 처리할 수 있다.

月以爲量 故功有藝也
월이위량 고공유예야

달을 기준으로 기한을 나누었기 때문에 공을 세울 수 있으며

鬼神以爲徒 故事有守也
귀신이위도 고사유수야

귀신을 동반자로 삼았기 때문에 일을 완수할 수 있으며

五行以爲質 故事可復也
오행이위질 고사가복야

오행을 바탕으로 삼았기 때문에 일을 다시 시작할 수 있으며

禮義以爲器 故事行有考也
예의이위기 고사행유고야

예의를 그릇으로 삼았기 때문에 일을 행하는 데 살필 수 있으며

人情以爲田 故人以爲奧也
인정이위전 고인이위오야

인정을 밭으로 삼았기 때문에 사람을 감동시킬 수 있으며

四靈以爲畜 故飮食有由也
사령이위축 고음식유유야

네 가지 신령한 동물을 가축으로 삼았기 때문에 음식이 풍부해졌다.

하늘과 땅의 도리를 근본으로 하기 때문에 만물의 존재를 드러낼 수 있다.

음양의 이치를 지침으로 삼기 때문에 사물의 성질을 살필 수 있다.

사계절을 근거로 삼기 때문에 농시農時를 잊지 않도록 사람들을 일깨울 수 있다.

해와 달의 운행을 준칙으로 삼기 때문에 모든 일에 질서가 있다.

달을 기준으로 기한을 나누었기 때문에
일을 하는 데 시간을 정할 수 있다.

귀신을 동반자로 삼았기 때문에
일을 충실하게 할 수 있다.

오행을 원리로 삼았기 때문에 일에 시작과
끝을 맺을 수 있다.

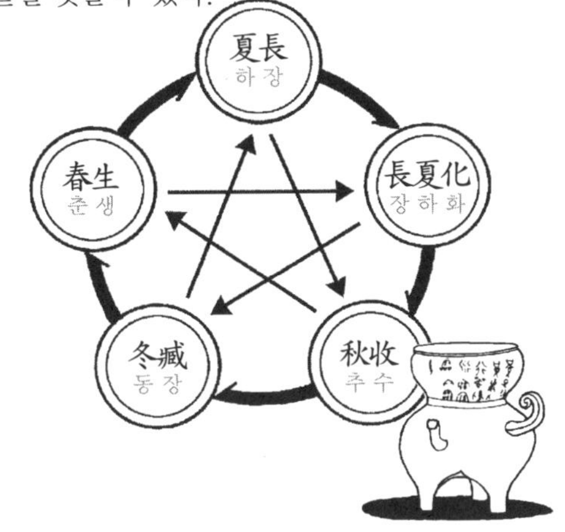

예의禮義로 약속을 했기 때문에 행위에
규범이 있다.

인성人性을 대상으로 하기 때문에
사람의 마음과 영혼을 감동시킬 수 있다.

네 가지 신령한 동물을 가축으로 삼았기
때문에 먹을 것이 풍부하다.

故禮義也者 人之大端也
고례의야자 인지대단야

그러므로 예의라는 것은 사람의 근본이다.

所以講信修睦
소이강신수목

예를 행함으로써 신뢰와 화목을 다질 수 있으며

而固人之肌膚之會 筋骸之束也
이고인지기부지회 근해지속야

예, 신뢰, 화목의 관계는 마치 사람 몸의 피부, 근육, 골격의 결속 관계와 같다.

所以養生 送死 事鬼神之大端也
소이양생 송사 사귀신지대단야

예는 살아가고 장사 지내고 귀신을 섬기는 일에 근본이 되므로

所以達天道 順人情之大竇也
소이달천도 순인정지대두야

하늘의 도에 통달하고 인정을 순하게 하여 삶을 원활하게 만든다.

故唯聖人爲知禮之不可以已也
고유성인위지례지불가이이야

그러므로 오직 성인만이 예가 없으면 안 된다는 것을 안다.

故壞國 喪家 亡人 必先去其禮
고괴국 상가 망인 필선거기례

나라가 망하고, 집안이 몰락하고, 개인의 명예가 실추되는 까닭은 예를 버렸기 때문이다.

故禮之於人也 猶酒之有糱也
고례지어인야 유주지유얼야

예는 사람에게 있어 술의 누룩과 같으며

君子以厚 小人以薄
군자이후 소인이박

군자는 향기가 진한 맛 좋은 술과 같지만 소인은 향이 없는 맛없는 술과 같다.

예의는 사람을 사람답게 만드는 가장 기본이 되는 특징이다.

예의가 있어야 사람은 신의를 유지하고 화목을 추구하는데, 이는 마치 근육과 피부 골격이 함께 연결되어 있는 것과 같다.

사람들은 예를 사용하여 삶을 꾸려나가고 죽은 자를 장사 지낸다. 또한 신령에게 제사 지내는 수단으로 삼아 천도天道와 인정人情이 조화롭게 소통할 수 있도록 한다.

그러므로 오직 성인만이 예를 버릴 수 없다는 것을 안다.

禮
예

나라가 몰락하고 집안이 망하거나, 개인의 명예가 실추되는 이유는 분명 예를 버렸기 때문이다.

그러므로 예는 사람에게 있어 마치 술을 담글 때 필요한 누룩과 같다.

酒
술(주)

군자는 마치 맛 좋은 술과 같으나, 소인은 마치 맛이 형편없는 술과 같다.

◎ 故聖王修義之柄 禮之序
고성왕수의지병 예지서
성왕은 의를 닦고 예의 질서를 세워

以治人情
이치인정
인정을 다스렸다.

故人情者 聖王之田也
고인정자 성왕지전야
따라서 인정이라는 것은 성왕의 밭이다.

修禮以耕之 陳義以種之
수례이경지 진의이종지
예를 닦아 이 밭을 갈았으며 의를 벌여 거기에 뿌렸다.

講學以耨之 本仁以聚之
강학이누지 본인이취지
학문을 논하여 김을 매주었고 인에 근본을 두어 그것을 모아들이고

播樂以安之
파악이안지
음악의 씨를 뿌려 그것을 편안하게 하였다.

故禮也者 義之實也
고례야자 의지실야
때문에 예라는 것은 의의 열매이다.

協諸義而協
협제의이협
의에 맞추어 화합하면 그것이 바로 예이다.

則禮雖先王未之有
즉례수선왕미지유
비록 선왕 때 예법이 없었을지라도

可以義起也
가이의기야
의에 적절하다면 새로 일으킬 수 있다.

그러므로 선왕들은 의義의 중요성을 강조하고 예禮의 질서로 인정을 배양했다. 성인과 선왕은 토지를 경작하듯이, 인성을 경작하는 도구로 예를 사용하였다.

의리라는 씨앗을 파종하였다.

학습과 연구로 씨앗을 자라게 하고 보호하였다.

또한 인애로 유대를 맺고 연락을 했다.

음악을 사용하여 사람들이 익숙해지도록 하였다.

義

의

따라서 예란 의의 열매라고 말할 수 있다.

의에 맞추어 화합하면 예는 비록 선왕 때 예법이 없었을지라도 의에 적절하다면 새로 일으킬 수 있다.

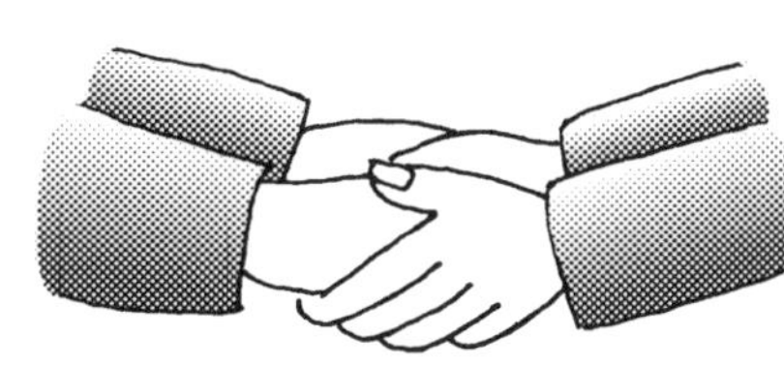

義者 藝之分 仁之節也 의자 예지분 인지절야	의라는 것은 신분에 따른 규범이며 어짊의 절도이다.
協於藝 講於仁 得之者强 협어예 강어인 득지자강	신분에 걸맞게 행동하고 어짊을 베풀고 예절을 터득한 사람은 강자다.
仁者 義之本也 인자 의지본야	어짊은 의의 근본이며
順之體也 得之者尊 순지체야 득지자존	순화의 본체로 인을 얻는 사람은 존경을 받는다.
故治國不以禮 猶無耜而耕也 고치국불이례 유무사이경야	그러므로 나라를 예로 다스리지 않으면 밭을 가는 데 쟁기를 쓰지 않는 것과 같다.
爲禮不本於義 猶耕而弗種也 위례불본어의 유경이불종야	예를 행하되 의에 바탕을 두지 않는다면 밭은 갈았지만 씨를 뿌리지 않는 것과 같다.
爲義而不講之以學 위의이불강지이학	의를 행하되 학문을 연마하지 않는다면
猶種而弗耨也 유종이불누야	밭에 씨를 뿌렸으나 김은 매지 않는 것과 같다.
講之於學而不合之以仁 강지어학이불합지이인	학문을 연마하되 인에 부합하지 않는다면
猶耨而弗獲也 유누이불획야	밭에 김은 매주었으나 거두어들이지 않는 것과 같다.
合之以仁而不安之以樂 합지이인이불안지이악	인에 합당하나 음악이 주는 편안함을 추구하지 않는다면
猶獲而弗食也 유획이불식야	밭에서 거두어들인 곡식을 먹지 않는 것과 같다.
安之以樂而不達於順 안지이악이불달어순	음악이 주는 편안함에 부합하되 순화의 경지에 다다르지 못한다면
猶食而弗肥也 유식이불비야	거두어들인 곡식을 먹으나 살이 찌지 않는 것과 같다.

의義는 일을 행하는 적절한 방법이다. 또한 어진 마음의 구현이다.

의의 원칙을 꿰뚫은 사람은 가장 적합한 방법으로 문제를 해결할 수 있으며, 세상에서 경쟁 상대를 찾을 수 없을 것이다.

왜냐하면 어짊은 의의 근본이며, 천리와 인정에 통달하게 된 구체적인 표현이다. 따라서 어진 사람은 존경을 받는다.

그러므로 나라를 다스리는 데 예를 사용하지 않으면 농기구 없이 밭을 가는 것과 같다.

예를 제정함에 있어 의를 근본으로 삼지 않으면 밭을 갈고 나서 파종하지 않는 것과 같다.

의가 있으나 군중에게 천명하지 않으면 밭에 씨를 뿌리고 김매지 않는 것과 같다.

의의를 천명했으나 인애에 적합하지 않으면 김은 맸으나 수확하지 않은 것과 같다.

인애에 적합하나 스스로 자원하지 않으면 곡식을 수확했으나 먹을 수 없는 것과 같다.

스스로 자원했으나 습관으로 굳어지지 않으면 곡식을 먹으나 건강에 도움이 되지 못하는 것과 같다.

四體既正 膚革充盈 사 체 기 정 부 혁 충 영	사지가 이미 정상이고 피부가 탄력 있는 사람은
人之肥也 父子篤 兄弟睦 인 지 비 야 부 자 독 형 제 목	건강한 사람이다. 부자가 돈독하고 형제는 화목하고
夫婦和 家之肥也 부 부 화 가 지 비 야	부부가 화합한 가정은 건강한 가정이다.
大臣法 小臣廉 官職相序 대 신 법 소 신 렴 관 직 상 서	대신은 법을 지키고 소신은 청렴하고 관직에 서로 질서가 있고
君臣相正 國之肥也 군 신 상 정 국 지 비 야	군신 간에 서로 바른 도리를 지키는 나라는 건강한 나라이다.
天子以德爲車 以樂爲御 천 자 이 덕 위 차 이 악 위 어	천자가 덕으로 수레를 삼고 음악으로 이를 제어하고
諸侯以禮相與 大夫以法相序 제 후 이 례 상 여 대 부 이 법 상 서	제후는 예로 서로 사귀고 대부는 법으로 서로 질서를 세우고
士以信相考 百姓以睦相守 사 이 신 상 고 백 성 이 목 상 수	선비는 신의로 서로를 의지하고 백성은 화목으로 서로를 지켜주는 세상은
天下之肥也 是謂大順 천 하 지 비 야 시 위 대 순	건강한 세상이다. 이런 세상을 대순이라고 한다.
大順者 所以養生送死事 대 순 자 소 이 양 생 송 사 사	대순은 양생과 장사지내는 일과
鬼神之常也 귀 신 지 상 야	귀신 섬기는 일을 행함에 부족함이 없는 것이다.

사지가 정상이고 피부에 탄력이 있으면 건강한 사람이다.

아버지와 아들 사이가 돈독하고, 형제가 서로 화목하고, 부부가 서로 사랑하면 건강한 가정이다.

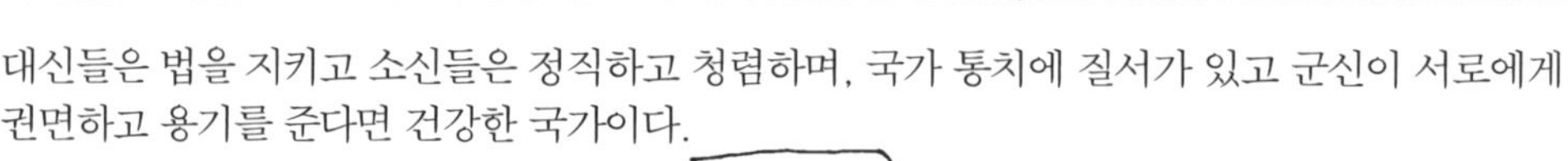

대신들은 법을 지키고 소신들은 정직하고 청렴하며, 국가 통치에 질서가 있고 군신이 서로에게 권면하고 용기를 준다면 건강한 국가이다.

천자는 덕행을 수레로 삼으며
말과 음악으로 수레를 몬다.

제후들은 서로 예로써 교제한다.

대부들은 법과 규칙으로 서로 협력한다.

선비와 선비 사이는
성심을 다해 왕래한다.

백성은 화목하게 더불어 생활한다. 이를 두고 건강한 세상이라 하고 대순大順의 세상이라 한다.
대순은 바로 양생과 장사 지내는 일이 자연의 도리에 순응함을 뜻한다.

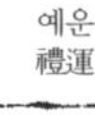

故事大積焉而不苑 (고사대적언이불원)	대순의 도를 따르면 만사가 중첩되어도 일이 지체되지 않는다.
並行而不謬 (병행이불류)	여러 가지 일을 동시에 추진하여도 오류가 생기지 않으며
細行而不失 (세행이불실)	자질구레한 일일지라도 실수가 생기지 않는다.
深而通 茂而有間謬 (심이통 무이유간류)	아무리 복잡한 일이라도 통하고, 바빠도 여유가 있으며
連而不相及也 (연이불상급야)	일이 연달아 있어도 서로 문란해지지 않고
動而不相害也 (동이불상해야)	여러 일을 진행하여도 서로 해를 주지 않는다.
此順之至也 (차순지지야)	이를 순의 극치라고 한다.
故明於順 然後能守危也 (고명어순 연후능수위야)	따라서 순의 경지를 밝게 안 연후에 위험에서 나라를 지킬 수 있다.

대순의 도에 따르면 비록 일이 많이 쌓여도 막히지 않는다. 두 가지 일을 동시에 하지만 서로 영향을 받지 않도록 한다. 아무리 사소한 일도 무시하지 않는다.

심오한 일을 이해하고 복잡한 일은 구분하고, 서로 연결된 일은 간섭받지 않으며 서로 활동하되 해를 주지 않도록 한다.

故禮之不同也
고례지불동야

그러므로 예란 모두 같은 것이 아니며

不豐也 不殺也
불풍야 불쇄야

풍족하기만 한 것도 아니며 졸라매기만 하는 것도 아니다.

所以持情而合危也
소이지정이합위야

인정을 지켜 위태롭지 않기 위함이다.

故聖王所以順
고성왕소이순

그러므로 성왕은 순리에 따라

山者不使居川
산자불사거천

산에 사는 자를 물가로 거처를 옮기거나

不使渚者居中原
불사저자거중원

물가에 사는 자를 벌판으로 거처를 옮겨

而弗敝也
이불폐야

불편하게 만들지 않았다.

用水 火 金 木 飮食必時
용수 화 금 목 음식필시

물, 불, 금속, 목재, 음식을 사용하는 데는 반드시 때가 있어야 하며

合男女 頒爵位 必當年德
합남녀 반작위 필당년덕

남녀의 만남과 작위를 하사하는 데도
반드시 나이와 덕에 맞아야 한다.

用民必順
용민필순

백성을 부리는 데도 반드시 순리를 따라야 한다.

故無水旱昆蟲之災
고무수한곤충지재

그러면 홍수와 가뭄, 병충해의 재앙이 없고

民無凶饑妖孽之疾
민무흉기요얼지질

백성이 흉년으로 굶주리거나 괴이하고
불길한 재앙으로 고통당하지 않는다.

제사의 예는 등급이 다르다. 검소한 제사는 풍성하게 치르지 않으나 풍성한 제사는 아낌이 없을 것이다. 이는 인간관계를 유지하고 위·아래 상하 관계를 화목하게 하는 방법이며, 위험과 혼란이 일어나지 않도록 한다.

성왕은 민심에 순응하므로 산지에 살고 있는 사람을 강이나 시내가 있는 지역으로 옮겨 생활하도록 하지 않는다.

또한 강이나 시내가 있는 지역에서 살고 있는 사람을 벌판으로 옮겨 생활하도록 하지 않는다. 성왕은 사람들이 생활하는 데 불편을 느끼지 않도록 한다.

물과 불, 금속과 목재, 음식을 사용하는 데 모두 일정한 계절과 천시天時에 근거를 두어야 한다.

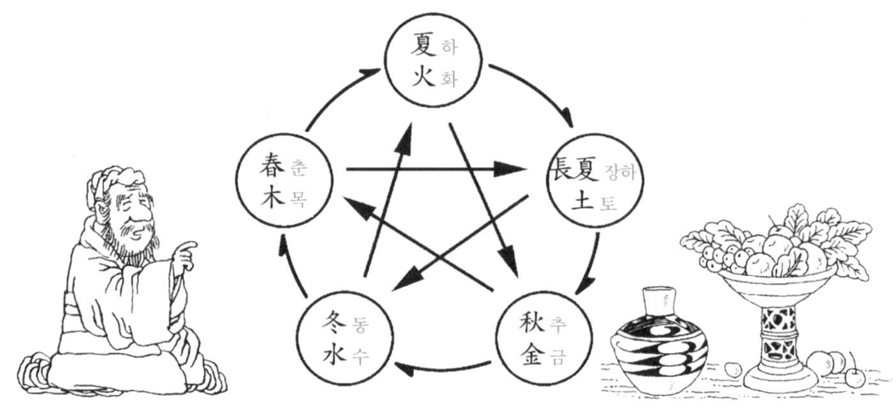

남녀의 배필을 정하는 것과 작위를 하사하는 것은 모두 연령과 덕행에 따라야 한다.

사람은 천시와 지리와 인정이라는 조건에 순응해야 한다.

그러면 홍수와 가뭄, 곤충의 해를 입지 않으므로 굶주림이나 요괴, 요물이 가져오는 소요를 만나지 않는다.

학기 【學記】

〈학기〉는 유가가 논한 교학의 원리를 기술해놓은, 경전이 되는 문헌이다. 학기는 고대의 교육제도, 교학 내용과 방법을 기술해놓았다. 또한 가르침을 점진적으로 차근차근 행해야 한다고 말하며, 교학 방법의 득실, 스승의 의무, 스승에게 존경을 표하는 의미, 스승과 학생의 소통 관계 등을 체계적으로 설명한다. 후세 사람들은 줄곧 학기의 가르침을 따르고 있다.

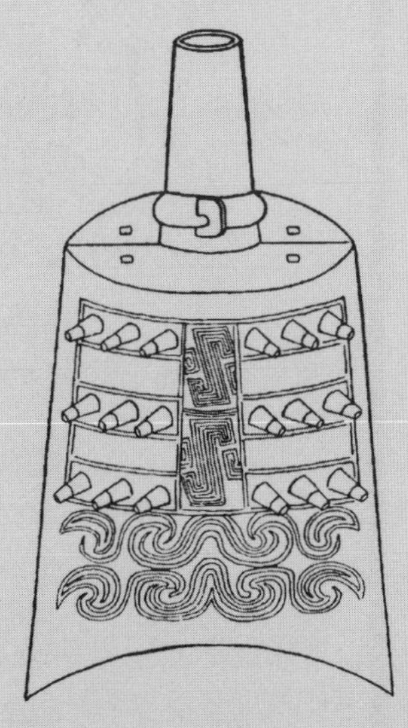

發慮憲 발려헌	정치적인 계획을 시행하고
求善良 구선량	선량한 인재를 구하는 것은
足以謏聞 족이소문	약간의 명성을 얻기에는 족해도
不足以動衆 부족이동중	민중의 마음을 움직이기에는 부족하다.
就賢體遠 취현체원	어진 이를 따르고 넓은 뜻을 가지는 것은
足以動衆 족이동중	민중의 마음을 움직이기에는 족해도
未足以化民 미족이화민	민중을 교화시키기는 부족하다.
君子如欲化民成俗 군자여욕화민성속	군자가 만약 민중을 교화시켜 아름다운 풍속을 이루려 한다면
其必由學乎 기필유학호	반드시 가르침에서부터 시작해야 한다.

계략을 수행하고, 선량한 인재를 초빙하는 것은 본인에게 작은 명성을 얻도록 해주지만 민중을 감동시키기는 부족하다.

어진 이를 예의와 겸손으로 대하고, 미래를 세심하게 살피고 따져보는 것은 민중을 감동시키기에는 충분하지만 교화시키기는 부족하다.

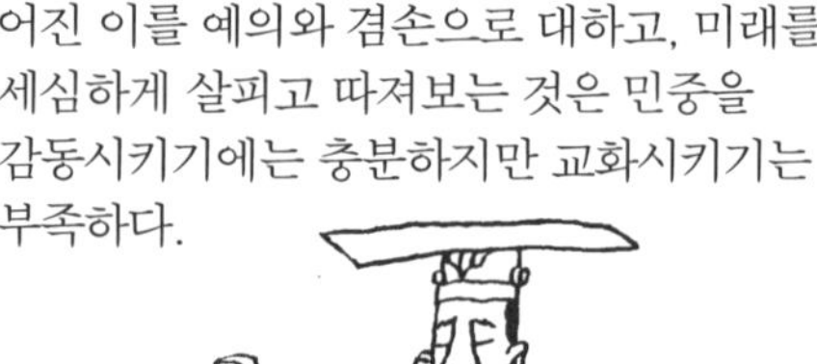

군자가 백성을 교화하고 미풍양속을 만들기 위해서는 반드시 교육을 실시해야 한다.

玉不琢 옥불탁	옥은 다듬지 않으면
不成器 불성기	그릇을 만들지 못하고
人不學 인불학	사람은 배우지 않으면
不知道 부지도	도를 알지 못한다.
是故古之王者建國君民 시고고지왕자건국군민	이런 까닭에 고대의 왕은 나라를 세우고 백성을 다스림에 있어
教學爲先 교학위선	가르침을 우선으로 삼았다.
兌命曰 열명왈	《상서》〈열명〉편에서는
念終始典于學 염종시전우학	사람은 평생토록 배움에 힘쓴다고 했으니
其此之謂乎 기차지위호	이를 두고 하는 말이 아닌가!

옥이 비록 품질이 우수해도 다듬지 않으면 아름다운 그릇이 될 수 없다.

사람이 비록 만물의 영장이어도 배우지 않으면 도리를 깨달을 수 없다.

이런 까닭에 고대 군왕이 국가를 세우고 백성을 다스리는 데 반드시 교육을 우선 과제로 삼았다.

《상서尙書》* 〈열명〉 편에서 "처음부터 끝까지 사람은 평생을 오직 배움에 힘쓴다"라고 했으니 바로 이를 두고 한 말이 아니겠는가!

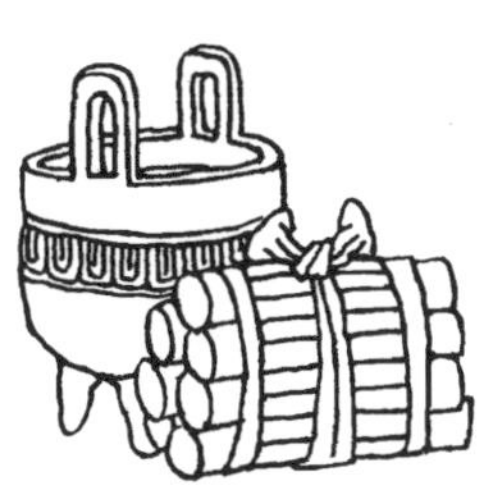

* 상서: 오경五經의 하나로 서경書經을 말한다.

雖有嘉肴 弗食不知其旨也 수 유 가 효 불 식 불 지 기 지 야	비록 좋은 안주가 있어도 먹지 않으면 맛을 알지 못하고
雖有至道 弗學不知其善也 수 유 지 도 불 학 불 지 기 선 야	비록 지극히 좋은 도가 있어도 배우지 않으면 좋은 것을 모르는 법이다.
是故學然後知不足 시 고 학 연 후 지 부 족	때문에 배우고 나서야 자신의 지덕이 부족함을 알고
教然後知困 교 연 후 지 곤	가르치고 나서야 아직 자신의 지덕이 부족하여 어려움을 겪게 된다는 것을 안다.
知不足 然後能自反也 지 부 족 연 후 능 자 반 야	자신의 지덕이 부족함을 알고 나서야 능히 스스로 반성하고
知困 然後能自强也 지 곤 연 후 능 자 강 야	어려움을 겪고 나서야 능히 스스로 면학에 힘쓴다.
故曰教學相長也 고 왈 교 학 상 장 야	그러므로 "가르치는 것과 배우는 것 모두가 지덕을 성장시켜 나가는 일이다"라고 하는 것이다.
兌命曰 學學半 열 명 왈 학 학 반	〈열명〉에서는 "가르침이 배움의 반이다"라고 했는데
其此之謂乎 기 차 지 위 호	이를 두고 하는 말이 아닌가!

비록 맛있는 음식이 있어도 맛보지 않으면
그 맛을 알 수 없다.

비록 지극히 선한 도리가 있어도
배우지 않으면 그 훌륭함을 알 수 없다.

배움을 통해서만 자신이 부족함을 알 수 있다. 다른 사람을 가르친 후에야 자신이 이해하지 못하는 부분을 알 수 있다.

부족함을 알아야 스스로 반성할 수 있으며 부족함을 알아야 스스로 면학에 힘쓸 수 있다.

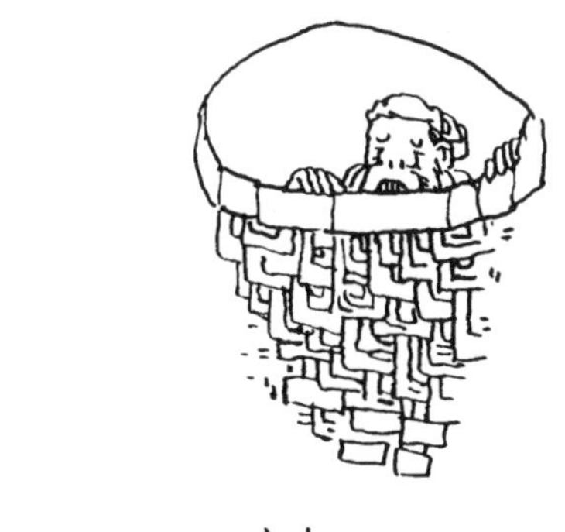

《상서》〈열명〉 편에서는 "가르침이 배움의 반이다" 라고 했는데 아마도 이런 뜻이 아니겠는가!

大學之敎也 時敎必有正業 '대학' 교육의 가르침은 반드시 그 계절에 맞는 학업을 가르치고,
대학지교야 시교필유정업

退息必有居學 물러가 쉴 때에도 반드시 가르침에 거해야 한다.
퇴식필유거학

不學操縵 不能安弦 가야금과 거문고의 현을 익히지 않으면 곡을 연주할 수 없고
불학조만 불능안현

不學博依 不能安詩 널리 사물의 이치를 구하여 실제 뜻을 얻지 못하면 시를 지을 수 없다.
불학박의 불능안시

不學雜服 不能安禮 예의범절을 배우지 않으면 예를 행할 수 없고
불학잡복 불능안례

不興其藝 不能樂學 사물에 대한 지식이나 기교에 흥미를 가지지 않으면 학문을 즐길 수 없다.
불흥기예 불능락학

故君子之於學也 항상 배운 것을 마음에 간직하고
고군자지어학야

藏焉 修焉 息焉 遊焉 익히고 실천하며 휴식을 취하거나 놀 때에도 이를 잊지 말아야 한다.
장언 수언 식언 유언

'대학' 교육은 시간에 따라 진행하고 알맞은 과목을 가르친다.

학생은 방과 후나 휴일에 언제나 배운 것을 복습해야 한다.

가야금과 거문고와 같은 현악기를 타는 기본적인 방법을 배우지 않으면 숙련된 솜씨로 곡을 연주할 수 없다.

광범위하게 섭렵하지 않으면
시를 지을 수 없다.

기본적인 예의범절을 배우지 않으면
예를 행할 수 없다.

이와 같이 기본적으로
배움을 즐기지 않으면
학습에 흥미를
느낄 수 없답니다.

군자는 배움을 마음에 새기고
반복해서 연구하고, 휴식을 취할 때나
놀 때나 이를 잊지 말아야 한다.

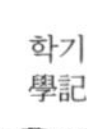

大學之法 禁於未發之謂豫 대 학 지 법 금 어 미 발 지 위 예	대학의 교육 방법은 학생이 과실을 범하기 전에 방지하는 것을 예라 하고
當其可之謂時 당 기 가 지 위 시	학생이 배울 준비가 되었을 때 가르침을 베푸는 것을 시라고 한다.
不陵節而施之謂孫 불 릉 절 이 시 지 위 손	학생의 능력을 넘어 과도하게 가르침을 베풀지 않는 것을 손이라 하고
相觀而善之謂摩 상 관 이 선 지 위 마	학생이 서로 살펴보고 배우는 것을 마라 한다.
此四者 教之所由興也 차 사 자 교 지 소 유 흥 야	이 네 가지는 교육을 더욱 흥성하게 하는 원인이다.
發然後禁 則扞格而不勝 발 연 후 금 칙 한 격 이 불 승	학생의 잘못을 발견한 후 이를 금하면 반항하여 감당하기 어렵고
時過然後學 則勤苦而難成 시 과 연 후 학 칙 근 고 이 난 성	배움의 시기를 놓친 후 배우게 되면 설사 각고의 노력을 해도 이루기가 어렵다.
雜施而不孫 則壞亂而不修 잡 시 이 불 손 즉 괴 란 이 불 수	학생의 능력을 무시하고 무질서하게 가르치면 혼란스러워져서 이를 고칠 수 없으며,
獨學而無友 則孤陋而寡聞 독 학 이 무 우 즉 고 루 이 과 문	홀로 배우고 벗이 없다면 고루하고 듣는 것이 적다.
燕朋逆其師 燕辟廢其學 연 붕 역 기 사 연 벽 폐 기 학	친구 사귀기를 좋아하면 스승을 거역하게 되며, 나쁜 습관은 학문을 버리게 한다.
此六者 教之所由廢也 차 육 자 교 지 소 유 폐 야	이 여섯 가지는 교육을 망치는 원인이다.

대학에서 교육시키는 방법은 학생이 과실을 범하기 전에 사전에 막는 것이므로 예방이라고 한다.

학생이 배울 준비가 되었을 때 가르침을 베푸는 것을 적절한 시기가 되었다고 한다.

학생이 현재 지닌 학문의 정도와 이해력을 뛰어넘어 과도하게 가르치지 않는 것을 순서라고 한다. 학생이 서로 살피고 배워 도움이 되는 것을 절차切磋라고 한다. 이 네 가지는 교육을 한층 깊이 있게 발전시키는 방법이다.

사악한 생각이 싹트면 억제하기 어렵다. 사악한 생각은 난공불락에 가깝기 때문에 교육으로도 효과를 거두기 어렵다.

한창 배워야 할 시기가 지나 다시 학문을 한다면 설사 각고의 노력을 기울여도 이루기 어렵다.

무질서하게 가르치거나 배움에 체계가 없다면 머리가 혼란스러워 이를 고칠 수 없다.

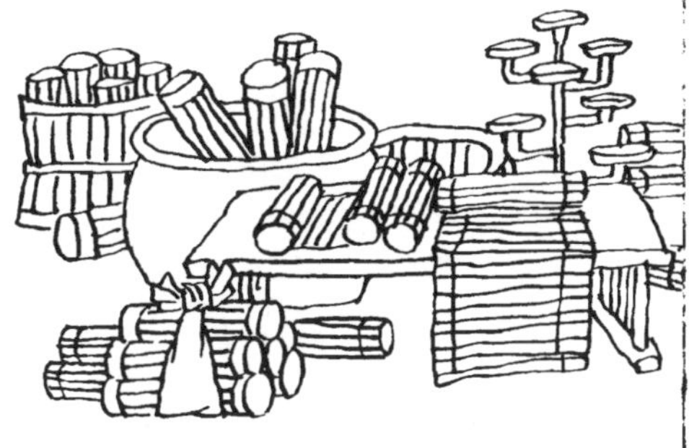

함께 공부하는 친구 없이 독학하는 사람은 지식이 심오하거나 넓지 못하고, 고독하고 천박할 수 있다.

믿음직스럽지 못한 친구를 사귀면 스승의 가르침을 위반하는 것이다.

나쁜 습관은 개인의 학업을 황폐하게 만든다.

君子旣知敎之所由興 군 자 기 지 교 지 소 유 흥	군자는 교육이 흥기하는 원인과
又知敎之所由廢 우 지 교 지 소 유 폐	교육이 쇠락하는 원인을 알게 된
然後可以爲人師也 연 후 가 이 위 인 사 야	후에야 다른 사람의 스승이 될 수 있다.
故君子之敎喩也 고 군 자 지 교 유 야	그러므로 군자의 가르침은
道而弗牽　強而弗抑 도 이 불 견　강 이 불 억	바른 길로 이끌어주되 억지로 끌지 않으며 엄격하게 다루되 억제하지 않으며
開而弗達 개 이 불 달	깨닫는 길을 열어주되 억지로 통달시키지 않는다.
道而弗牽則和 도 이 불 견 즉 화	이끌어주되 억지로 끌지 않으면 화합하고
強而弗抑則易 강 이 불 억 즉 이	엄격하게 다루되 억제하지 않으면 편안하고
開而弗達則思 개 이 불 달 즉 사	깨닫는 길을 열어주되 억지로 통달시키지 않으면 스스로 생각하게 된다.
和　易以思　可謂善喩矣 화　이 이 사　가 위 선 유 의	화합하고 편안하고 스스로 생각하게 만들어야 비로소 훌륭한 스승이라 할 수 있다.

교육이 흥기하는 원인과 쇠락하는 원인을 알게 된 후에
군자는 다른 사람의 스승이 될 수 있다.

따라서 군자의 가르침은 다른 사람을
계몽하고 가르침을 주어야 하지 복종을
강요해서는 안 된다.

스승은 학생을 엄격하게 다루되
개성이나 인격의 발현을 막아서는 안 된다.

사물의 원칙을 설명할 때 스승은 곧바로 결론을 알려주는 대신 예시 등을 통해 결론으로 이끌어주어야 한다.

학생을 강압적으로 지도하지 않고 가르침이 친절하다고 느끼도록 해야 한다.

엄격하지만 억제하지 않아야 학생들이 자유롭게 발전할 수 있다.

직접 답을 알려주는 대신 결론을 도출할 수 있도록 유도하는 까닭은 학생들이 스스로 사고할 수 있도록 하려는 것이다.

스승이 항상 학생을 도와줄 준비가 되어 있어야만 학생이 영감을 얻고 능동적으로 사고할 수 있다.

學者有四失 敎者必知之
학 자 유 사 실 교 자 필 지 지

학생들이 범하는 네 가지 과실이 있는데
스승은 반드시 이를 알아야 한다.

人之學也或失則多
인 지 학 야 혹 실 즉 다

사람이 배움에 있어
재주가 적은데 너무 많은 것을 배우면 정도를 잃게 되고

或失則寡 或失則易
혹 실 즉 과 혹 실 즉 이

재주가 많은데 너무 적게 배우면 지식이 빈약해지고
쉬운 것만 묻다보면 완전한 지식을 얻을 수 없고

或失則止
혹 실 즉 지

생각하기는 좋아하지만 묻지 않으면 지식이 편협해진다.

此四者 心之莫同也
차 사 자 심 지 막 동 야

이 네 가지를 잃는 것은 마음이 한결같지 않아서이다.

知其心 然後能救其失也
지 기 심 연 후 능 구 기 실 야

스승이 학생의 마음을 헤아리고 난 후에야
능히 잃는 것을 구할 수 있다.

敎也者 長善而救其失者也
교 야 자 장 선 이 구 기 실 자 야

가르침이란 장점을 기르고 잃는 것을 구제하는 것이다.

善歌者 使人繼其聲
선 가 자 사 인 계 기 성

노래를 잘하는 사람은 소리를 이어가게 할 수 있으며

善敎者 使人繼其志
선 교 자 사 인 계 기 지

잘 가르치는 사람은 뜻을 이어가도록 할 수 있다.

其言也約而達
기 언 야 약 이 달

이야기를 할 때
간결하게 요점을 집어내 사물의 이치를 통하게 하고

微而臧 罕譬而喩
미 이 장 한 자 이 유

미묘함을 잘 파악하고 비유를 많이 사용하지 않아도
다른 사람을 깨우치게 할 수 있다면

可謂繼志矣
가 위 계 지 의

다른 사람이 뜻을 이어가도록 할 수 있는 사람이다.

학생들이 범하는 네 가지 과실이 있는데
교사는 반드시 이를 알아야 한다.

多 寡 易 止
많을 다 적을 과 쉬울 이 그칠 지

학생 중에서 어떤 사람들은 너무 많이
배우려고 하고, 어떤 사람들은 너무 적게
배우려 하는 과실을 범한다.

어떤 사람들은 색다른 것을 보면 마음이 변하는 과실을 범하고, 어떤 사람들은 깊이 파고들지 않고 수박 겉핥기 식으로 연구하는 과실을 범한다.

노래를 잘하는 사람은 자신이 노래하는 기술을 다른 사람에게 전해줄 수 있다.

잘 가르치는 사람은 다른 사람에게 자신의 포부를 계승하도록 할 수 있다.

이야기를 할 때 간결하게 요점을 잘 집어내며, 함축적이며 격조가 높고 비유를 잘 활용하고 생동감 넘치게 표현한다면, 다른 사람에게 자신의 포부를 계승할 수 있는 사람이다.

凡學之道 嚴師爲難
범학지도 엄사위난

무릇 배움의 길에서
스승을 존경하는 법을 배우기가 가장 어렵다.

師嚴然後道尊
사엄연후도존

스승을 존경할 줄 알고 나서야 도를 숭상하고

道尊然後民知敬學
도존연후민지경학

도를 숭상하고 나서야 백성은 학문을 공경할 줄 알게 된다.

是故君之所不臣於其臣者二
시고군지소불신어기신자이

따라서 군주는 아랫사람을 대하는 태도로
신하를 대하지 않아야 하는 경우가 두 가지 있다.

當其爲尸 則弗臣也
당기위시 칙불신야

제사를 지낼 때 신령의 상징자 역할을 하는 신하를
신하로 대해서는 안 되며

當其爲師 則弗臣也
당기위사 칙불신야

군주의 스승이 되는 신하는 신하로 대하지 않는다.

大學之禮 雖詔於天子
대학지례 수조어천자

대학의 예에서 천자를 대하더라도 스승이 되는 신하는

無北面 所以尊師也
무북면 소이존사야

북면하지 않음은 바로 스승을 존중하는 까닭이다.

배움의 길에서 스승을 존경하는 법을 배우는 게 가장 어렵다. 스승을 존경할 줄 알고 나서야 진리도 존중받을 수 있다.

진리가 존중받고 나서야 학업의 중요성을 깨닫게 된다.

군주가 아랫사람을 대하는 태도로 신하를 대하지 말아야 할 경우가 두 가지 있다. 첫째는 신하가 제사를 지낼 때 '시尸' 즉 신령의 상징자 역할을 하는 경우이며, 또 다른 경우는 바로 신하가 군주의 스승이 되었을 경우이다.

대학에서 말하는 예에 따르면 천자에게 가르침을 행하는 신하는 얼굴을 북쪽으로 하고 앉을 필요가 없다.

군주와 함께 앉을 때 신하는 언제나 북쪽을 바라보고 앉지만, 스승은 남쪽을 보고 앉는다.

善學者師逸而功倍 선 학 자 사 일 이 공 배	잘 배우는 사람의 스승은 편안하게 쉬어도 공이 배가 되고
又從而庸之 우 종 이 용 지	학생이 그 공을 스승의 은혜로 돌린다.
不善學者 師勤而功半 불 선 학 자 사 근 이 공 반	잘 배우지 못하는 사람의 스승은 열심히 일해도 공이 절반밖에 되지 않으며
又從而怨之 우 종 이 원 지	학생이 스승을 원망한다.
善問者如攻堅木 선 문 자 여 공 견 목	질문을 좋아하는 사람은 마치 단단한 나무를 자르는 사람과 같다.
先其易者 後其節目 선 기 이 자 후 기 절 목	먼저 쉬운 것을 묻고 나중에 어려운 것을 물으니
及其久也 相說以解 급 기 구 야 상 설 이 해	시간이 지나면 서로 이야기하는 것이 이해가 되지만
不善問者反此 불 선 문 자 반 차	질문하기를 싫어하는 사람은 이와 정반대다.
善答問者如撞鐘 선 답 문 자 여 당 종	대답을 잘하는 사람은 종을 치는 사람과 같다.
叩之以小者則小鳴 고 지 이 소 자 즉 소 명	종을 가볍게 치면 작게 울리고
叩之以大者則大鳴 고 지 이 대 자 즉 대 명	종을 세게 치면 크게 울리고
待其從容 然後盡其聲 대 기 종 용 연 후 진 기 성	종을 침착하게 울리고 나면 그 소리가 널리 울려 퍼진다.
不善答問者反此 불 선 답 문 자 반 차	대답을 잘하지 못하는 사람은 이와 정반대다.
此皆進學之道也 차 개 진 학 지 도 야	이 모두가 학문을 하는 도리다.

잘 배우는 학생의 스승은 편안하게 쉬어도 학생의 학업 성취가 오히려 배가될 수 있다. 학생은 스승의 가르침이 주효했다며 이를 스승의 공으로 돌린다.

잘 배우지 못하는 학생의 스승은 학생을 독촉하고 엄격히 다루지만 학업 성취는 오히려 반으로 줄어든다. 학생은 너무 가혹하다며 스승을 원망한다.

질문을 잘 하는 학생은 단단한 나무를 톱질하는 사람과 같다. 무른 부분에서부터 손을 대기 시작해서 딱딱한 결절이 있는 부분으로 옮겨가며 일을 하니, 시간이 지나면 나무는 자연히 넘어지게 된다. 질문을 하지 않는 학생은 이와 반대이다.

대답을 잘하는 사람은 종을 치는 사람과 같다. 종을 가볍게 치면 종소리는 작을 것이고, 세게 치면 종소리는 클 것이다.

질문에 대답하는 것을 좋아하지 않는 사람은 이와 꼭 반대다. 이 모두가 학문에 정진하는 방법이다.

記問之學不足以爲人師 기 문 지 학 부 족 이 위 인 사	외워서 기억하는 학문으로는 다른 사람의 스승이 되기에 부족하고
必也其聽語乎 필 야 기 청 어 호	반드시 학생이 묻는 말을 잘 듣고 적절하게 가르쳐야 한다.
力不能問然後語之 역 불 능 문 연 후 어 지	능력이 부족하여 질문을 제대로 하지 못하면 기다렸다가 일깨워주어야 한다.
語之而不知 雖舍之可也 어 지 이 불 지 수 사 지 가 야	일깨워주었지만 학생이 이를 깨닫지 못하면 내버려두어도 괜찮다.
良冶之子 必學爲裘 양 야 지 자 필 학 위 구	훌륭한 대장장이의 아들은 반드시 갖옷 깁는 법을 배우고
良弓之子 必學爲箕 양 궁 지 자 필 학 위 기	훌륭한 조궁장이의 아들은 반드시 삼태기 짜는 법을 배운다.
始駕馬者反之 車在馬前 시 가 마 자 반 지 차 재 마 전	처음으로 말이 수레를 끌게 할 때도 말을 먼저 마차 뒤꽁무니에 매서 마차가 말 앞에 놓인다.
君子察於此三者 군 자 찰 어 차 삼 자	이 세 가지 일을 살피면
可以有志於學矣 가 이 유 지 어 학 의	군자는 학문에 뜻을 둘 수 있다.

이해하지도 못하면서 무턱대고 외우며 독자적인 견해가 없는 사람은 다른 사람의 스승이 될 자격이 없다.

학생이 마음속으로는 의문을 가지고 있지만 표현할 능력이 없다면 스승이 일깨워주어야 한다. 학생이 여전히 이해하지 못하면 스승은 잠시 내버려두었다가 적절한 시기가 될 때까지 기다린다.

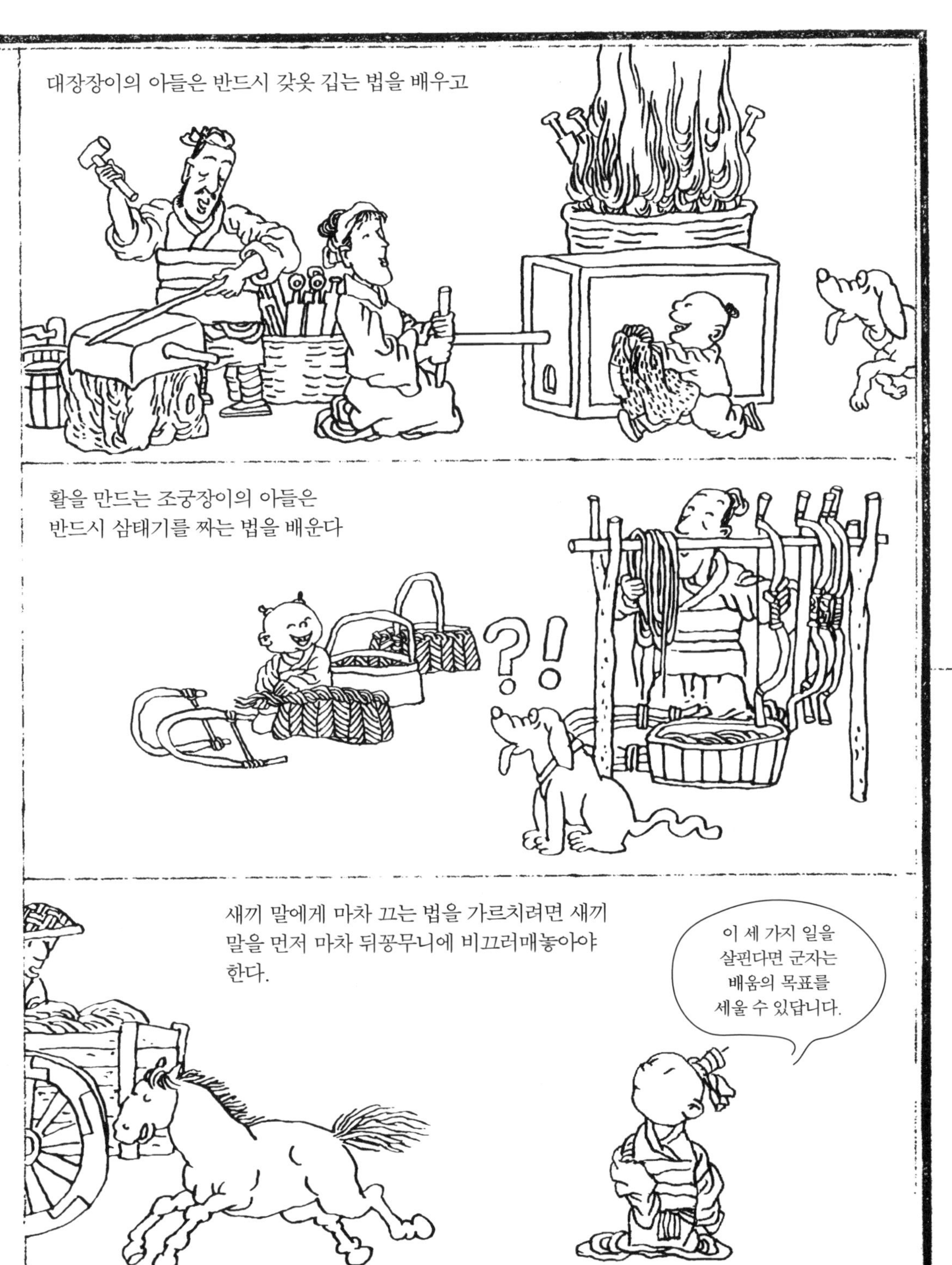
대장장이의 아들은 반드시 갖옷 깁는 법을 배우고
활을 만드는 조궁장이의 아들은
반드시 삼태기를 짜는 법을 배운다
?!
새끼 말에게 마차 끄는 법을 가르치려면 새끼
말을 먼저 마차 뒤꽁무니에 비끄러매놓아야
한다.
이 세 가지 일을
살핀다면 군자는
배움의 목표를
세울 수 있답니다.

古之學者 고 지 학 자	고대의 학자들은
比物醜類 비 물 추 류	사물의 같은 점과 차이점을 비교하는 방식으로 사물을 분류했다.
鼓無當於五聲 고 무 당 어 오 성	북소리는 오음이 아니지만
五聲弗得不和 오 성 불 득 불 화	북소리를 내지 않고는 오음의 조화로운 음을 낼 수 없으며
水無當於五色 수 무 당 어 오 색	물은 오색이 아니지만
五色弗得不章 오 색 불 득 부 장	물이 없다면 오색은 만들어지지 않는다.
學無當於五官 학 무 당 어 오 관	학문은 오관*이 아니지만
五官弗得不治 오 관 불 득 불 치	오관은 학문을 도야하지 않고는 나라를 다스릴 수 없으며
師無當於五服 사 무 당 어 오 복	스승은 오복의 인륜 관계에서 어느 친족에도 속하지 않지만
五服弗得不親 오 복 불 득 불 친	스승의 가르침이 없다면 누구도 자신의 인륜 관계를 이해할 수 없다.

사물의 같은 점과 차이점을 비교하는 방식으로 고대의 학자들은 하나를 보고 열을 깨달았다. 북소리는 오음의 어떤 것과도 비슷하지 않지만, 북소리를 내지 않고는 곡을 연주할 때 오음을 조화롭게 낼 수 없다.

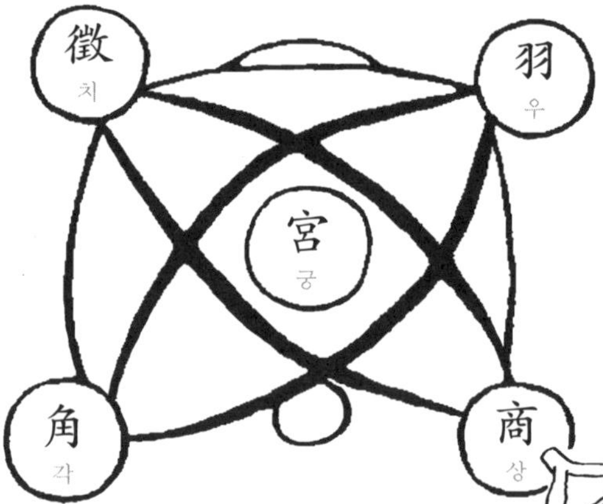

徵 치
羽 우
宮 궁
角 각
商 상

* 오관: 사도, 사마, 사공, 사사, 사구 등 고대의 중요한 다섯 가지 관직.

물 색깔은 오색의 어느 것과도 일치하지 않지만 물이 없다면 오색을 만들 수 없을 뿐 아니라 새로운 색을 배합할 수도 없다.

학자는 정부의 어떠한 직무와도 동등하지 않지만, 학습을 하지 않고는 어떤 일도 할 수 없다.

스승은 오복五服*의 인륜 관계에서 어느 친족에도 속하지 않지만, 스승의 가르침이 없다면 누구도 자신의 인륜 관계를 이해할 수 없다.

* 오복: 죽은 자와의 관계에 따라 입었던 다섯 등급의 상복.

◎ **君子曰**
군 자 왈

大德不官
대 덕 불 관

大道不器
대 도 불 기

大信不約
대 신 불 약

大時不齊
대 시 부 제

察於此四者
찰 어 차 사 자

군자가 말했다.

"위대한 덕을 지닌 사람은 벼슬에 구애받지 않고

위대한 도는 특별한 사물에 제한을 받지 않고,

큰 믿음은 서약서를 필요로 하지 않으며,

천시는 한결같다.

이 네 가지 일을 살피면 학문의 근본에 뜻을 둘 수 있다.

군자가 말하길, 위대한 도덕을 지닌 사람은 벼슬에 구애받지 않는다.

보편적인 도리는 특별한 사물에 제한받지 않으며, 가장 큰 신용은 서약서를 필요로 하지 않는다.

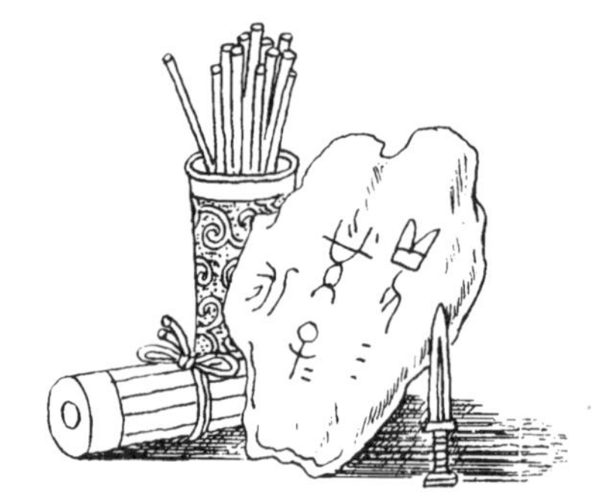

한결같은 천시天時는 특별한 계절에만 나타나지 않는다.

이 네 가지 도리를 깨닫는 사람은 학문에 뜻을 둘 수 있답니다.

제의 【祭義】

본래 〈제의〉는 각종 제사의 의의를 탐구하며, 조상에게 제사 지내는 일을 언급한 부분이 비교적 많지만, 그 내용이 오히려 잡다하여 본래의 범위를 넘어선다. 본 장에서 증자曾子가 말하는 부모를 잘 섬기는 효자와 관련된 이야기는 후세에 효도를 연구하는 중요한 문헌 자료로, 오늘날에도 여전히 현실적인 의의가 있다.

曾子曰 孝有三 증자왈 효유삼	증자가 말하기를 "효에는 세 종류가 있는데,
大孝尊親 其次弗辱 대효존친 기차불욕	가장 큰 효는 부모를 존경하도록 하는 것이고 그 다음은 부모를 욕되게 하지 않는 것이고
其下能養 기하능양	그 다음이 부모를 봉양하는 일이다."
公明儀問於曾子曰 공명의문어증자왈	공명의가 증자에게 물었다.
夫子可以爲孝乎 曾子曰 부자가이위효호 증자왈	"스승님과 같은 분이 효자가 아니겠습니까?" 그러자 증자가 이렇게 대답했다.
是何言與 是何言與 시하언여 시하언여	"당치 않는 이야기다.
君子之所謂孝者 군자지소위효자	군자가 말하는 효자란
先意承志 諭父母於道 선의승지 유부모어도	부모가 원하는 바를 말하기 전에 자식 된 자가 부모가 원하는 바를 미리 해드리는 사람을 말한다.
參直養者也 安能爲孝乎 삼직양자야 안능위효호	나는 다만 부모를 봉양했을 뿐이니 어찌 효자라 할 수 있겠느냐?"

증자는 다음과 같이 말했다. "효도에는 세 가지 등급이 있는데, 가장 큰 효도는 부모님을 세상 사람 모두가 존경하도록 만드는 일이다."

그 다음이 부모님의 이름을 욕되게 하지 않는 것이다.

가장 낮은 등급의 효도가 물질적으로 넉넉하게 부모님을 봉양하는 것이다.

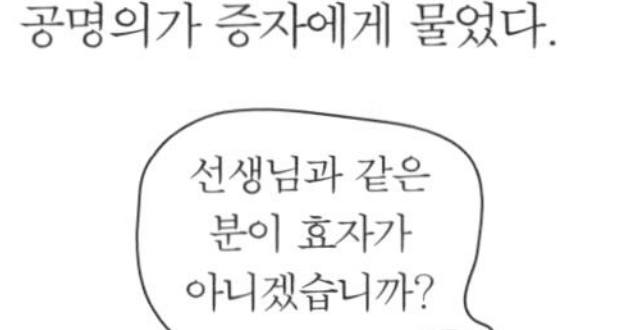
공명의가 증자에게 물었다.

선생님과 같은 분이 효자가 아니겠습니까?
公明依 공명의

당치 않은 말이다.
曾子 증자

효자란 부모가 원하는 바를 말하기 전에 자식 된 자가 부모가 원하는 바를 미리 해드리는 사람을 말한다.

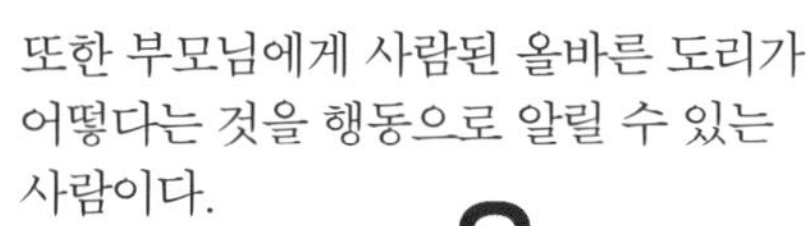
또한 부모님에게 사람된 올바른 도리가 어떻다는 것을 행동으로 알릴 수 있는 사람이다.

?!

나는 부모님께 봉양만 했으니 어찌 효를 다했다고 할 수 있겠느냐?

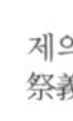

子曰 立愛自親始
자 왈 입 애 자 친 시

*공자가 이렇게 말했다. "어질고 사랑하는 마음은 부모에게 효도하고 순종하는 데서부터 시작하며

教民睦也 立敬自長始
교 민 목 야 입 경 자 장 시

이는 백성이 서로 화목하며 살 수 있도록 교육하기 위함이다. 공경하는 마음은 윗사람을 존경하는 데서부터 시작하며

教民順也 教以慈睦
교 민 순 야 교 이 자 목

이는 백성이 순종할 수 있도록 교육하기 위함이다. 자애로움과 화목함으로 백성을 교화하는 것은

而民貴有親 教以敬長
이 민 귀 유 친 교 이 경 장

백성이 혈육 간의 정을 귀중하게 여기도록 하기 위함이다. 윗사람을 공경하는 마음을 갖도록 백성을 교화함은

而民貴用命 孝以事親
이 민 귀 용 명 효 이 사 친

백성이 명령을 중히 여겨 복종하도록 하기 위함이다. 효로써 부모를 섬기고

順以聽命 錯諸天下
순 이 청 명 착 제 천 하

순종으로써 윗사람의 명령에 복종하는 기운이 천하에 가득하면

無所不行
무 소 불 행

이루지 못할 일이 없다."

공자가 이렇게 말했다. "어질고 사랑하는 마음은 부모에게 효도하고 순종하는 데서부터 시작하고, 이는 백성이 서로 화목하고 조화롭게 살도록 교육하기 위함이다."

"예절바른 행동은 윗사람을 존경하는 데서부터 시작하고, 이는 백성이 순종하도록 교육하기 위함이다."

"자애와 화목으로 백성을 교화함은 백성이 혈육의 정을 귀히 여기도록 함이며, 윗사람을 공경하도록 백성을 교화함은 백성이 명령을 귀중히 여겨 명령에 복종하도록 함이다."

"효도로써 부모를 섬기고 봉양하고 순종으로써 명령에 복종하는 기운이 세상에 가득하면 이루지 못할 일이 없다."

* 원래 이 원문은 《예기》 제11장 〈교특생郊特生〉에 나오는 부분이나, 저자가 효에 대한 이야기와 관련지어 삽입한 것이다.

曾子曰 身也者 父母之遺體也
증자왈 신야자 부모지유체야

증자가 말했다. "몸이란 부모가 남겨준 것이다.

行父母之遺體 敢不敬乎
행부모지유체 감불경호

부모가 남겨준 몸으로 행하는데
어찌 감히 공경하지 않을 수 있겠는가?

居處不莊 非孝也
거처부장 비효야

언행이 정중하지 못함도 효가 아니며,

事君不忠 非孝也
사군불충 비효야

임금에게 불충하는 것도 효가 아니다.

涖官不敬 非孝也
이관불경 비효야

나랏일에 성실하게 임하지 않음도 효가 아니며,

朋友不信 非孝也
붕우불신 비효야

벗을 사귀는 데 신용을 지키지 않는 것도 효가 아니다.

戰陳無勇 非孝也
전진무용 비효야

전쟁에 나가 용맹하지 않음도 효가 아니다.

五者不遂 災及於親
오자불수 재급어친

이 다섯 가지를 좇지 않으면 재난이 부모에까지 미치는데

敢不敬乎
감불경호

어찌 감히 공경하지 않을 수 있겠는가?"

나랏일을 보는 데 성실하게 직무를 다하지 않는 것도 불효이다.

전장에 나가 전쟁을 수행하면서 용기를 내지 않는 것도 불효이다.

친구와 사귀면서 신용을 지키지 않는 것도 불효이다.

이 다섯 가지를 행하지 못하면 법으로 징벌을 받을 뿐 아니라 부모에게까지 화가 미칠 것이다. 그러니 어떻게 이 다섯 가지를 소홀히 할 수 있겠는가?

亨孰膻薌 嘗而薦之 형숙전향 상이천지	잘 익은 고기를 먼저 맛보고 부모에게 바치는 것은
非孝也 養也 비효야 양야	효가 아니라 봉양이라고 한다.
君子之所謂孝也者 군자지소위효야자	군자가 말하는 소위 효란
國人稱願然曰 국인칭원연왈	온 나라 사람들이 입을 모아
幸哉有子如此 행재유자여차	"저런 아들을 두어 얼마나 행복할까!"
所謂孝也已 소위효야이	라고 칭찬을 하는 사람을 말한다.
衆之本敎曰孝 其行曰養 중지본교왈효 기행왈양	백성의 가르침에 근본이 되는 것을 효라 하고 그 행위를 봉양이라고 한다.
養可能也 敬爲難 양가능야 경위난	봉양할 수 있으나 마음으로 공경하기는 어렵고
敬可能也 安爲難 경가능야 안위난	공경할 수 있으나 평안하게 하기는 어렵다.
安可能也 卒爲難 안가능야 졸위난	평안하게 할 수 있으나 이를 끝까지 행하기는 더욱 어렵다.

식사를 준비해서 맛본 다음 부모에게 가져다드리는 것은 효라고 하지 않고 단지 부모를 봉양한다고 말한다.

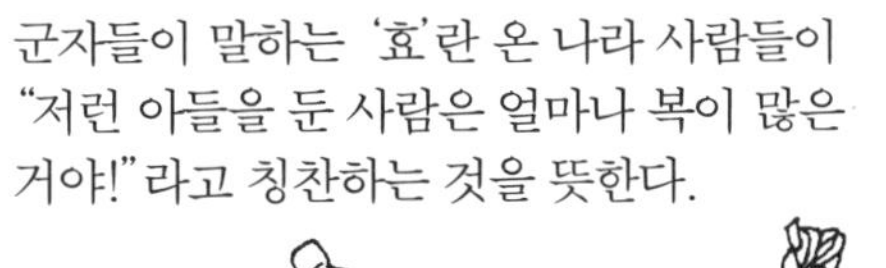

민중이 배우는 기본적인 교육이 '효'이며,
봉양은 바로 효가 행위로 표현된 것이다.

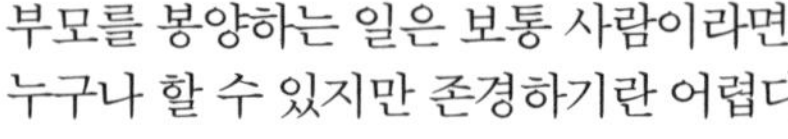

부모를 봉양하는 일은 보통 사람이라면
누구나 할 수 있지만 존경하기란 어렵다.

설사 부모를 존경할 수 있다 하나 평안하게 하기는 어렵다.

평안하게 할 수 있으나 이 평안함으로 부모를 처음부터 끝까지 섬기기란 더욱 어렵다.

父母愛之
부 모 애 지

嘉而弗忘
가 이 불 망

父母惡之
부 모 오 지

懼而無怨
구 이 무 원

父母有過
부 모 유 과

諫而不逆
간 이 불 역

父母旣沒
부 모 기 몰

必求仁者之粟以祀之
필 구 인 자 지 속 이 사 지

此之謂禮終
차 지 위 례 종

부모가 자식에게 자애와 사랑을 베풀면,

기뻐하되 영원히 잊어서는 안 된다.

부모가 자식에게 교훈을 베풀면,

두려워하고 삼갈지언정 원망을 품어서는 안 된다.

부모가 잘못을 범하면

이를 간하되 패역해서는 안 된다.

부모가 모두 죽으면

반드시 어진 임금으로부터 받은 녹봉으로 제사를 지내는데

이를 일러 예의 마침이라 한다.

부모가 자식에게 자애와 사랑을 베풀면 기뻐하되 영원히 잊어서는 안 된다.

부모가 자식에게 교훈을 베풀면 두려워하고 삼갈지언정 원망을 품어서는 안 된다.

부모가 설사 실수를 범했을지라도 정중하게 설득하여 잘못을 바로잡도록 하고 결코 부모에게 패역해서는 안 된다.

부모가 죽으면 반드시 정당한 수입으로 제사를 모셔야 하며 이를 두고 효도를 다했다고 한다.

◎ 樂正子春下堂而傷其足
악정자춘하당이상기족
악정자춘이 안채에서 내려오다가 발을 다쳐

數月不出 猶有憂色
수월불출 유유우색
몇 달 동안 어두운 낯빛으로 두문불출하였다.

門弟子曰 夫子之足瘳矣
문제자왈 부자지족추의
제자들이 그에게 "스승님의 발은 이미 다 나았는데

數月不出 猶有憂色何也
수월불출 유유우색하야
몇 달 동안 바깥출입을 삼가시고 근심 어린 얼굴빛이니 무슨 일이 있으십니까?"하고 물었다.

樂正子春曰
악정자춘왈
악정자춘이 이렇게 대답했다.

善如爾之問也 吾聞諸曾子
선여이지문야 오문제증자
"좋은 질문이로구나. 나는 스승인 증자에게 듣고

曾子聞諸夫子曰
증자문제부자왈
내 스승 증자는 그의 스승인 공자에게 들은 이야기다.

天之所生 地之所養
천지소생 지지소양
하늘이 내고 땅이 기르는 천지만물 중에서

無人爲大
무인위대
인간이 가장 위대하다고 하셨다.

父母全而生之 子全而歸之
부모전이생지 자전이귀지
부모가 낳아준 육체를 자식은 온전하게 보존하고 있다가

可謂孝矣 不虧其體
가위효의 불휴기체
땅으로 돌아가야 효라고 할 수 있다. 육체를 손상하지 않고

不辱其身 可謂孝矣
불욕기신 가위효의
명성을 욕되게 하지 않으면 이도 효라고 할 수 있다.

故君子頃步而弗敢忘孝也
고군자경보이불감망효야
때문에 군자는 걸음을 반보 옮기면서도 감히 효를 잊지 않아야 하는데

今予忘孝之道
금여망효지도
지금 나는 효도를 잊어버렸으니

予是以有憂色也
여시이유우색야
근심 어린 낯빛을 하고 있는 것이다.

壹擧足而不敢忘父母
일거족이불감망부모
한 번 발을 들 때에도 감히 부모를 잊지 않으며

壹出言而不敢忘父母
일출언이불감망부모
한 마디 말을 할 때에도 감히 부모를 잊지 않아야 한다.

壹擧足而不敢忘父母
일거족이불감망부모
한 번 발을 들 때에도 감히 부모를 잊지 않아야 하므로

是故道而不徑
시고도이불경
길을 갈 때면 큰길로 다니고 지름길로 가지 않으며

舟而不游
주이불유
강을 건널 때 배를 타고 건너고 헤엄쳐 건너지 않아서

不敢以先父母之遺體行殆
불감이선부모지유체행태
감히 부모님이 남겨주신 육체로 위태로운 일을 행하지 않아야 한다.

壹出言而不敢忘父母
일출언이불감망부모
한 마디 말을 할 때도 감히 부모를 잊지 않아야 하므로

是故惡言不出於口
시고악언불출어구
남을 험담하는 말은 입 밖에 내지 않아서

忿言不反於身
분언불반어신
다른 사람의 험담이 내게 되돌아오지 않도록 한다.

不辱其身 不羞其親
불욕기신 불수기친
내 몸을 욕되게 하지 않고 부모님을 부끄럽게 하지 않으면

可謂孝矣
가위효의
가히 효자라고 할 수 있다."

악정자춘*이 한번은 안채에서 걸어내려오다가 발목을 삐끗하는 바람에 몇 달 동안 집에 누워 있었다. 발목이 다 나았지만 여전히 어두운 기색이자, 제자들이 그에게 물었다.

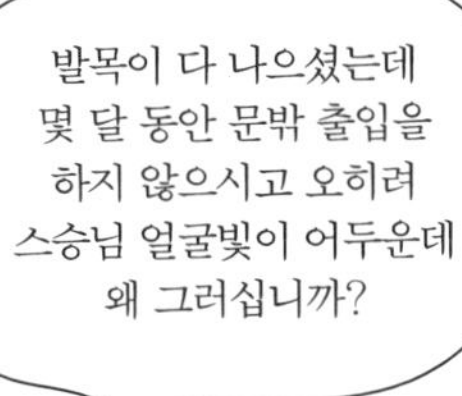

나는 내 스승이신 증자께 이 이야기를 들었고, 내 스승이신 증자는 이 이야기를 그의 스승이신 공자께 들었단다. 바로 하늘에서 생겨나고 땅에서 길러지는 천지만물 중에서 사람만큼 귀한 것이 없다는 이야기였다.

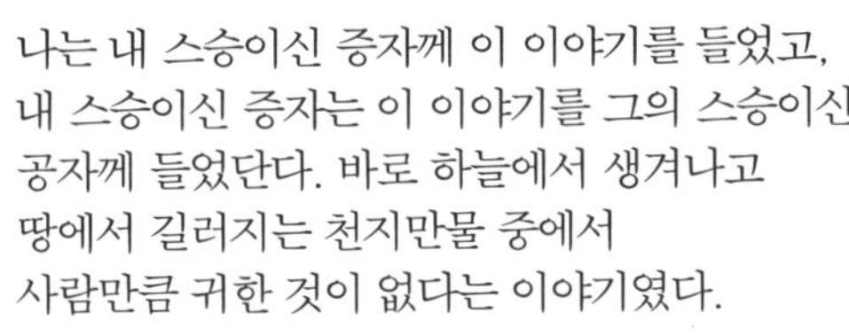

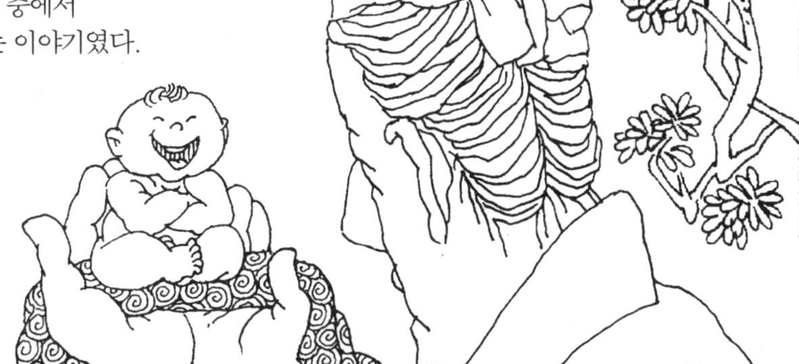

* 악정자춘: 증자의 제자로, 악정은 성이고 자춘이 자이다.

부모는 자녀를 온전하게 낳아주고,
자녀는 그 몸을 온전하게 지니고 있다가
부모처럼 땅에 묻혀 부모에게
돌아가는 것을 '효'라고 한다.

먼 길 가는데
편안히 가거라.

몸조심해야
한다.

자신의 육체를 해하지 않고 자신의
명성을 욕되게 하지 않는 것을
'온전히[全] 하다'라고 한답니다.

그러므로 교양이 있는 사람이라면 걸음을
반보씩 옮길 때에도 감히 효도를 잊지 않는다.

지금 나는 효도를
잊어서 마음이
괴롭구나.

걸음을 옮길 때마다 감히 부모를 잊지 않아야 하고, 한 마디를 할 때마다 감히 부모를 잊지 않아야 한다.

발을 들 때마다 감히 부모를 잊지 않는다는 의미는 길을 갈 때 큰길로 가고 좁은 길로 가지 않는다는 것이다.

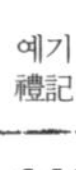

이는 감히 부모가 준 육체로 불필요하게 위험을 무릅쓰는 행동을 하지 않는 것이다.

입을 열어 말할 때마다 부모를 잊지 않는다는 뜻은, 다른 사람을 욕하는 말을 입 밖으로 내뱉지 않는 것이며,

그 결과 다른 사람의 험담이 내게 돌아오지 않도록 하는 것이다.

예의 정신은 자신을
억제하고 타인을
존중하는 일이랍니다.

경해 【經解】

〈경해〉에서는 유가의 육경六經, 즉 《시詩》·《서書》·《예禮》·《악樂》·《역易》·《춘추春秋》를 언급한다. 〈경해〉의 전반부는 육경의 대의와 득실에 대한 총론이다. 후반부는 '예'가 나라와 백성을 다스리는 중대한 의미이자 작용임을 강조하며, 어떻게 예의로 민중을 순화할 것인지를 설명한다. 본 장에서는 육경이 중국의 고대 교육에서 각기 어떤 목적과 효과를 가지는지 설명한다.

◎ 孔子曰
공자왈

入其國 其敎可知也
입기국 기교가지야

其爲人也
기위인야

溫柔敦厚 詩敎也
온유돈후 시교야

疏通知遠 書敎也
소통지원 서교야

廣博易良 樂敎也
광박역량 악교야

洁靜精微 易敎也
결정정미 역교야

恭儉莊敬 禮敎也
공검장경 예교야

屬辭比事 春秋敎也
속사비사 춘추교야

공자가 이렇게 말했다.

"그 나라에 들어가야 비로소

그 나라의 가르침을 알 수 있다.

백성이 온유하고 돈후하다면《시》의 가르침 때문이요,

정사에 통달하고 멀리 내다볼 줄 안다면《서》의 가르침 때문이요,

해박하고 심성이 우아하다면《악》의 가르침 때문이요,

심성이 깨끗하고 깊고 오묘하다면《역》의 가르침 때문이요,

겸손하고 근검하고 부지런하다면《예》의 가르침 때문이요,

언사에 능하고 역사를 거울로 삼고 있다면《춘추》의 가르침 때문이다.

공자가 "그 나라에 도착하면 그곳의 가르침이 어떤지 알 수 있다"고 말했다.

국가와 백성의 풍속과 기질이 온순하고 정직하다면《시詩》로 교화되었기 때문이다.

백성이 정사에 통달하고 역사를 이해한다면《서書》로 교화되었기 때문이다.

백성이 평화스럽고 철리哲理를 이해하고 있다면 《역易》으로 교화되었기 때문이다.

백성이 겸손하고 근검하고 부지런하다면 《예禮》로 교화되었기 때문이다.

백성이 해박하고 우아하다면 《악樂》으로 교화되었기 때문이다.

백성이 언사에 능하고 역사를 거울로 삼고 있다면 《춘추春秋》로 교화되었기 때문이다.

故詩之失愚 書之失誣
고시지실우 서지실무

따라서《시》의 가르침이 부족하면 어리석어지고,
《서》의 가르침이 부족하면 거짓말을 하게 되고,

樂之失奢 易之失賊
악지실사 역지실적

《악》의 가르침이 부족하면 사치스러워지고,
《역》의 가르침이 부족하면 미신에 빠지게 되고,

禮之失煩 春秋之失亂
예지실번 춘추지실란

《예》의 가르침이 부족하면 번거롭게 되고,
《춘추》의 가르침이 부족하면 혼란스러워진다.

其爲人也
기위인야

백성의 됨됨이가

溫柔敦厚而不愚 則深於詩者也
온유돈후이불우 즉심어시자야

온유하고 돈후하면서 어리석지 않다면
《시》의 가르침을 깊이 받았기 때문이고,

疏通知遠而不誣 則深於書者也
소통지원이불무 즉심어서자야

역사에 해박하고 통달했지만 거짓말을 하지 않는다면
《서》의 가르침을 깊이 받았기 때문이고,

廣博易良而不奢 則深於樂者也
광박역량이불사 즉심어악자야

해박하고 우아하지만 사치스럽지 않다면
《악》의 가르침을 깊이 받았기 때문이고,

潔靜精微而不賊 則深於易者也
결정정미이부적 즉심어역자야

심성이 깨끗하고 깊고 오묘하지만 번거롭지 않다면
《역》의 가르침을 깊이 받았기 때문이고,

恭儉莊敬而不煩
공검장경이불번

겸손하고 근검절약하지만 사소한 일에
까다롭게 굴지 않는다면

則深於禮者也
즉심어례자야

《예》의 가르침을 깊이 받았기 때문이고,

屬辭比事而不亂
속사비사이불란

언사에 능하고 문제를 잘 분석하지만
사리에서 어긋나지 않는다면

則深於春秋者也
즉심어춘추자야

《춘추》의 가르침을 깊이 받았기 때문이다.

따라서《시》의 가르침이 부족하면 이성과 지혜가 부족해진다.

《서》의 가르침이 부족하면 말이 과장되어 사실과 맞지 않게 된다.

《악》의 가르침이 부족하면
과도하게 호사스럽게 된다.

《역》의 가르침이 부족하면 미신에 빠지기 쉽다.

《예》의 가르침이 부족하면 번거로운 곳으로 흐를 수 있다.

《춘추》의 가르침이 부족하면 혼란스러워진다.

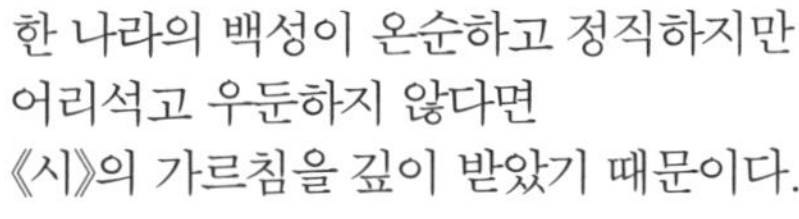

한 나라의 백성이 온순하고 정직하지만
어리석고 우둔하지 않다면
《시》의 가르침을 깊이 받았기 때문이다.

백성이 역사에 해박하고, 통달하고
있으면서도 말을 과장하지 않는다면 《서》의
가르침을 깊이 받았기 때문이다.

백성이 관대하고 고상하고 겸손하고 선량하지만 지나치게 호사스럽지 않다면 《악》의 가르침을 깊이 받았기 때문이다.

철리를 잘 알고 있지만 미신에 빠지지 않았다면 《역》의 가르침을 깊이 받았기 때문이다.

겸손하고 근검절약하지만 사소한 일에 까다롭게 굴지 않는다면 《예》의 가르침을 깊이 받았기 때문이다.

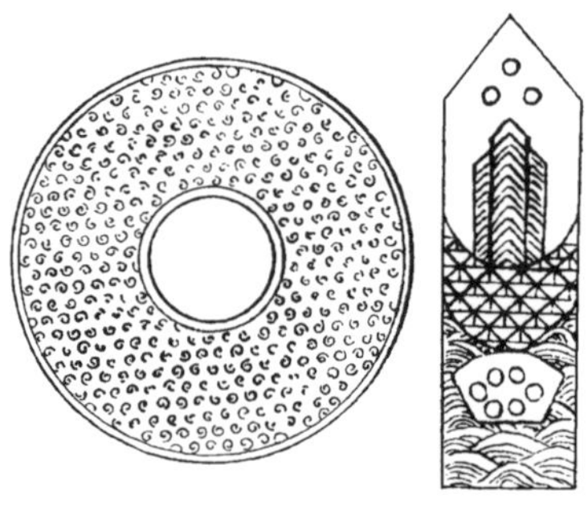

언사에 능하고 문제를 잘 분석하지만 사리에 어긋나지 않는다면 《춘추》의 가르침을 깊이 받았기 때문이다.

❁ 天子者 與天地參 천 자 자 여 천 지 참	천자는 하늘과 땅과 함께하므로
故德配天地 兼利萬物 고 덕 배 천 지 겸 리 만 물	덕이 하늘과 땅에 짝하고 아울러 만물을 이롭게 하며,
與日月並明 明照四海 여 일 월 병 명 명 조 사 해	해와 달과 더불어 사해를 비추되
而不遺微小 이 불 유 미 소	미치지 않는 곳이 없도록 한다.
其在朝廷 則道仁聖禮義之序 기 재 조 정 즉 도 인 성 례 의 지 서	천자는 조정에서는 어짊과 성스러움, 예의로써 모범을 보이고
燕處 則聽雅頌之音 연 처 즉 청 아 송 지 음	한가로이 있을 때에는《아》와《송》을 듣고
行步 則有環佩之聲 행 보 즉 유 환 패 지 성	걸어 다닐 때에는 환패에서 소리가 나도록 하며
升車 則有鸞和之音 승 차 즉 유 란 화 지 음	마차에 오를 때에는 난화 소리가 나도록 한다.
居處有禮 進退有度 거 처 유 례 진 퇴 유 도	일상생활은 예로써 하며, 나아가고 물러서는 데는 법도가 있어야 하고
百官得其宜 萬事得其序 백 관 득 기 의 만 사 득 기 서	백관들은 최선을 다해 임무를 완성해야 하고 만사에는 올바른 순서가 있어야 한다.

'천자天子'는 하늘과 땅과 함께 고찰하고 검사한다는 뜻을 지닌다.

따라서 천자의 덕행은 천지와 일치해야 한다.

은택이 만물에 고루 내리게 하고 태양, 달과 같이 밝게 사해를 비추되 미치지 않는 곳이 없도록 한다.

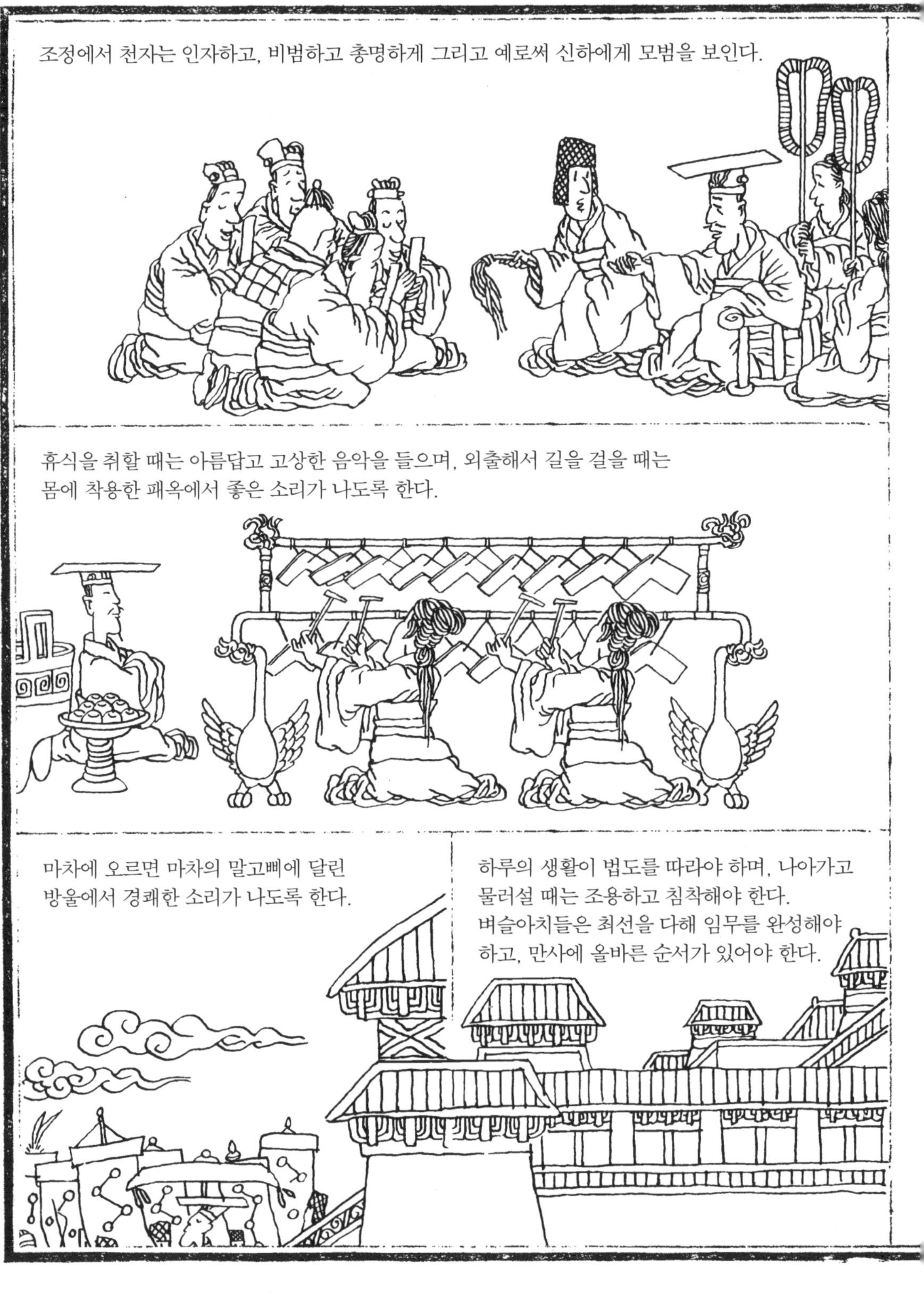

조정에서 천자는 인자하고, 비범하고 총명하게 그리고 예로써 신하에게 모범을 보인다.

휴식을 취할 때는 아름답고 고상한 음악을 들으며, 외출해서 길을 걸을 때는 몸에 착용한 패옥에서 좋은 소리가 나도록 한다.

詩云 시 운	《시》에서
淑人君子 其儀不忒 숙 인 군 자 기 의 불 특	"어진 군자는 그 몸가짐에 지나침이 없으며, 몸가짐에 지나침이 없는 군자는
正是四國 此之謂也 정 시 사 국 차 지 위 야	온 나라를 바로잡는다"고 했는데 이는 이 도리를 말함이다.
發號出令而民說 謂之和 발 호 출 령 이 민 열 위 지 화	천자가 호령을 내어 백성이 기뻐하면 이를 화라고 한다.
上下相親 謂之仁 상 하 상 친 위 지 인	상하가 서로 친하다면 이를 인이라 한다.
民不求其所欲 而得之 민 불 구 기 소 욕 이 득 지	백성이 구하지 않았는데 원하는 바를 얻는다면
謂之信 위 지 신	이를 신이라 한다.
除去天地之害 謂之義 제 거 천 지 지 해 위 지 의	자연재해를 피할 수 있다면 이를 의라고 한다.
義與信 和與仁 霸王之器也 의 여 신 화 여 인 패 왕 지 기 야	의와 신, 화와 인은 패왕의 도구이다.
有治民之意而無其器 유 치 민 지 의 이 무 기 기	백성을 다스리고자 하나 도구가 없다면
則不成 즉 불 성	그 뜻을 이룰 수 없다.

백성이 요구하기 전에 원하는 것이
충족된다면 이를 '신信'이라고 한다.

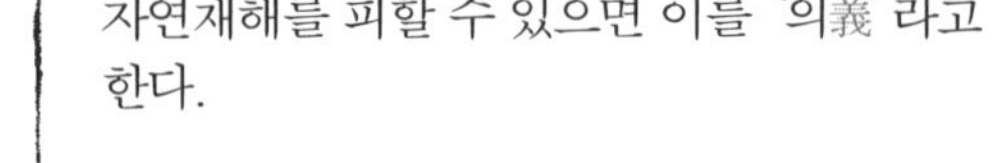

자연재해를 피할 수 있으면 이를 '의義'라고 한다.

의義와 신信은 패주霸主의 도구이다.

義

信

의 신

백성을 다스리고자 하여도 도구가 없다면
목적을 달성할 수 없다.

화和와 인仁은 임금의 도구이다.

和 仁

화 인

禮之於正國也 猶衡之於輕重也
예 지 어 정 국 야 유 형 지 어 경 중 야

예로써 나라를 다스림은
마치 저울로 무게의 경중을 달고

繩墨之於曲直也 規矩之於方圜也
승 묵 지 어 곡 직 야 규 구 지 어 방 환 야

먹줄로 곡선과 직선을 만들고
규구로 각지고 둥근 것을 그리는 것과 같다.

故衡誠懸 不可欺以輕重
고 형 성 현 불 가 기 이 경 중

그러므로 저울이 정확하다면 중량을 속일 수 없고

繩墨誠陳 不可欺以曲直
승 묵 성 진 불 가 기 이 곡 직

먹줄이 곧다면 굽거나 곧은 것을 속일 수 없으며

規矩誠設 不可欺以方圓
규 구 성 설 불 가 기 이 방 원

규구를 정확하게 사용한다면
각지거나 둥근 것을 속일 수 없듯이

君子審禮 不可誣以姦詐
군 자 심 례 불 가 무 이 간 사

군자가 예에 밝으면 소인이
간사함으로 남을 속일 수 없다.

是故隆禮由禮 謂之有方之士
시 고 융 례 유 례 위 지 유 방 지 사

때문에 예를 중시하고 예에 따라 행하면
바른 선비라 하고

不隆禮不由禮 謂之無方之民
불 륭 례 불 유 례 위 지 무 방 지 민

예에 따라 행하지 않으면
바르지 않은 백성이라 한다.

예는 국가를 다스림에 있어 마치 저울로 가볍고 무거운 무게를 달고,
먹줄로 곡선과 직선을 만들고, 규구* 로 각지고 둥근 것을 그리는 것과 같다.

따라서 저울이 정확하다면
중량을 속일 수 없으며,

먹줄이 곧다면 굽거나 곧은 것을
속일 수 없다.

* 규구: 원규와 구척의 줄임말로, 원규는 원을 그리는 컴퍼스와 같은 도구를, 구척은 곱자를 말한다.

원규圓規와 구척矩尺을 정확하게 사용한다면
각지거나 둥근 것을 속일 수 없다.

군자가 예의로 모든 것을 살피면 소인은
간사함으로 남을 속일 수 없다.

그러므로 예를 중시하고 예에 따라
모든 일을 행하면 정직한 사람이다.

禮
예

예를 경시하고 예에 따라
모든 일을 행하지 않으면
정직한 사람이 아니다.

敬讓之道也 경 양 지 도 야	예란 공경과 겸양의 도이다.
故以奉宗廟 則敬 고 이 봉 종 묘 즉 경	따라서 종묘사직을 받드는 데는 공경으로 한다.
以入朝廷 則貴賤有位 이 입 조 정 즉 귀 천 유 위	예가 조정에 들어가면 관직의 귀천에 상관없이 서로 편안해지고
以處室家 則父子親兄弟和 이 처 실 가 즉 부 자 친 형 제 화	가정에 들어가면 부자간은 서로 사랑하고 형제간은 서로 화목해지며
以處鄕里 則長幼有序 이 처 향 리 즉 장 유 유 서	향리에 들어가면 장유의 질서가 생긴다.
孔子曰 공 자 왈	공자가 말하길
安上治民 안 상 치 민	"임금을 편안하게 하고 백성을 잘 다스리는 데
莫善於禮 막 선 어 례	예보다 더 좋은 방법이 없다"는
此之謂也 차 지 위 야	까닭도 바로 이 때문이다.

예로써 종묘사직을
받들 때는, 공경하고
경건하게 해야 한다.

예의 실체는 공경과 겸양이다.

예가 조정에서 행해지면
관직의 귀천에 관계없이
서로 편안하다.

예가 집에서 행해지면 아버지와 아들이 서로를 사랑하고 형제가 화목하다.

예가 마을에서 행해지면 장유유서가 생겨 질서정연하다.

공자가 "임금을 편안하게 하고 백성을 다스리는 데 예보다 더 좋은 방법이 없다"고 말한 것도 바로 이 때문이다.

禮

예

故朝覲之禮 所以明君臣之義也
고조근지례 소이명군신지의야

조근의 예는 군신 간에 의를 밝히기 위함이며

聘問之禮 所以使諸侯相尊敬也
빙문지례 소이사제후상존경야

빙문의 예는
제후 간에 서로 존경하도록 하기 위함이며

喪祭之禮 所以明臣子之恩也
상제지례 소이명신자지은야

상제의 예는 신하의 은덕을 밝히기 위함이며

鄕飮酒之禮 所以明長幼之序也
향음주지례 소이명장유지서야

향음주의 예는
장유의 순서를 밝히기 위함이며

昏姻之禮 所以明男女之別也
혼인지례 소이명남녀지별야

혼인의 예는 남녀가 유별함을 밝히기 위함이다.

夫禮禁亂之所由生
부례금란지소유생

무릇 예는 어지러움의 발생 원인을 금하는 것이니

猶坊止水之所自來也
유방지수지소자래야

마치 홍수의 발생 원인을 방지하는 것과 같다.

제후가 천자를 알현하는 예식은
군신 간 신분이 다름을 보이기 위함이다.

제후들 사이에 서로 빙문하는 예식은
제후들이 서로를 존경하도록 하기 위함이다.

상례와 제례는 신하된 자, 아들된 자로서
은혜를 잊지 않음을 나타내고자 함이다.

향음주鄕飮酒의 의례는 선후배 사이의 적합한 관계를 보이기 위함이다.

혼례 의례는 남녀 사이의 구별을 보이기 위함이다.

예는 재난과 변란이 발생하는 근원을 막아준다.

마치 제방이 홍수의 범람을 막아주는 것과 같다.

故以舊坊爲無所用而壞之者 고 이 구 방 위 무 소 용 이 괴 지 자	그러므로 오래된 제방이 소용없다 하여 이를 파괴하면
必有水敗 필 유 수 패	반드시 홍수 피해를 입게 될 것이고
以舊禮爲無所用而去之者 이 구 례 위 무 소 용 이 거 지 자	오래된 예법이 필요 없다 하여 이를 버리면
必有亂患 필 유 란 환	반드시 재난과 우환이 생길 것이다.
故昏姻之禮廢 則夫婦之道苦 고 혼 인 지 례 폐 즉 부 부 지 도 고	혼인의 예를 폐하면 부부 사이가 소원해지고
而淫辟之罪多矣 이 음 벽 지 죄 다 의	음란하고 간사한 죄를 짓게 될 것이다.
鄉飮酒之禮廢 則長幼之序失 향 음 주 지 례 폐 즉 장 유 지 서 실	향음주의 예를 폐하면 장유의 질서를 잃게 될 것이며
而爭鬪之獄繁矣 이 쟁 투 지 옥 번 의	분쟁과 송사가 빈번해질 것이다.
喪祭之禮廢 則臣子之恩薄 상 제 지 례 폐 즉 신 자 지 은 박	상제의 예를 폐하면 신하된 자들이 은혜를 잊고
而倍死忘生者衆矣 이 배 사 망 생 자 중 의	죽은 자를 배신하고 산 자를 망각하는 경우가 많아질 것이다.
聘 覲之禮廢 則君臣之位失 빙 근 지 례 폐 즉 군 신 지 위 실	빙, 근의 예를 폐하면 군신 간은 신분이 혼란스러워지고
諸侯之行惡 제 후 지 행 악	제후는 악을 행하게 되어
而倍畔侵凌之敗起矣 이 배 반 침 릉 지 패 기 의	서로를 배신하고 침략하는 패역이 일어나게 될 것이다.

오래된 제방이 필요 없다 하여 이를 파괴하면 반드시 홍수 재해를 입게 될 것이다.

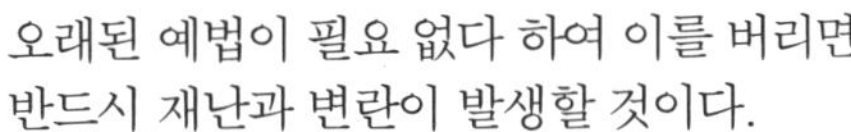
오래된 예법이 필요 없다 하여 이를 버리면 반드시 재난과 변란이 발생할 것이다.

그러므로 혼인의 예를 폐하면 부부 사이가 소원해지고 음란하고 간사한 죄를 범하기 쉬워질 것이다.

향음주의 예를 폐하면 윗사람과 아랫사람의 질서가 무너지고,

분쟁과 송사가 빈번해질 것이다.

상제의 예를 폐하면 신하된 자들이 은혜와 의리에 야박해져 죽은 자를 배반하거나 조상을 잊게 될 것이다.

임금을 알현하는, 조근과 사절을 보내는 빙문의 예를 폐하면 군신과 상하 간 신분이 혼란스러워진다. 그러면 제후들 사이에 신의를 저버리고 배신하여 서로를 해치는 결과가 생긴다.

〈중니연거〉는 공자가 평소에 제자들과 주고받았던 이야기를 기술해놓은 것으로, 주로 예와 정치에 관한 내용이다. 공자는 '즉사지치야即事之治也' 라고 결론을 내리고 "나라를 다스림에 예가 없다면 장님을 아무런 도움 없이 홀로 걷도록 하는 것과 다름없다"라고 하였다. 또한 예를 인간 생활의 근거로 여겼는데, '예야자리야禮也者理也' 라고 하여 "군자는 이치에 어긋나는 일은 하지 않으며 예의 가르침 없이는 행동하지 않는다"라고 하였다.

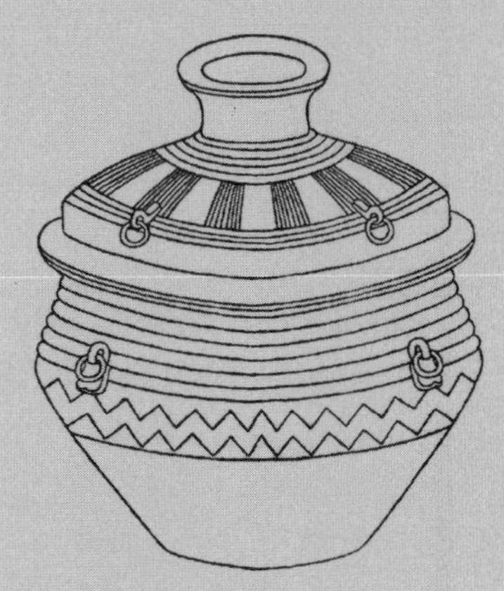

❁ 仲尼燕居 子張 子貢 言游侍 중니연거 자장 자공 언유시	공자가 한가롭게 거할 때 자장, 자공, 언유가 시중을 들었다.
縱言至於禮 子曰 종언지어례 자왈	이야기를 나누다가 예에 관한 이야기가 나오자 공자가 말했다.
居 汝三人者 吾語女禮 거 여삼인자 오어여례	"너희 세 사람은 앉아라. 너희들에게 예에 대해 이야기해줄 테니
使女以禮周流無不遍也 사여이례주류무불편야	너희들은 예에 맞게 모든 일을 하도록 하라."
子貢越席而對曰 자공월석이대왈	자공이 먼저 자리에서 일어나 물었다.
敢問何如 감문하여	"감히 묻자온데 예란 무엇입니까?"
子曰 敬而不中禮 謂之野 자왈 경이부중례 위지야	공자가 말했다. "공경하고자 하나 예에 맞지 않으면 이를 야라고 하고
恭而不中禮謂之給 공이부중례위지급	공손하고자 하나 예에 맞지 않으면 이를 급이라 하고
勇而不中禮謂之逆 용이부중례위지역	용맹스러우나 예에 맞지 않으면 이를 역이라 한다."
子曰 給奪慈仁 자왈 급탈자인	공자는 "공손하고자 하나 예에 맞지 않는 급은 자애로움과 인자함을 빼앗는다"라고 했다.

공자가 하루는 집에서 쉬고 있을 때 제자 자장, 자공, 자유가 찾아와 이야기를 나누다가 예에 관한 이야기를 하게 되었다.

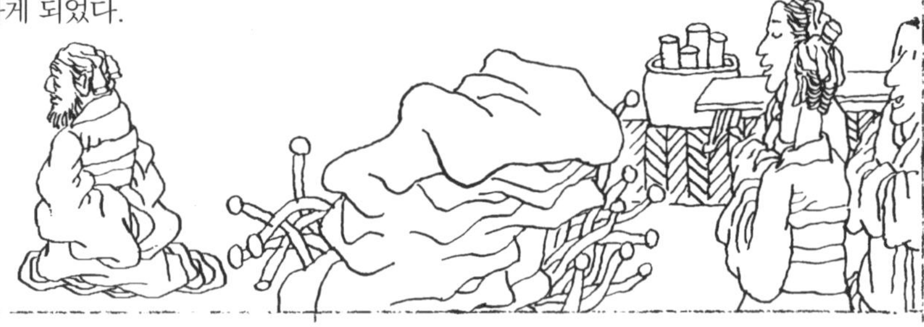

공자가 말했다.
"너희 세 사람은 앉아라. 너희들에게 예가 무엇인지 이야기를 해줄 테니, 너희들은 예에 맞게 모든 일을 하도록 하라."

자공이 먼저 자리에서 일어나 물었다.
"스승님, 예란 무엇입니까?"

공자가 말했다.
"공경하고자 하나 행동이 예에 맞지 않으면 거칠고 사나워지는데, 이를 야野라고 한다."

용맹스러우나 행동이 예에 맞지 않으면 잔인해지는데, 이를 역逆이라고 한다.

공손하고자 하나 행동이 예에 맞지 않으면 아첨하게 되는데, 이를 급給이라고 한다.

급給은 종종 어짊의 본뜻을 해치기도 한다.

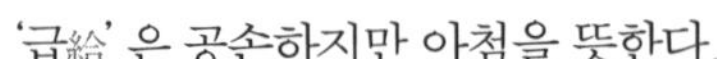
'급給' 은 공손하지만 아첨을 뜻한다.

'야野, 급給, 역逆' 이 세 가지 중에서 공자가 유독 '급' 이 가져오는 해악을 이야기했는데 이는 '야, 역' 두 가지는 천성에 따른 것이므로 예를 통해 교정이 가능하기 때문이다.

아첨꾼들은 갖은 방법을 다 동원해 아첨을 하며
겉으로는 인자한 척하지만
속으로는 사욕을 감추고 있으므로
이를 '탈인奪仁' 이라고 한다.

子曰 禮者何也 자 왈 예 자 하 야	공자가 이렇게 말했다. "예란 무엇인가?
卽事之治也 즉 사 지 치 야	예란 곧 사물을 다스리는 일이다.
君子有其事 군 자 유 기 사	군자는 일을 행함에 있어
必有其治 필 유 기 치	반드시 그 일을 다스려야 한다.
治國而無禮 치 국 이 무 례	나라를 다스림에 예가 없다면
譬猶瞽之無相與 비 유 고 지 무 상 여	장님을 아무런 도움 없이 홀로 걷도록 하는 것과 다름없다.
倀倀乎其何之 창 창 호 기 하 지	그러면 장님은 어디로 가야할지 갈피를 잡지 못하지 않겠는가?
譬如終夜有求於幽室之中 비 여 종 야 유 구 어 유 실 지 중	나라를 다스림에 예가 없다는 것은 마치 밤새도록 어두운 방 안에서 물건을 찾는 것과 같다.
非燭何見 若無禮 비 촉 하 견 약 무 례	촛불이 없는데 무엇을 볼 수 있겠는가? 만약 예가 없다면
則手足無所措 즉 수 족 무 소 조	손과 발을 둘 곳을 알지 못하는 것과 같고
耳目無所加 이 목 무 소 가	눈과 귀도 무엇을 보고 들어야 할지 모르는 것과 같다.
進退揖讓無所制 진 퇴 읍 양 무 소 제	진퇴 · 읍양하는 동작도 어찌해야 할지 모르는 것과 같다"

공자가 이렇게 말했다.
"예란 무엇인가? 예란 바로 타당하며
꼭 들어맞는 것이다."

군자가 자신의 임무를 지키려면
임무를 잘 수행할 수 있는 수단이 필요하다.

나라를 다스리는 데 예가 없으면 장님이 도와주는 이 없이 어디로 가야 할지 방향을 모르고 혼란스러워하는 것과 같다.

예가 없다면 밤새도록 어두운 방에서 물건을 찾는 것과 같다.
촛불이 없는데 무엇을 볼 수 있겠는가?

만약 예가 없다면 손과 발을 둘 곳을 알지 못하는 것과 같다.

눈과 귀도 무엇을 보고 들어야 할지 알지 못하는 것과 같다.

진퇴와 읍하는 동작과 사양하는 동작도 어찌해야 할지 알지 못하는 것과 같다.

子曰 禮也者 理也
자왈 예야자 리야

樂也者 節也
악야자 절야

君子無禮不動
군자무례부동

無節不作
무절부작

不能詩 於禮繆
불능시 어례류

不能樂 於禮素
불능악 어례소

薄於德 於禮虛
박어덕 어례허

공자가 말했다. "예란 도리이다.
음악은 절도이다.
군자는 예가 없으면 움직이지 않고
절도가 없으면 행하지 않는다.
《시》를 모르면 예에서 어긋나게 되고
《악》을 알지 못하면 예는 맛을 잃게 될 것이다.
덕이 박하면 예가 피상적이 될 것이다."

공자가 "예란 도리이다"라고 말했다.

음악은 바로 절도를 뜻한다.

군자는 예에 맞지 않으면 행동하지 않는데, 이는 혼란스러움을 막기 위함이다.

정情이 지나쳐 절도에 맞지 않으면 행동하지 않는데, 이는 천박함을 방지하기 위함이다.

《시》를 이해하지 못하면
예에서 어긋나게 될 것이다.

《악》을 이해하지 못하면
예는 맛을 잃게 될 것이다.

덕행이 두텁지 못하면
예를 막연히 느끼게
된답니다.

子張問政 子曰
자장문정 자왈

자장이 정치에 대해 묻자 공자가 말하길

師乎 前吾語女乎
사호 전오어녀호

"내가 너희에게 말하지 않았느냐.

君子明於禮樂
군자명어례악

군자가 예와 악에 밝으면

擧而錯之而已
거이착지이이

이를 정치에 이용할 수 있다고 말이야."

子張復問 子曰
자장복문 자왈

자장이 다시 묻자 공자가 이렇게 대답했다.

師 爾以爲必鋪几筵 升降
사 이이위필포궤연 승강

"자장아, 너는 상을 펴고 계단을 오르내리며

酌獻 酬酢
작헌 수초

술을 따르고 음식을 진설해놓은

然後謂之禮乎
연후위지례호

후에야 이를 예라고 부르느냐?

爾以爲必行綴兆
이이위필행철조

너는 또 무희들이 깃털과 피리를 흔들며

興羽龠 作鍾鼓
흥우약 작종고

종과 북소리에 맞춰 춤을 춘

然後謂之樂乎
연후위지악호

후에야 이를 악이라고 부르느냐?

言而履之 禮也
언이리지 예야

말한 바를 행동에 옮기는 것이 예이며

行而樂之 樂也
행이락지 악야

행하고 그 때문에 유쾌하다면 이를 악이라 한다."

자장이 어떻게 정치를 해야 하는지 묻자 공자가 대답했다. "내가 너희에게 말하지 않았느냐. 군자가 예와 악의 작용을 이해하면, 이를 정치에 이용할 수 있다고 말이다."

자장이 다시 묻자 공자가 이렇게 대답했다.
"자장아, 너는 상을 펴고 계단을 오르내리며 술을 따르고 음식을 진설해놓은 후에야 이를 예라고 부르느냐?"

무희들이 깃털과 피리를 흔들며 종과 북소리에 맞춰 춤을 춘 이후에 이를 악이라고 부르느냐?

말한 것을 지키는 것이 예이다.

행하고 그 때문에 유쾌하다면 이를 악이라 한다.

유행 【儒行】

〈유행〉은 유자儒者, 즉 선비들의 행실을 논했기 때문에 붙여진 명칭이다. 노나라 왕 애공哀公이 공자에게 선비가 보여야 할 행실을 묻자 이에 대한 답으로 쓴 글이다. 〈유행〉은 자립·용모·준비·근인近人·특립特立·강의剛毅·사仕·우사優思·관유寬裕·사거仕擧·독행獨行·규위規爲·교우交友·존양尊讓 등 모두 열다섯 가지 처세 원칙을 언급하고, 선비들의 정치적인 열망과 철학을 표현하는 방법뿐 아니라 독자적인 신념이나 청렴결백을 유지하는 방법에 대해서도 논한다.

魯哀公問於孔子曰 노 애 공 문 어 공 자 왈	노나라 애공이 공자에게 물었다.
夫子之服 其儒服與 부 자 지 복 기 유 복 여	"선생님이 입고 있는 옷이 선비의 옷차림입니까?"
孔子對曰 丘少居魯 공 자 대 왈 구 소 거 노	공자가 이렇게 대답했다. "제가 어려서 노나라에 거주했을 때에는
衣逢掖之衣 長居宋 의 봉 액 지 의 장 거 송	소매가 넓은 옷을 입었습니다. 장성해서는 송나라에 거했는데
冠章甫之冠 관 장 보 지 관	은나라 사람들이 썼던 장보라는 관을 썼습니다.
丘聞之也 君子之學也博 구 문 지 야 군 자 지 학 야 박	제가 듣기에 군자의 학문은 깊고 넓어져야 하고
其服也鄉 기 복 야 향	의복은 고향의 것을 따른다고 합니다.
丘不知儒服 구 부 지 유 복	저는 어떤 것이 선비의 복장인지 알 수 없습니다."

哀公曰 敢問儒行 애공왈 감문유행	애공이 말했다. "선비의 행실이 무엇입니까?"
孔子對曰 공자대왈	공자가 대답했다.
遽數之 不能終其物 거수지 불능종기물	"그 문제는 추상적이라서 갑자기 자세히 열거할 수가 없고
悉數之乃留 更僕未可終也 실수지내류 갱복미가종야	논하자면 시간이 무척 많이 걸릴 것입니다."
哀公命席 孔子侍曰 애공명석 공자시왈	애공이 상을 차리라고 명하자 애공을 모시고 앉은 공자가 말했다.
儒有席上之珍以待聘 유유석상지진이대빙	"선비는 마치 여기 상 위에 차려진 진귀한 물품처럼 누군가가 그들을 택할 수 있도록 준비된 사람입니다.
夙夜强學以待問 숙야강학이대문	이른 아침부터 저녁 늦게까지 열심히 공부해 자문을 구하면 답해줄 준비를 합니다.
懷忠信以待擧 회충신이대거	또한 충성과 신의를 품고 천거받을 준비를 하며,
力行以待取 역행이대취	힘써 행하고 채용되기를 기다립니다.
其自立有如此者 기자립유여차자	선비가 자립하는 방법은 이와 같습니다."

애공이 "선비의 행실에 대해 이야기해주시오"라고 말했다.

그래서 애공이 상을 차리도록 명하자 애공을 모시고 앉은 공자가 말했다.
"선비는 여기 상 위에 차려진 진귀한 물품처럼 누군가가 그들을 택할 수 있도록 준비된 사람을 말합니다."

이른 아침부터 저녁 늦게까지 열심히 공부하여, 누군가 자문을 구하면 대답할 준비를 합니다.
충성과 신의를 품고 천거받을 준비를 합니다.
수행을 쌓으며 채용되기를 기다립니다.
선비는 타인을 위해 자신의 재능이 사용되기를 바라지만 그 태도는 마치 기다리기는 하되 애써 찾으려 하지 않는 듯해야 한답니다.
선비가 자립하고 수신하는 방법은 바로 이와 같답니다.

儒有衣冠中 動作愼
유 유 의 관 중 동 작 신

其大讓如慢
기 대 양 여 만

小讓如僞
소 양 여 위

大則如威
대 즉 여 위

小則如愧
소 즉 여 괴

其難進而易退也
기 난 진 이 이 퇴 야

粥粥若無能也
죽 죽 약 무 능 야

其容貌有如此者
기 용 모 유 여 차 자

선비는 의관을 바르게 착용해야 하고 행동은 신중해야 한다.

큰일을 양보할 때에는 거만해 보이고

작은 일을 양보할 때는 겸손하여 꾸밈이 없어 보인다.

큰일에 대해서는 두려움을 갖고 있는 것처럼 보이나

작은 일에 대해서는 부끄러워하는 듯 보인다.

나아가기는 어렵고 쉽게 물러서는

유약함이 무능해 보이기도 한다.

선비의 용모는 바로 이와 같다.

선비는 의관을 바르게 착용해야 하고 행동은 신중해야 한다. 큰일을 사양할 때는 냉담하여 공경하지 않는 듯 보이나, 작은 일을 사양할 때는 겸손하여 꾸밈이 없어 보인다. 큰일을 여러 번 생각을 하는 것이 마치 마음에 두려움을 갖고 있는 것처럼 하고, 작은 일에는 자유로운 모습이 마치 마음에 그 어떤 부끄러움도 없는 것처럼 한다. 뒤로 물러서는 것을 추구하는 모습이 유약하고 무능한 사람처럼 보인다.

儒有居處齊難 유 유 거 처 제 난	선비는 평소 단정하고 삼가는 태도를 가지며
其坐起恭敬 言必先信 기 좌 기 공 경 언 필 선 신	앉고 일어섬이 공손하며 말에는 반드시 신용을 우선으로 하고
行必中正 행 필 중 정	행동은 반드시 바르게 하며
道塗不爭險易之利 도 도 부 쟁 험 이 지 리	길을 갈 때에는 사사로움을 도모하고자 쉬운 길을 다투지 않고
冬夏不爭陰陽之和 동 하 부 쟁 음 양 지 화	겨울과 여름에는 편안함을 도모하고자 시원하고 따뜻한 곳을 다투지 않는다.
愛其死以有待也 애 기 사 이 유 대 야	죽음을 기꺼이 기다리나
養其身以有爲也 양 기 신 이 유 위 야	육체를 잘 돌보는 까닭은 가치 있는 일을 하기 위함이다.
其備豫有如此者 기 비 예 유 여 차 자	선비의 준비는 바로 이와 같다.

선비는 평소에 엄숙하고 단정하게 생활하는데 그 모습이 마치 어려움에 처한 것처럼 보이며 앉거나 서는 게 마치 의식을 행하는 것처럼 바르고 공손해야 한다.

말은 반드시 신용을 우선으로 하고, 행동은 반드시 바르게 해야 한다. 길을 갈 때는 사사로움을 도모하고자 험하고 쉬운 길을 다투지 않는다.

겨울과 여름에는 편안함을 도모하고자 사람들과 더불어 시원하고 따뜻한 곳을 다투지 않는다. 생명을 소중하게 돌보는 까닭은 기회가 나타나길 기다리기 위함이며, 건강을 유지하는 까닭은 가치 있는 일을 하기 위함이다.

儒有不寶金玉 而忠信以爲寶
유 유 불 보 금 옥 이 충 신 이 위 보

선비는 금은보화를 보배로 여기지 않고
충과 신을 보배로 삼는다.

不祈土地 立義以爲土地
불 기 토 지 입 의 이 위 토 지

선비는 토지를 구하지 않고
의를 세우는 것으로 토지를 삼는다.

不祈多積 多文以爲富
불 기 다 적 다 문 이 위 부

재산과 부를 축적하지 않고 학문을 재산으로 여긴다.

難得而易祿也 易祿而難畜也
난 득 이 이 록 야 이 록 이 난 축 야

선비를 얻기는 어려우나 녹을 주기는 쉬우며
녹을 주기는 쉬우나 구슬리기는 어렵다.

非時不見 不亦難得乎
비 시 불 견 불 역 난 득 호

적당한 때가 아니면 나타나지 않으니
얻기 어려운 것이 아니겠는가?

非義不合 不亦難畜乎
비 의 불 합 불 역 난 축 호

의가 아니면 화합하기 어려우니 구슬리기 어렵지 않겠는가?

先勞而後祿 不亦易祿乎
선 로 이 후 록 불 역 이 록 호

먼저 수고한 후에 녹을 받으니 녹을 주기 쉽지 않겠는가?

其近人有如此者
기 근 인 유 여 차 자

선비의 입신출세는 바로 이와 같다.

선비는 금은보화를 보배로 여기지 않고
충忠과 신信을 보배로 삼는다.

선비는 토지를 구하지 않고
의義를 세우는 것으로 토지를 삼는다.

선비는 재산과 부를
축적하지 않고 학문을
재산으로 여긴다.

선비는 개인의 득실에 개의치 않고
도가 아니면 관직을 맡지 않으므로
선비를 얻기는 어려우나 고용하기는 쉽다.

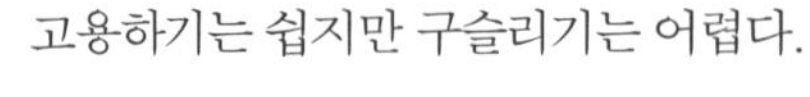

적당한 때가 아니면 나타나지 않으니
얻기 어려운 것이 아니겠는가?

의가 아니면 화합하기 어려우니 구슬리기 어렵지 않겠는가?

백성이 가장 귀하고
사직이 그 다음이며
임금이 가장 가볍다는
이야기를 감히
하고 있다니!

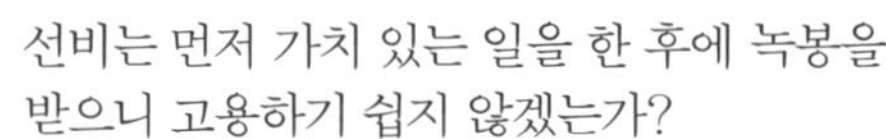

儒有委之以貨財
유 유 위 지 이 화 재

선비에게 재물을 주어

淹之以樂好
엄 지 이 락 호

기쁘게 할 수 있지만

見利不虧其義
견 리 불 휴 기 의

사리사욕에 눈이 어두워 의를 저버리게 해서는 안 된다.

劫之以衆
겁 지 이 중

선비를 겁쟁이라고 조롱하고

沮之以兵 見死不更其守
저 지 이 병 견 사 불 경 기 수

무력으로 위협하여도 선비는 죽음을
두려워하지 않을 뿐 아니라 지조를 버리지 않을 것이다.

鷙蟲攫搏不程勇者
지 충 확 박 부 정 용 자

사나운 맹수를 만나도 자신의 용기와 무용이
맹수를 이길 수 있을지 따지지 않고 싸울 것이다.

引重鼎不程其力
인 중 정 부 정 기 력

무거운 정을 들어올릴 때에도 자신의 힘으로
충분히 들 수 있을지 가늠하지 않는다.

往者不悔 來者不豫
왕 자 불 회 래 자 불 예

선비는 과거 지나간 일을 후회하지 않으며
미래에 닥쳐올 일을 억측하지 않는다.

過言不再 流言不極
과 언 부 재 류 언 불 극

이미 내뱉은 말에 이야기를 길게 늘어놓지 않으며
유언비어에 그 내원을 따지지 않는다.

不斷其威
부 단 기 위

사람들을 위협하기 위해 절대로
자신의 세력을 이용하지 않으며

不習其謀
부 습 기 모

아울러 성공을 위해서 교활한 속임수를 사용하지 않는다.

其特立有如此者
기 특 립 유 여 차 자

선비는 이렇게 원칙을 지키는 독자적인 사람이다.

선비는 선물을 받으면 기쁨을 표현해야 하지만 사리사욕에 눈이 어두워 도리를 저버리면 안 된다.

겁쟁이라 조롱하고 무력으로 위협하여도 선비는 죽음을 두려워하지 않을 뿐 아니라 지조를 버리지 않을 것이다.

사나운 맹수를 만나면 선비는 자신의 용기와 무용이 맹수를 이길 수 있을지 없을지 따지지 않고 사나운 맹수에 대항하여 싸울 것이다.

선비는 무거운 정*을 들어 올릴 때에도 자신의 힘으로 충분히 들어올릴 수 있을지 가늠하지 않는다.

선비는 지나간 일을 후회하지 않으며 닥쳐올 일을 억측하지 않는다.

선비는 이미 내뱉은 말을 후회하지 않으며, 유언비어에도 그 이유를 따지지 않는다.

선비는 사람들을 위협하기 위해 절대로 세력을 이용하지 않으며, 제멋대로 일을 처리하지 않는다. 또한 성공하기 위해 교활한 속임수를 사용하지 않는다.

선비는 이렇게 원칙을 지키는 독자적인 사람이다.

* 정: 발이 셋 달리고 귀가 둘 달린 쇠그릇으로, 고대 음식을 익히는 데 썼다.

儒有可親而不可劫也 유 유 가 친 이 불 가 겁 야	선비와 친하게 지낼 수 있으나 위협해서는 안 되고
可近而不可迫也 가 근 이 불 가 박 야	가깝게 지낼 수 있으나 강요해서는 안 되며
可殺而不可辱也 가 살 이 불 가 욕 야	죽일 수는 있으나 욕되게는 할 수 없다.
其居處不淫 기 거 처 불 음	선비는 거처를 호사스럽게 하지 않고
其飮食不溽 기 음 식 불 욕	풍성한 음식도 구하지 않는다.
其過失可微辨 기 과 실 가 미 변	과실을 완곡하게 지적해주어야지
而不可面數也 이 불 가 면 수 야	면전에 놓고 질책해서는 안 된다.
其剛毅有如此者 기 강 의 유 여 차 자	선비의 굳세고 의연함은 이와 같다.

선비와 친하게 지낼 수 있으나
선비를 위협해서는 안 된다.

선비와 가까운 관계를 유지할 수 있으나
이를 강압적으로 요구할 수 없다.
선비는 모욕을 받느니
차라리 죽기를 원한다.

선비는 호사스러운 거처를 추구하지 않으며, 풍성한 음식도 구하지 않는다. 선비의 과실을 완곡하게 알려주어야지 면전에 놓고 질책해서는 안 된다. 선비의 굳세고 의연함은 이와 같다.

儒有忠信以爲甲冑 유 유 충 신 이 위 갑 주	선비는 충과 신을 갑옷과 투구로 삼고
禮義以爲干櫓 예 의 이 위 간 노	예와 의를 방패로 삼는다.
載仁而行 抱義而處 재 인 이 행 포 의 이 처	인을 머리에 이고 의를 가슴에 품는다.
雖有暴政 不更其所 수 유 폭 정 불 경 기 소	설사 폭정으로 공격을 받을지라도 신념을 바꾸지 않는다.
其自立有如此者 기 자 립 유 여 차 자	선비의 사람됨은 이와 같다.
儒有一畝之宮 유 유 일 무 지 궁	선비는 1묘의 땅에 담장을 두르고
環堵之室 환 도 지 실	둘레가 1도 넓이인 집을 만들고
篳門圭窬 蓬户甕牖 필 문 규 유 봉 호 옹 유	필문에 규유를 내고 봉호에 옹유를 낸다.
易衣而出 역 의 이 출	옷을 번갈아 입고 외출을 하며
并日而食 병 일 이 식	이틀에 오직 하루치의 식사를 한다.
上答之不敢以疑 상 답 지 불 감 이 의	윗사람이 신임하면 감히 의심하지 않고
上不答不敢以諂 상 부 답 불 감 이 첨	윗사람이 신임하지 않을지라도 감히 아첨하지 않는다.
其仕有如此者 기 사 유 여 차 자	선비가 벼슬을 하는 태도는 이와 같다.

선비는 충과 신을 갑옷과 투구로 삼고, 예와 의를 방패로 삼는다. 또한 선비는 인의仁義에 따라 행동하고 거한다.

설사 폭정으로 공격을 받을지라도 자신의 신념을 고수한다.

선비의 사람됨은 이와 같다.

선비는 1묘*의 땅에 담장을 두르고 1도 넓이의 집을 짓는다. 문은 협소하기가 규**와 같이 생겼고, 창문은 싸리나무나 대나무, 풀을 엮어 그 생김이 꼭 옹기 주둥이 같이 작고 둥그렇다.

집에는 괜찮은 옷이 오직 한 벌만 있어서 외출해야 하는 사람이 번갈아 이 옷으로 갈아입는다.

이틀 동안 오직 하루치의 식사를 한다.

상사가 신임하여 끌어줄 때는 감히 주저하지 않으며, 신임하지 않아 쌀쌀맞게 대할 때에도 아첨하지 않는다.

선비가 벼슬을 하는 태도는 이와 같다.

*1묘: 동서남북 각 열 걸음.

**규: 옥으로 만든 홀로, 위 끝은 뾰족하고 아래는 네모졌다.

儒有今人與居 古人與稽
유 유 금 인 여 거 고 인 여 계

선비는 같은 시대의 사람들과 더불어 살면서
옛사람들의 행위를 고찰하여

今世行之 後世以爲楷
금 세 행 지 후 세 이 위 해

지금 세상에 그것을 행하여 후세 사람들의 본보기가 된다.

適弗逢世 上弗援
적 불 봉 세 상 불 원

좋은 세상에서 태어나지 못하면
윗사람들은 이들을 신임하여 끌어주지 않고

下弗推
하 불 추

아랫사람은 이들을 추천해주지 않는다.

讒諂之民 有比黨而危之者
참 첨 지 민 유 비 당 이 위 지 자

헐뜯고 아첨하는 소인배들이 때로 선비를 함정에 빠뜨려도

身可危也 而志不可奪也
신 가 위 야 이 지 불 가 탈 야

비록 몸은 위험에 처해있으나 의지는 빼앗기지 않는다.

雖危 起居
수 위 기 거

비록 일상생활에서 어려움과 액운을 만나더라도

竟信其志
경 신 기 지

선비는 의연히 자신의 신념을 지키며

猶將不忘百姓之病也
유 장 불 망 백 성 지 병 야

동시에 백성의 고통을 잊지 않는다.

其憂思有如此者
기 우 사 유 여 차 자

백성을 걱정하는 선비의 마음은 이와 같다.

선비는 같은 시대의 사람들과 함께 지내지만 옛사람들의 행위를 고찰하기도 한다.

아울러 지금 세상에서 그것을 행하여 후세 사람들의 본보기가 되기도 한다.

좋은 세상에서 태어나지 못하면 위에 있는 사람은 선비를 끌어주지 못하고, 아래 있는 사람은 선비를 추천해주지 않는다.

아울러 다른 사람을 험담하기 좋아하는
소인배들이 때로 선비를 함정에 빠뜨린다.

비록 몸이 위험에 처해 있을지라도 선비의
의지를 흔들 수 없다.

비록 일상생활에서 이와 같은 어려움과
액운을 만나더라도 선비는 의연히 자신의
신념을 지킨다.

아울러 백성의 고통을 잊지 않는다.

백성을 걱정하는
선비의 마음은
이와 같답니다.

儒有博學而不窮
유유박학이불궁
선비는 널리 배움에 다함이 없고

篤行而不倦 幽居而不淫
독행이불권 유거이불음
돈독하게 행함에 게으르지 않고 홀로 지낼 때에 방종하지 않음은

上通而不困
상통이불곤
이들이 상시에 통달하여 도의를 배반하고 떠나지 않기 때문이다.

禮之以和爲貴
예지이화위귀
예를 이행하는 정신은 화해를 귀중하게 여기며

忠信之美 優游之法
충신지미 우유지법
충과 신을 아름다움으로 여기고 너그럽고 후함을 법도로 삼는다.

慕賢而容衆
모현이용중
현자를 흠모하고 대중을 용납하는 데에는

毁方而瓦合
훼방이와합
원칙과 융통성이 있다.

其寬裕有如此者
기관유유여차자
선비의 너그러움은 이와 같다.

선비는 학문과 지식에 정진하는 마음이 무궁하여 일편단심 선을 좇고 피곤을 모른다.

선비는 홀로 거할 때에도 방종하지 않는데 이는 상시에 통달하여 도의를 배반하고 떠나지 않기 때문이다.

예를 이행하는 정신은 화해를 귀중하게 여기며 충과 신을 아름답게 여기고 너그럽고 후함을 법도로 삼는다.

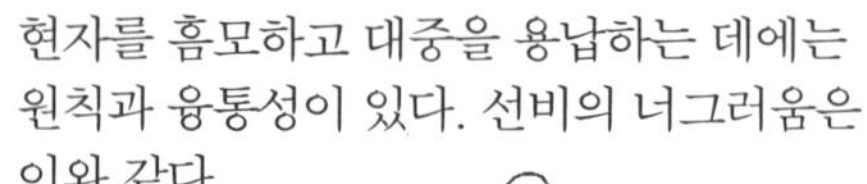
현자를 흠모하고 대중을 용납하는 데에는 원칙과 융통성이 있다. 선비의 너그러움은 이와 같다.

儒有內稱不辟親 선비가 인재를 천거할 때 안으로는 친척이라 하여 피하지 않고
유 유 내 칭 불 피 친

外擧不辟怨 밖으로는 원수라 하여 피하지 않는다.
외 거 불 피 원

程功積事 선비는 공을 헤아리고 실적을 따져
정 공 적 사

推賢而進達之 현자를 추천하여 벼슬을 얻도록 하지만
추 현 이 진 달 지

不望其報 보답을 바라지 않는다.
불 망 기 보

君得其志 임금이 뜻을 얻어
군 득 기 지

苟利國家 不求富貴 국가의 이익을 이롭게 하길 도모하나 개인의 부귀영달을 구하거나 탐하지 않는다.
구 리 국 가 불 구 부 귀

其擧賢援能有如此者 선비가 현자를 천거하고 재능 있는 자를 추천하는 방법은 이와 같다.
기 거 현 원 능 유 여 차 자

선비는 인재를 천거함에 있어서, 친척이라 하여 피하지 않고 원수라 하여 피하지 않는다. 공로와 행위에 따라 현자를 추천하여 벼슬을 얻도록 돕지만 보답을 바라지 않는다.

선비는 임금이 뜻을 얻어 국가를 이롭게 하도록 돕지만, 개인의 부귀영달을 구하거나 탐하지 않는다.

선비는 현자와 재능 있는 사람을 이렇게 추천한다.

儒有聞善以相告也 선비는 선을 들으면 이를 서로 알리고
유 유 문 선 이 상 고 야

見善以相示也 선을 보면 이를 서로 보이며
견 선 이 상 시 야

爵位相先也 작위를 받을 때는 서로 양보하고
작 위 상 선 야

患難相死也 환난을 당하면 서로 헌신하기를 다툰다.
환 난 상 사 야

久相待也 직위가 낮은 친구가 있다면 승진하기를 기다리고
구 상 대 야

遠相致也 멀리 있으면 불러들여 군주를 위해 일하도록 한다.
원 란 치 야

其任擧有如此者 선비가 직무에 임하고 현자를 추천함은 이와 같다.
기 임 거 유 여 차 자

선비는 아름다운 이야기를 들으면 다른 사람들에게 알리고, 아름다운 행위를 보면 다른 사람들에게 보인다.

작위를 받을 때는 서로 양보하고 환난을 당하면 서로 헌신하려고 다툰다.

직위가 낮은 친구가 있으면 승진하기를 기다리고, 친구가 멀리 있으면 불러들여 군주를 위해 일하도록 한다.

선비가 직무에 임하고 현자를 추천함은 이와 같다.

儒有澡身而浴德
유 유 조 신 이 욕 덕

陳言而伏
진 언 이 복

靜而正之
정 이 정 지

上弗知也
상 불 지 야

粗而翹之
조 이 교 지

又不急爲也
우 불 급 위 야

不臨深而爲高
불 임 심 이 위 고

不加少而爲多
불 가 소 이 위 다

世治不輕
세 치 불 경

世亂不沮
세 란 불 저

同弗與 異弗非也
동 불 여 이 불 비 야

其特立獨行有如此者
기 특 립 독 행 유 여 차 자

선비는 덕으로 목욕하여 몸을 정갈하게 하고
진언하고 복명하며
고요하고 바르게 정도를 지킨다.
군주가 모르는 일은
완곡하게 진언하고
군주의 허물을 들어 밝히는 데 급급하지 않는다.
깊은 데에 임하지 않고도 높게 만들며
적은 것에 더하지 않고도 많게 한다.
세상살이가 태평해도 해이해지지 않으며
세상살이가 혼란스러워도 슬퍼하지 않는다.
같다고 하여 함께하지 않고, 다르다고 하여 비난하지 않는다.
선비의 입신과 행동은 이와 같다.

선비는 도덕으로 목욕하여 몸을 정결하게 하는 사람이다.

현명한 의견을 진언하고 군주를 섬기며 고요하고 바르게 정도正道를 지킨다.

군주가 모르는 일에 대해서는
완곡하게 진언하고, 급하게 하지 않는다.

지위가 낮은 사람 앞에서 자신의 고귀함을 드러내지 않으며 공적이 적은 사람 앞에서는 이룩한 성과가 많다고 과시하지 않는다.

세상살이가 태평해도 해이해지지 않으며,
세상살이가 혼란스러워도 슬퍼하지 않는다.

정견이 서로 같다고 당파를 만들지 않으며
정견이 서로 다르다고 비난하지 않는다.

선비의 입신과 행동이 보통 사람과 다름이 이와 같다.

儒有上不臣天子
유 유 상 불 신 천 자

선비는 도를 굽히면서까지 위로는 천자의 신하가 되지 않고

下不事諸侯
하 불 사 제 후

아래로는 제후를 섬기는 관료가 되지 않는다.

愼靜而尙寬 强毅以與人
신 정 이 상 관 강 의 이 여 인

선비는 근신하며 고요하게 너그러움을 숭상하고
굳세고 의연함으로 사람들과 함께하고

博學以知服
박 학 이 지 복

널리 배워 그 행할 바를 안다.

近文章 砥厲廉隅
근 문 장 지 려 염 우

문장을 가까이 하고 품행을 갈고 닦는다.

雖分國如錙銖
수 분 국 여 치 수

비록 나라를 준다 해도 이를 초개처럼 여겨

不臣不仕
불 신 불 사

신하 노릇도 하지 않고 벼슬도 하지 않는다.

其規爲有如此者
기 규 위 유 여 차 자

선비의 행동 규범은 이와 같다.

선비는 도를 굽히면서 위로는 천자의 신하가 되지 않고 아래로는 제후를 섬기는 관료가 되지 않는다.
근신하며 공경하고 관용을 숭상하고 굳세고 의연하여 시대의 조류에 떠밀리지 않는다.

널리 배우고 익히며 사명감으로 일하며, 문재는 우아하면서도 질박하다. 부단히 자신의 절개를 연마한다.

설사 국가가 영토를 하사해도 하잘것없는 것으로 여기며 신하 노릇도 하지 않고 벼슬도 하지 않는다. 선비의 행동 규범은 이와 같다.

◎ 儒有合志同方 營道同術
유 유 합 지 동 방 영 도 동 술

선비는 뜻을 합하여 학업을 같이 하고
도를 추구하며 뜻을 같이 행한다.

並立則樂 相下不厭
병 립 즉 락 상 하 불 염

서로 지위가 같으면 즐거워하고
서로 지위가 달라도 싫어하지 않는다.

久不相見 聞流言不信
구 불 상 견 문 류 언 불 신

오랫동안 서로 만나지 못했어도 유언비어를 믿지 않는다.

其行本方立義
기 행 본 방 립 의

바른 행실을 근본으로 삼아 의를 세우고

同而進 不同而退
동 이 진 부 동 이 퇴

의가 같으면 함께 나아가고 같지 않으면 물러난다.

其交友有如此者
기 교 우 유 여 차 자

선비의 사귐은 이와 같다.

선비는 지향하는 바가 같은 친구와 의기투합하고, 대부분 함께 행한다.

지위가 같을 때 더 친근한 관계를 유지하며, 지위가 동떨어져 있을 때에도 서로를 싫어하지 않는다.

오랫동안 만나지 못했을 때 친구에 관한 유언비어를 들었을지라도 신의를 가볍게 저버리지 않는다.

지향하는 바가 같으면 함께 전진하고, 지향하는 바가 다르면 서로 다른 길을 걷는다.

溫良者 仁之本也 온량자 인지본야	온화함과 선량함은 어짊의 근본이다.
敬愼者 仁之地也 경신자 인지지야	공경함과 근신함은 어짊의 바탕이다.
寬裕者 仁之作也 관유자 인지작야	도량이 넓고 큰은 어짊의 시작이며
孫接者 仁之能也 손접자 인지능야	겸손과 융화는 어짊의 기능이다.
禮節者 仁之貌也 예절자 인지모야	예절과 절도는 어짊의 표현이다.
言談者 仁之文也 언담자 인지문야	말은 어짊의 꾸밈이다.
歌樂者 仁之和也 가악자 인지화야	노래와 춤은 어짊의 화합이며
分散者 仁之施也 분산자 인지시야	은혜를 나누고 선물을 뿌리는 것은 어짊의 베풂이다.
儒皆兼此而有之 유개겸차이유지	이러한 미덕을 두루 갖춘 선비라 할지라도
猶且不敢言仁也 유차불감언인야	어짊의 기준이라고 감히 말할 수 없다.
其尊讓有如此者 기존양유여차자	선비의 존경과 어짊, 양보와 선량함은 이와 같다.

온화함과 선량함은 어짊의 근본이다.

공경함과 근신함은 어짊이 실현되는 형식이다.

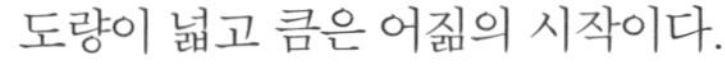

도량이 넓고 큰은 어짊의 시작이다.

겸손과 융화는 어짊의 작용이다.

예절과 절도는 어짊의 표현이며,

말은 어짊의 꾸밈이다.

'공자 왈, 맹자 왈' 하고
읊어댄 까닭이
여기에 있었군.

노래와 춤은 어짊의 화합이며,

은혜를 나누고 선물을 뿌리는 것은 어짊의
베풂이다.

이러한 미덕을 두루 갖춘 선비라 할지라도 어짊의 표준에 부합한다고 감히 말할 수 없다.

선비는 존경과 어짊,
양보와 선량함을
이와 같이
행한답니다.

儒有不隕獲於貧賤 유 유 불 운 획 어 빈 천	선비는 가난하고 천하다 해서 곤핍함은 느낄지언정 뜻을 잃지 않으며
不充詘於富貴 不慁君王 불 충 굴 어 부 귀 불 혼 군 왕	부귀하다고 해서 기뻐할지언정 군왕을 욕되게 하지 않으며
不累長上 不閔有司 故曰儒 불 루 장 상 불 민 유 사 고 왈 유	윗사람을 번거롭게 하지 않으며 상사를 근심스럽게 하지 않으면 선비라고 부른다.
今衆人之命儒也妄 금 중 인 지 명 유 야 망	요즘 많은 사람들을 선비로 부르는 것은 잘못된 것이다.
常以儒相詬病 상 이 유 상 후 병	선비라고 부르는 까닭이 오히려 선비에게 모욕을 주기 위함이다.
孔子至舍 哀公館之 공 자 지 사 애 공 관 지	공자가 관사로 돌아오자 애공이 그를 그곳에 머물도록 했다.
聞此言也 言加信 문 차 언 야 언 가 신	상술한 대화를 나눈 후 애공의 말에는 훨씬 더 신용이 있어지고
行加義 終沒吾世 행 가 의 종 몰 오 세	행동에는 의가 더해졌으며 죽을 때까지
不敢以儒爲戲 불 감 이 유 위 희	감히 선비를 희롱하는 이야기를 입 밖에 내지 않았다.

선비는 빈천 때문에 타락하지 않으며
부귀 때문에 정조를 버리지 않는다.

천자, 제후, 경대부에게 핍박을 받더라도
도의를 저버리지 않는다. 이런 사람이 바로
선비이다.

지금 사람들을 모두 선비로 보는 견해는 황당하고 잘못되었다.

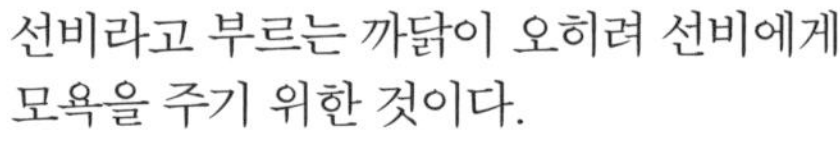

선비라고 부르는 까닭이 오히려 선비에게 모욕을 주기 위한 것이다.

현재 많은 사람들은 선비의 옷을 입었으되 선비의 행실을 하지 않으며, 선비의 실제는 없고 이름만을 도둑질한다.

공자가 관사로 돌아오자 애공이 그곳에 머물게 했다. 이와 같은 대화를 나눈 후 애공의 말에는 훨씬 신용이 생기고, 더욱 도리에 부합한 행동을 하였다.

아울러 애공은 "앞으로 사는 날 동안 다시는 선비를 희롱하지 않겠다"고 말했다.

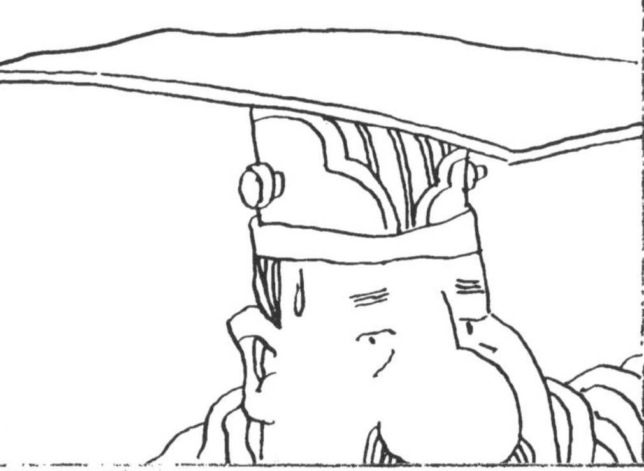

월령 【月令】

〈월령〉 중 '월月'은 천문을 가리키고 '영令'은 정사政事를 말한다. 동한東漢 때 경제학자였던 채옹蔡邕은 "고대에 제후들이 천자에게 예를 행하고 〈월령〉을 받으면 종묘에 간수해두었고, 천자는 〈월령〉을 명당明堂에 간직했다. 제후들은 매달 첫째 날 종묘를 방문해 〈월령〉에 적힌 임무를 수행했다"라고 말했다. 〈월령〉은 모두 일 년 열두 달, 서로 다른 절기에 따라 반드시 행해야 할 정치 · 생산 · 제사 등 각 방면의 활동을 규정해놓았다. 실제로 천문에 의거하여 정해진 정사를 행하기 위한 이상적인 규범서로 '천인합일天人合一'의 세계관을 구체적으로 표현하고 있다.

孟春之月 日在營室
맹 춘 지 월 일 재 영 실

맹춘의 달에는 해가 영실수 부근에 위치한다.

昏參中 旦尾中
혼 삼 중 단 미 중

해질녘에는 삼성이 남쪽 하늘의 한가운데 있고
새벽녘에는 미성이 남쪽 하늘의 한가운데 있다.

其日甲乙
기 일 갑 을

정월에 속하는 천간은 갑을이다.

其帝太皞 其神句芒
기 제 태 호 기 신 구 망

제는 태호이고 신은 구망이다.

其蟲鱗 其音角
기 충 린 기 음 각

정월에 해당되는 벌레는 인충이고 주음은 각이다.

律中大蔟 其數八
율 중 대 족 기 수 팔

율은 태주와 호응하고 숫자는 8이다.

其味酸 其臭膻
기 미 산 기 취 전

맛은 신맛이고 냄새는 풋풋한 나무 냄새다.

其祀戶 祭先脾
기 사 호 제 선 비

제사는 집 출입문인 호의 신에게 올리며 희생은
오장 중에서 비장을 먼저 올린다.

정월 맹춘孟春에 태양의 위치는 주천 이십팔수二十八宿* 중에 영실營室 부근에 있다. 해질녘에는 삼성參星이 남쪽 하늘 한가운데 떠오르고, 새벽녘에는 미성尾星이 남쪽 하늘 한가운데 나타난다.

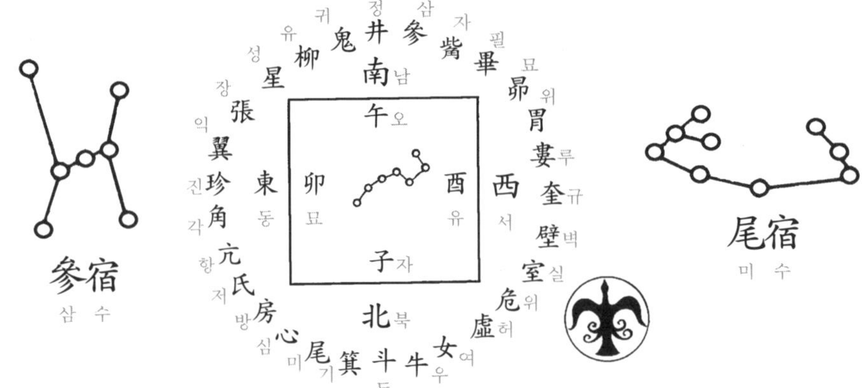

옛날 사람들은 십간十干**을 이용하여 날을 기록했는데, 맹춘은 천간으로 치면 갑을甲乙에 속한다.
오행학설五行學說에서는 맹춘이 목木에 속한다.

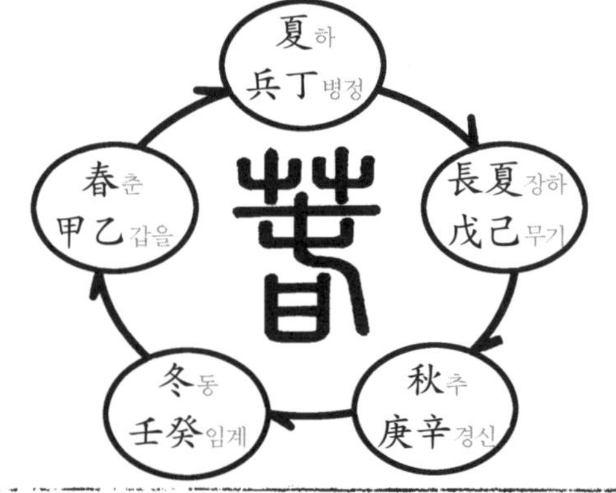

* 이십팔수 : 하늘에서 달이 지나가는 길을 따라 만든 개념으로 대표적인 별자리를 동서남북 방향에 각각 일곱 개씩 정하여 하늘의 지역을 나누었다.

** 십간 : 양陽에 속하는 것은 갑甲·병丙·무戊·경庚·임壬이며, 음에 속하는 것은 을乙·정丁·기己·신辛·계癸이다. 십간의 양과 음을 하나씩 합하여 목木·화火·토土·금金·수水에 각각 배당하였다.

맹춘에 속하는 임금은 목덕木德의 왕인 태호太皡 복희伏羲이다. 신은 소호씨의 아들인 구망句芒으로, 구망은 목관木官에 속하는 신하이다. 두 사람은 계절을 다스리는 신이며 생전에 백성을 위해 공덕을 베풀었다. 나머지 사계의 임금과 신도 비슷한 방식으로 자신의 이미지를 형상화했다. 목木의 범주에 속하는 것은 비늘이 있는 어족魚族이다.

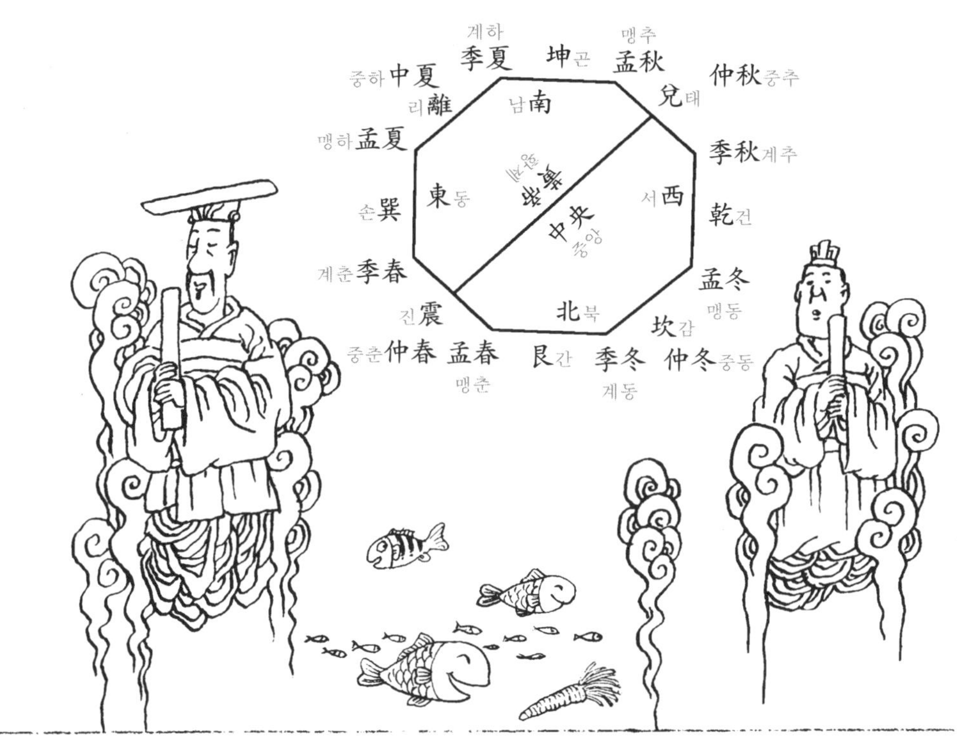

오음 중에는 목木에 속하는 각角 음이 맹춘에 배속된다. 12율 중에는 인율寅律이 태주太蔟와 호응한다.

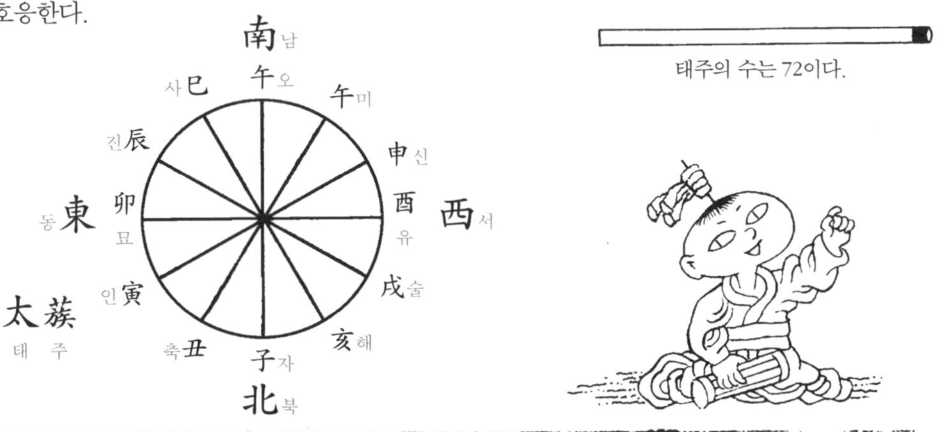

태주의 수는 72이다.

율律은 음音을 고르는 기器이며, 기후氣候를 측정하는 관管이다. 고대 중국인들은 율을 땅에 흐르는 기를 측정하는 데 사용했다. 갈대를 태운 재를 관에 담아, 음양의 기氣·땅의 깊이에 따라 순서를 정해 땅에 묻는다. 그 달의 기가 다하면 재가 날아올라 관을 통과하는데 이를 두고 기가 응했다고 한다.

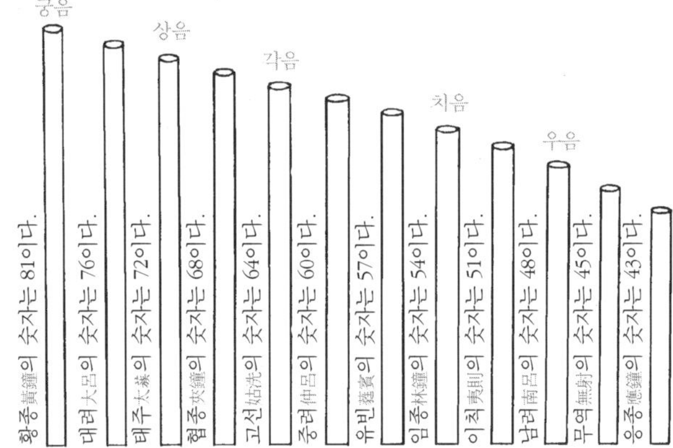

수數는 토(5)에 목(3)을 더한 8이다. 8은 '하늘의 3이 목을 낳아 天三生木' 만들어진 숫자로, 생기가 충만한 봄을 상징한다.

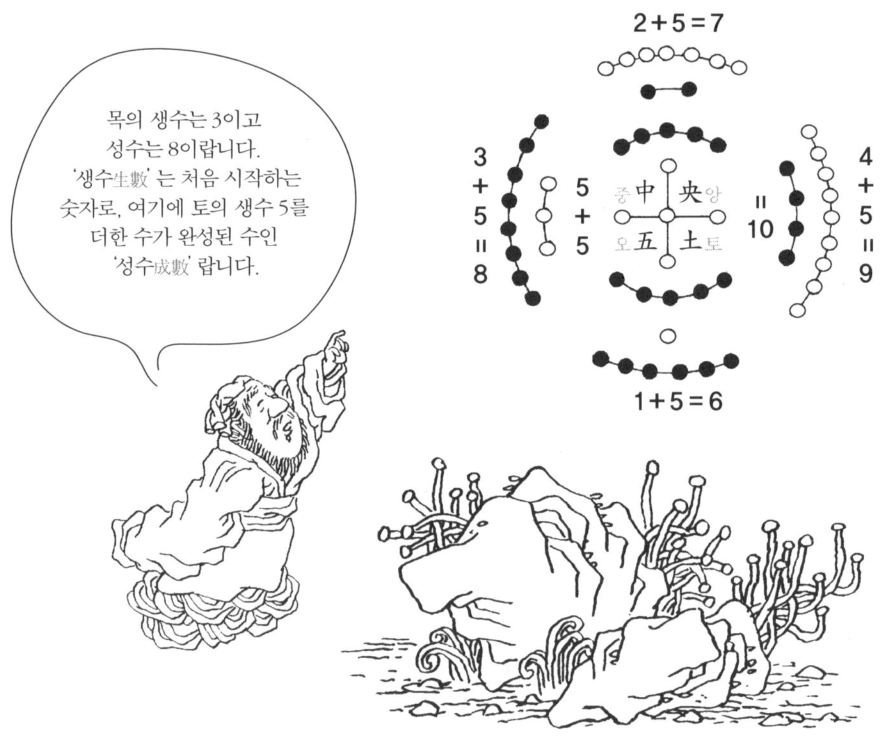

맛은 신맛이고, 냄새는 나무 냄새다. 신맛과 나무 냄새는 모두 목木에 속한다.

《황제내경皇帝內徑》의 천문지호도天門地戶圖

南 남

牛 우

양 5월

角衫 각진

8월

지호地戶는 추분秋分에 닫힌다.

손 巽

脾 비장

卯 묘

유 酉

2월

낮이 점점 짧아지고 추워지며 만물의 성장이 점점 느려진다.

낮은 점점 길어지고 밤은 점점 짧아진다. 만물이 자라기 시작한다.

음 자 子

규벽 奎壁

乾 건

北 북

천문天門은 춘분春分에 열린다.

맹춘에는 호戶의 신에게 제사를 올리며, 오장 중 비장을 먼저 희생으로 올린답니다.

東風解凍 蟄蟲始振
동 풍 해 동 칩 충 시 진

동풍이 얼어붙은 땅을 녹인다.
겨울잠을 자던 곤충들이 움직이기 시작하고

魚上冰 獺祭魚
어 상 빙 달 제 어

물고기는 얼음 위로 떠오른다. 수달이 물고기로 제사를 지내며

鴻雁來
홍 안 래

남쪽으로 갔던 기러기가 돌아온다.

天子居青陽左個
천 자 거 청 양 좌 개

천자는 청양 좌개에 거처하고

乘鸞路
승 란 로

말고삐에 방울을 매단 푸른색 수레를 탄다.

駕倉龍 載青旂
가 창 룡 재 청 기

창룡이 수레를 끌며 푸른색 깃발을 수레에 꽂는다.

衣青衣 服倉玉
의 청 의 복 창 옥

푸른색 옷을 입고 푸른색 옥으로 만든 패옥을 찬다.

食麥與羊 其器疏以達
식 맥 여 양 기 기 소 이 달

보리밥을 양고기와 함께 먹으며
그릇의 무늬는 곧고 막힘이 없도록 한다.

동풍이 찬 기운을 몰아낸다. 겨울잠을 자던 곤충들이 활동을 시작한다.

호수나 강의 물고기가 얼음이 떠다니는 물 위로 올라온다. 수달이 물고기를 잡아 얼음 위에 올려놓는 모습이 마치 제사를 지내는 것 같다.

천자는 동실東室에서 북쪽에 가까운, 동북쪽 태침太寢의 좌개左個에 거한다. 이는 맹춘의 위치와 서로 상응한다.

	좌개左個		우개右個
우개 右個	개 個	명당 明堂	개 個
	청양 青陽		총장 總章
좌개 左個	개 個	현당 玄堂	개 個

주나라(BC1100~BC221)때는 명당을 9실로 나누었는데, 이는 정전井田의 제도와 같았다.

천자가 타는 수레의 말고삐에는 방울을 매단다. 수레는 8척 이상 되는 푸른색 털을 가진 말이 끌어야 하며, 푸른색 깃발을 꽂아야 한다. 천자는 푸른색 옷을 입고 푸른 빛깔의 옥패를 찬다.

보리밥과 양고기를 위주로 식사한다. 보리밥과 양고기는 모두 맛이 쓰다. 나무를 취해 불을 만든다는 뜻에서 화火에 속하며, 체내에 양기陽氣를 북돋는다.

사용하는 그릇에 새기는 무늬는 곧고 막힘이 없어 맹춘의 기운과 서로 통하도록 한다.

是月也 以立春
시월야 이입춘

이 달에는 입춘이 있다.

先立春三日
선입춘삼일

입춘 사흘 전에

太史謁之天子曰
태사알지천자왈

태사가 천자를 알현하고

某日立春 盛德在木
모일입춘 성덕재목

"모일은 입춘이니 성덕이 목木에 있습니다"라고 아뢴다.

天子乃齊 立春之日
천자내제 입춘지일

천자가 재계하고 입춘에는

天子親帥三公 九卿
천자친수삼공 구경

천자가 친히 삼공, 구경과

諸侯 大夫以迎春於東郊
제후 대부이영춘어동교

제후, 대부를 거느리고 동쪽 교외로 나가 봄을 맞는다.

還反 賞公卿大夫於朝
환반 상공경대부어조

그리고 곧 돌아와서 조정의 공경대부에게 상을 내린다.

이 달은 절기상 입춘立春이다. 입춘 사흘 전에 태사는 천자를 알현하고 "모일이 입춘입니다. 지금부터는 오행의 목木이 운행하는 절기로 바뀝니다"라고 말한다. 천자는 목욕재계한다.

입춘일에 천자는 친히 신하들을 인솔하고 동쪽 교외에 나가 봄을 맞이하는 제사를 거행한다. 제사를 마치면 돌아와 조정에서 모두에게 상을 내린다.

命相布德和令 명상포덕화령	재상에게 명령하여 덕을 베풀고 금령禁令을 조정하도록 하며
行慶施惠 下及兆民 행경시혜 하급조민	상을 주고 은혜를 베풀되 아래로 백성 모두에게 미치게 한다.
慶賜遂行 毋有不當 경사수행 무유부당	상을 주고 은혜를 베푸는 일에 부당함이 없도록 한다.
乃命太史 내명태사	천자는 또한 태사에게 다음과 같이 명한다.
守典奉法 수전봉법	"육전六典을 지키고 팔법八法을 받들며
司天日月星辰之行 사천일월성진지행	하늘 일월성신의 운행을 살펴
宿離不貸 숙리부대	그것이 머물고 떠나는 시각이 어긋나지 않도록 하라.
毋失經紀 무실경기	그리하여 천문의 진퇴, 지속의 도수를 잘못 측정하는 일이 없도록 하며
以初爲常 이초위상	역법에 어긋남이 없게 하라."

是月也
시월야

이 달에

天子乃以元日祈谷于上帝
천자내이원일기곡우상제

천자는 원일에 상제에게 제를 올려
오곡의 풍성함을 기도한다.

乃擇元辰 天子親載耒耜
내택원진 천자친재뢰사

원신을 택하여 천자는 친히 쟁기와 보습을 수레에 싣고

措之于參保介之御間
조지우삼보개지어간

이를 보개와 어자 사이에 둔다.

帥三公 九卿 諸侯 大夫躬耕帝藉
수삼공 구경 제후 대부궁경제자

삼공, 구경, 제후, 대부를 거느리고
몸소 밭갈이를 보인다.

天子三推 三公五推 卿諸侯九推
천자삼추 삼공오추 경제후구추

천자는 쟁기질을 세 번하여 땅을 갈아엎고
삼공은 다섯 번을 하고 경과 제후는 아홉 번을 한다.

反 執爵于大寢
반 집작우대침

돌아와서 태침에서 술을 드는데

三公 九卿 諸侯 大夫皆御
삼공 구경 제후 대부개어

삼공, 구경, 제후, 대부 모두 참석한다.

命曰勞酒
명왈노주

이를 노주라고 한다.

이 달 원일元日*에 상제에게 제사를 지내고
오곡을 풍성하게 수확할 수 있도록
해주십사 기도한다.

원신元辰**에 천자는 친히 쟁기와 보습을 수레에 싣고, 이를 호위병과 수레를 모는 어자 사이에 둔다. 천자는 삼공, 구경, 제후, 대부를 거느리고 친히 밭을 가는 시범을 보인다.

* 원일: 첫 번째로 신辛이 들어간 날.
** 원신: 원일에 하늘에 제사를 지낸 다음 첫 번째로 맞는 길일.

천자는 쟁기로 밭을 세 번 갈고, 삼공은 쟁기로 밭을 다섯 번 갈며,
경과 제후는 쟁기로 밭을 각각 아홉 번씩 간다.
예를 마치고 궁으로 돌아와 천자가 대침전大寢殿에서 베푼 연회에 삼공, 구경, 제후, 대부가 모두 참석하는데, 이를 '노주勞酒'라고 한다.

❁ 是月也 天氣下降 시월야 천기하강	이 달에는 양기인 하늘의 기운이 땅으로 내려오고
地氣上騰 天地和同 지기상등 천지화동	음기인 땅의 기운은 하늘로 올라 천지가 화합하므로
草木萌動 초목맹동	초목이 싹트기 시작한다.
王命布農事 왕명포농사	왕은 농사를 지으라는 명령을 반포하고
命田舍東郊 명전사동교	동쪽 교외에 벼슬아치를 파견하여 그곳에 머물면서
皆修封疆 개수봉강	경지를 전부 새로 수리하고
審端徑術 심단경술	관개수로를 청소하고 도랑을 만들도록 한다.
善相丘陵 선상구릉	구릉지고 험하고 습지대인 땅을
阪險原隰土地所宜 판험원습토지소의	평탄하고 고르게 정리한다.
五谷所植 以教道民 오곡소식 이교도민	오곡을 심는 방법을 백성에게 가르치며
必躬親之 필궁친지	반드시 몸소 그 방법을 보여준다.
田事既飭 전사기칙	땅을 경작할 준비가 되면
先定準直 선정준직	먼저 농사일의 각종 준칙을 바로 정해야만
農事不惑 농사불혹	농사가 혼란스러워지지 않는다.

이 달은 양기인 하늘의 기운은 땅으로 내려오고
음기인 땅의 기운은 하늘로 올라 천지가 화합하므로
초목이 싹트기 시작한다.

높은 지대와 낮은 지대에 심을 수 있는 적당한 작물을 꼼꼼하게 따져보고, 각종 농작물의 재배 방법을 일일이 백성에게 가르치며, 책임을 맡은 벼슬아치들이 몸소 현장에 나오도록 한다.

땅을 경작할 준비가 되면 먼저 각종 기준을 정해야 한다.

정해진 기준이 있어야 농민들은 혼란스러워 하지 않는다.

◎ 是月也 命樂正入學習舞 시월야 명악정입학습무	이 달에 천자는 악정에게 명하여 국학에서 춤을 가르치라 하고
乃修祭典 내수제전	일 년 동안 제사 지낼 법칙을 개정한다.
名祀山林川澤 犧牲毋用牝 명사산림천택 희생무용빈	산천에 제사 지내도록 명하고 희생으로 암컷을 사용하지 못하도록 금한다.
禁止伐木 毋覆巢 금지벌목 무복소	벌목을 금하고 새 둥지를 없애지 못하도록 한다.
毋殺孩蟲 胎夭 飛鳥 무살해충 태요 비조	유충이나 새끼 밴 짐승, 겨우 날기 시작한 어린 새를 함부로 죽이지 못하게 한다.
毋麛毋卵 무미무란	새끼를 잡아 죽이거나 새알을 먹지 못하도록 한다.
毋聚大衆 毋置城郭 무취대중 무치성곽	이 달에는 또한 백성을 동원하는 일을 금하며 성곽을 수축하거나 수리하지 않는다.
掩骼埋胔 엄격매자	백골이나 아직 뼈에 살이 붙어 있는 송장은 묻어준다.

이 달에 천자는 악정*에게 명하여 국학에서 춤을 가르치도록 한다.

일 년 동안 제사 지낼 법칙을 개정한다.

천자는 산과 숲, 강의 신에게 제사를 지내도록 명하고 희생 제물로 암컷을 쓰지 못하게 한다.

벌목을 금하고 새 둥지를 없애지 못하게 한다.

* 악정: 악관의 우두머리.

유충, 새끼 밴 짐승, 어린 짐승, 겨우 날기 시작한 어린 새를 함부로 죽이지 못하게 한다.

어린 짐승을 잡아 죽이거나 새알을 먹지 못하게 한다.

생산에 영향을 주지 않도록 이 달에는 백성을 동원하는 일은 금한다.

이때에는 성곽을 수축修築하거나 수리하지 않는다.

길에 버려진 시체는 묻어준다.

是月也不可以稱兵
시월야불가이칭병

이 달은 군사를 일으키지 않는다.

稱兵必天殃
칭병필천앙

군사를 일으키는 자는 반드시 하늘의 재앙을 만난다.

兵戎不起
병융불기

전쟁을 일으켜서도 안 되며

不可從我始
불가종아시

전쟁의 발단을 먼저 만들어서는 더더구나 안 된다.

毋變天之道
무변천지도

하늘의 도를 어기지 말며

毋絶地之理
무절지지리

땅의 도를 끊지 말고

毋亂人之紀
무란인지기

사회의 기강을 어지럽히지 않아야 한다.

이 달에는 군사를 일으켜 정벌을 해서는 안 되며 군사를 일으키는 자는 반드시 재앙을 당한다.

전쟁을 일으켜서도 안 되며 전쟁의 발단을 먼저 만들어서는 더더구나 안 된다.

하늘의 법칙을 어기지 말며, 땅의 도리를 끊지 말라. 농시農時에 따라 경작해야 한다.

사회의 기강을 어지럽히지 말라.

◎ 仲春之月 日在奎
중 춘 지 월 일 재 규

중춘의 달에 태양은 규수 부근에 있다.

昏弧中 旦建星中
혼 호 신 단 건 성 중

황혼녘에는 호성이 남쪽 하늘 한가운데 있고,
새벽녘에는 건성이 남쪽 하늘 한가운데 나타난다.

其日甲乙 其帝太皥
기 일 갑 을 기 제 대 호

천간은 갑을이고 제는 태호이고

其神句芒
기 신 구 망

신은 구망이다.

其蟲鱗 其音角
기 충 린 기 음 각

벌레는 비늘이 있는 인충이고 주음은 각이다.

律中夾鍾 其數八
율 중 협 종 기 수 팔

12율로는 협종과 상응하고 숫자는 8이다.

其味酸 其臭膻
기 미 산 기 취 전

맛은 신맛이고 냄새는 나무 냄새다.

其祀户 祭先脾
기 사 호 제 선 비

제사는 집의 출입문인 호의 신에게 올리고 희생은 먼저 비장을 바친다.

始雨水 桃始華倉庚鳴
시 우 수 도 시 화 창 경 명

비가 내리기 시작하며 복숭아꽃이 피고 꾀꼬리가 울고

鷹化爲鳩
응 화 위 구

참매가 변하여 뻐꾸기가 된다.

2월 중춘에 태양은 28수 중 규수 부근에 있다.
황혼녘에는 정수井宿 옆에 있는 호성弧星이
남쪽 하늘에 한가운데 나타난다.
새벽녘에는 두수斗宿 옆에 있는 건성建星이
남쪽 하늘 한가운데 나타난다.

이 달은 12율 중에서 묘율卯律인
협종夾鐘과 상응한다.
하늘에서는 비가 오기 시작하고
복숭아꽃이 피기 시작한다.
꾀꼬리가 구성지게 지저귀며
참매가 숨고, 뻐꾸기가 들에
나타난다.

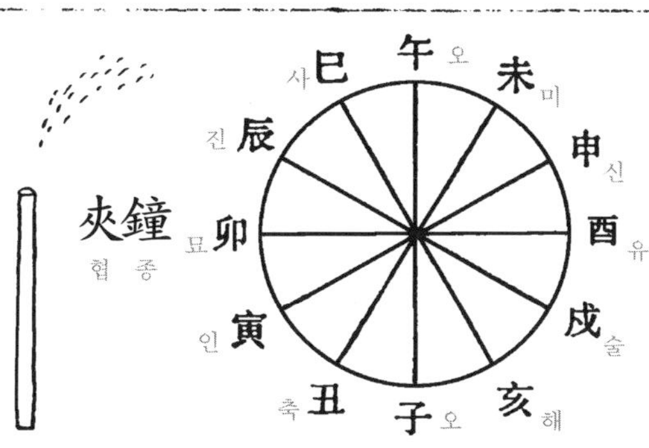

天子居青陽大廟
천자거청양대묘

천자는 거처를 청양 태묘로 옮긴다.

乘鸞路 駕倉龍 載青旂
승란로 가창룡 재청기

난로를 타고 창룡이 수레를 끌며, 푸른색 깃발을 세운다.

衣青衣 服倉玉
의청의 복창옥

푸른색 옷을 입으며 푸른색 옥으로 만든 패옥을 찬다.

食麥與羊 其器疏以達
식맥여양 기기소이달

보리밥과 양고기를 먹고
그릇의 무늬는 성기고 곧으며 막힘이 없는 것을 쓴다.

是月也 安萌牙
시월야 안맹아

이 달에는 식물이 싹을 틔우므로

養幼少 存諸孤
양유소 존제고

새싹을 보호하고 어린아이들을 잘 돌보며 고아들을 보살펴준다.

擇元日 命民社
택원일 명민사

길일을 택하여 백성이 지신地神에게 제사를 올리도록 한다.

命有司省囹圄 去桎梏
명유사성령어 거질곡

유사에게 명하여 감옥에 있는 죄수의 숫자를 줄이고
족쇄와 수갑을 풀어주도록 한다.

毋肆掠 止獄訟
무사략 지옥송

백성의 재물을 수탈하는 것을 금하고
옥사를 모두 중지시킨다.

이 달에 천자는 청양青陽 태묘太廟로 거처를 옮긴다.

이때에는 식물이 막 싹을 틔우기 때문에 새싹을 보호해야 한다. 고아들을 보살펴준다.

갑일甲日을 택하여 백성이 지신地神에게 제사를 올리도록 한다.

유사有司* 에게 명하여 감옥에 갇혀 있는 죄수의 수를 줄이고, 수갑과 족쇄를 벗겨주도록 한다. 백성의 재물을 수탈하는 것을 금하고 옥사를 모두 중지시킨다.

*유사: 옥사를 다스리는 관리.

是月也 玄鳥至
시월야 현조지

이 달은 제비가 돌아온다.

至之日 以太牢祠于高禖
지지일 이태뢰사우고매

제비가 돌아오는 날은 태뢰로써 고매신에게 제사를 올린다.

天子親往 后妃帥九嬪御
천자친왕 후비수구빈어

천자가 제사에 친히 왕림하면
후비는 아홉 명의 빈을 거느리고 함께 참석한다.

乃禮天子所御
내례천자소어

천자는 임신한 빈에게 술을 마시도록 하는 예를 행한다.

帶以弓韣
대이궁독

천자는 허리에 활집을 찬 후비들에게

授以弓矢 于高禖之前
수이궁시 우고매지전

고매신 앞에서 활과 화살을 하사한다.

이 달은 제비가 돌아온다. 제비가 돌아오는 날에는 고귀한 고매신高禖神* 에게 소 · 양 · 돼지 세 가지 희생을 올려 제사를 지낸다.

천자가 친히 제사에 참석하면 후비后妃는 모든 후궁을 거느리고 함께 참석한다.

임신한 빈에게 술을 마시도록 하는 예를 거행한다. 천자는 고매신 앞에서 후비들에게 활과 화살을 하사하는 예식을 행하는데, 임신한 사람이 고매신 앞에서 활과 화살을 받으면 아들을 낳는다고 하기 때문이다.

* 고매신: 천자가 아들을 얻으려고 제사 지내는 신.

是月也 日夜分
시월야 일야분

이 달은 낮과 밤의 길이가 똑같아진다.

雷乃發聲 始電
뢰내발성 시전

천둥소리가 들리고 번개가 치기 시작한다.

蟄蟲咸動 啓户始出
칩충함동 계호시출

겨울잠을 자던 동물들이 모두 땅 위로 구멍을 뚫고 나온다.

先雷三日 奮木鐸以令兆民 曰
선뢰삼일 분목탁이령조민 왈

천둥이 치기 사흘 전
목탁을 쳐서 백성에게 다음과 같이 경고한다.

雷將發聲 有不戒其容止者
뢰장발성 유불계기용지자

"천둥이 칠 것이니 몸가짐을 삼가지 않으면
온전치 못한 자식이 태어날 것이고

必有凶災
필유흉재

부모도 재앙을 만날 것입니다."

日夜分 則同度量
일야분 즉동도량

낮과 밤의 길이가 같아지면 도량형을 통일하고

鈞衡石 角斗甬 正權概
균형석 각두용 정권개

저울추를 고르게 하고 두용을 교정하고,
권개를 바로잡는다.

이 달은 낮과 밤의 길이가
점점 같아진다.
번개와 천둥소리가
들리기 시작한다.

땅속에서 겨울잠을 자던 동물은
모두 땅 위로 기어 나온다.

춘분이 시작되기 사흘 전 목탁을 두드리도록 하여 천하만민에게 다음과 같이 경고한다. "곧 천둥이 칠 것입니다. 몸가짐을 삼가지 않으면 온전하지 못한 자식이 태어날 것이고 부모도 재앙을 만날 것입니다."

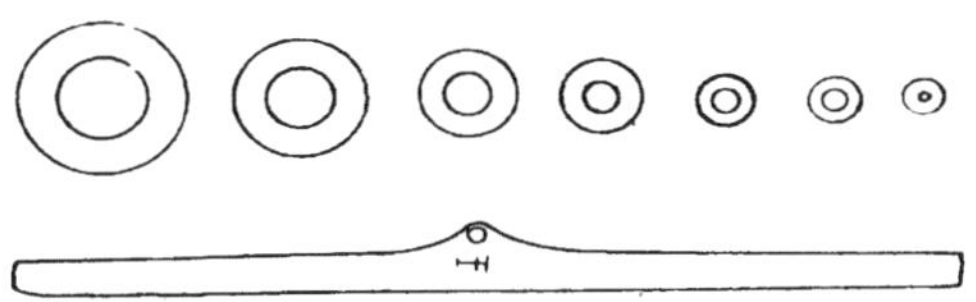

낮과 밤의 길이가 같은 춘분에는 도량형을 통일하고 저울추를 고르게 하고, 두용斗甬*을 교정하고, 권개權槪**를 바로잡는다.

*두용: 두는 열 되, 용은 열 말로 양을 재는 데 사용.

**권개: 권權은 저울추를 말하며, 개槪는 되나 말을 잴 때 평평하게 가로지르는 평미레를 말한다.

是月也 耕者少舍 시월야 경자소사	이 달에는 경작하는 자는 잠시 쉰다.
乃修闔扇 寢廟畢備 내수합선 침묘필비	궁궐의 문을 수리하고 침묘를 정비한다.
毋作大事 以妨農之事 무작대사 이방농지사	군사를 일으켜 농사를 방해하지 않는다.
是月也 毋竭川澤 시월야 무갈천택	이 달에는 내와 못의 물고기를 싹쓸이하지 않으며
毋漉陂池 毋焚山林 무록피지 무분산림	내와 못의 물을 함부로 흘려보내지 않고 산불이 나지 않도록 한다.
天子乃鮮羔開冰 先薦寢廟 천자내선고개빙 선천침묘	천자는 새끼 양과 얼음 창고에서 꺼낸 얼음을 먼저 침묘에 바치고 천례를 거행한다.
上丁 命樂正習舞 釋菜 상정 명악정습무 석채	이 달 상순의 정일에 천자는 악정에게 명하여 국학에서 무도를 가르치도록 하고
天子乃帥三公 九卿 諸侯 大夫 천자내수삼공 구경 제후 대부	석채의 예로써 선사에게 제사 지내도록 한다. 천자는 삼공, 구경, 제후, 대부를 거느리고
親往視之 친왕시지	친히 행차하여 이를 지켜본다.
仲丁又命樂正 入學習舞 중정우명악정 입학습무	중정에 천자는 또 악정에게 명하여 국학에서 음악과 춤을 연습하도록 한다.
是月也 祀不用犧牲 用圭璧 시월야 사불용희생 용규벽	이 달에는 제사에 희생을 금하고 대신 규벽을 쓰고
更皮幣 경피폐	규모가 작은 제사에는 피폐를 대신 쓴다.

이 달은 농사일이 좀 한가하므로 백성은 문이나 창문을 수리하고 침묘寢廟*를 정비한다.

이 달에는 내와 못의 물을 함부로 흘려보내거나, 그물로 연못에 있는 물고기를 싹쓸이해서 잡지 않도록 한다.

* 침묘: 침寢은 사당의 뒤로 제사용 제복 따위를 넣어두는 곳이며, 묘廟는 사당의 앞으로 제사를 드리는 곳이다.

산불을 놓지 않도록 한다.

천자는 새끼 양과 얼음 창고에서 꺼낸 얼음을 먼저 침묘에 바치고 천례薦禮*를 거행한다.

이 달 상순의 정일丁日에 천자는 악정에게 명하여 국학에서 무도를 가르치도록 하고, 석채釋菜**의 예로써 선사先師인 공자에게 제사 지내도록 한다.

천자는 친히 삼공과 구경, 제후와 대부를 거느리고 행차하여 이를 지켜본다.

이 달 중정일에 천자는 또 악정에게 명하여 국학에서 음악과 춤을 연습하도록 한다. 이 달에는 제사에 희생을 금하고 규벽圭璧을 사용하거나 규모가 작은 제사에는 가죽이나 비단으로 대신 바꾸어 사용한다.

圭
규

璧
벽

*천례 : 그 계절에 새로 나는 물건을 신에게 바치는 제사.

**석채 : 소나 양과 같은 희생 없이 채소만 간단히 올려 공자에게 지내는 제사.

◎ 季春之月 日在胃
계 춘 지 월 일 재 위

계춘의 달에는 태양이 위성 부근에 위치하며

昏七星中 旦牽牛中
혼 칠 성 중 단 견 우 중

황혼녘에는 칠성이 한가운데 있고
새벽녘에는 우성(견우성)이 한가운데 있다.

其日甲乙
기 일 갑 을

이 달에 속하는 천간은 갑을이다.

其帝太皞 其神句芒
기 제 태 호 기 신 구 망

제는 태호이고 신은 구망이다.

其蟲鱗 其音角
기 충 린 기 음 각

벌레는 비늘이 있는 인충이고 주음은 각이다.

律中姑洗 其數八
율 중 고 세 기 수 팔

12율로는 고선과 호응하며 숫자는 8이다.

其味酸 其臭膻
기 미 산 기 취 전

맛은 신맛이며 냄새는 나무 냄새다.

其祀户 祭先脾
기 사 호 제 선 비

제사는 집 출입문인 호의 신에게 올리고, 희생은 먼저 비장을 바친다.

桐始華 田鼠化爲鴽
동 시 화 전 서 화 위 여

오동나무가 꽃을 피우기 시작하고 두더지가 변하여 메추라기가 된다.

虹始見 萍始生
홍 시 현 평 시 생

비로소 무지개가 보이기 시작하고 부평초가 생겨나기 시작한다.

3월 계춘에 태양은 28수에서 위수胃宿 부근에 위치하고 있으며, 황혼녘에는 성수星宿가 남쪽 하늘 한가운데 나타난다. 새벽녘에는 우수牛宿가 남쪽 하늘 한가운데 나타난다.

星宿
성 수

牛宿
우 수
(견우성)

두더지가 숨어버리고 메추라기가 들에 나타난다.

무지개가 보이고
부평초가 자라기 시작한다.

天子居靑陽右個 천자거청양우개	천자는 청양 우개에 거한다.
乘鸞路 駕倉龍 승란로 가창룡	푸른색 수레인 난로를 타고 창룡이 수레를 끈다.
載靑旂 衣靑衣 재청기 의청의	푸른색 깃발을 세우며 푸른색 옷을 입고
服倉玉 복창옥	푸른색 옥으로 만든 패옥을 찬다.
食麥與羊 其器疏以達 식맥여양 기기소이달	보리밥과 양고기를 먹고 그릇의 무늬가 성글고 곧아 막힘이 없도록 한다.
是月也 天子乃薦鞠衣于先帝 시월야 천자내천국의우선제	이 달에는 천자가 국의를 입고 선제에게 제를 올린다.
命舟牧覆舟 명주목복주	주목에게 명하여 배를 뒤집어 살피도록 한다.
五覆五反 오복오반	주목은 배를 다섯 번 뒤집고 되돌려
乃告舟備具于天子焉 내고주비구우천자언	살핀 다음 준비가 다 되었음을 고한다.
天子始乘舟 천자시승주	천자가 비로소 배에 탄다.
薦鮪于寢廟 乃爲麥祈實 천유우침묘 내위맥기실	다랑어를 침묘에 바치고 보리가 잘 여물기를 기도한다.

이 달에 천자는 청양궁전의 우개로 거처를 옮긴다. 천자는 국화빛의 누런색 국의鞠衣를 입고 선제에게 제사를 올려 누에고치를 풍성하게 수확하길 기도한다.

주목舟牧* 은 배를 검사하되 다섯 번 반복하여 검사한다. 새는 곳이 없으면 천자에게 보고하고, 천자는 비로소 배에 오른다.

작은 물고기로 침묘에 제사 지낸 후 보리가 풍성하길 기도한다.

* 주목 : 배를 관장하는 관리.

是月也 生氣方盛 陽氣發泄
시월야 생기방성 양기발설
이 달에는 생기가 왕성하고 양기가 퍼져 흩어진다.

句者畢出 萌者盡達
구자필출 맹자진달
말려 있는 부드러운 새싹도 뻗어나오고 뾰족한 새싹도 퍼져나온다.

不可以內
불가이내
이때는 인색하게 굴어서는 안 된다.

天子布德行惠
천자포덕행혜
천자는 덕을 펴고 은혜를 베푼다.

命有司發倉廩
명유사발창름
유사에게 명하여 곡물 창고를 열어

賜貧窮 振乏絕
사빈궁 진핍절
빈궁한 자들에게 나눠주고, 핍절한 자들을 구휼하도록 한다.

開府庫 出幣帛 周天下
개부고 출폐백 주천하
부고를 열어 옷감을 백성에게 나눠준다.

勉諸侯 聘名士 禮賢者
면제후 빙명사 예현자
제후를 독려하며 명사를 초빙하고 현자를 예우한다.

이 달에는 생기가 왕성하고 양기가 퍼져 흩어진다. 말려 있는 부드러운 새싹도 곧게 뻗어나오고 뾰족한 새싹도 퍼져나온다.

이때는 인색하게 곡물 창고를 닫아놓아서는 안 된다. 천자는 덕을 펴고 은혜를 베풀어야 하며 백성을 구제해야 한다.

담당 관리에게 명하여 곡물 창고를 열어 가난한 자들에게 양식을 나누어주도록 한다.

먹을 것, 입을 것이 없어서 하루 세끼도
제대로 잇지 못하는 사람들을 구휼한다.
나라님 은혜가
한량없구려!

관청의 창고를 열어 옷감을 내어
백성에게 나눠준다.

제후를 독려하고, 재덕을 겸비한 학사와
현자를 예우하고 초빙한다.

是月也 命司空曰
시월야 명사공왈

時雨將降 下水上騰
시우장강 하수상등

循行國邑 周視原野
순행국읍 주시원야

修利堤防 道達溝瀆
수리제방 도달구독

開通道路 毋有障塞
개통도로 무유장색

田獵罝 罘 羅罔畢翳
전렵저 부 나망필예

餧獸之藥 毋出九門
위수지약 무출구문

이 달에는 사공에게 다음과 같이 명령을 내린다.
"장차 많은 비가 내리면 물이 넘치고 역류하여 침수될 수 있으니
제후국과 각 고을을 순행하고 들판과 농토를 두루 살펴
제방을 수리하고 도랑을 치며
도로를 통하게 하여 막히는 곳이 없도록 하라.
사냥을 할 때 저, 부, 나, 망, 필, 예와
짐승에게 먹일 독약을 구문 밖으로 가지고 나가지 못하게 하라."

이 달에는 토지를 관리하는 사공에게 다음과 같이 명한다.
"장차 많은 비가 내리면 지하수가 역류할 것이다.
속히 각 지역을 순찰하고 대지의 상황을 살피도록 하라."

반드시 제방을 수리하고 막힌 도랑을 뚫고
길을 열어 막힘이 없도록 하라.

새와 짐승을 포획할 때 사용하는 도구와
새에게 먹이는 독약은 구문九門* 밖으로
가지고 나갈 수 없도록 하라.

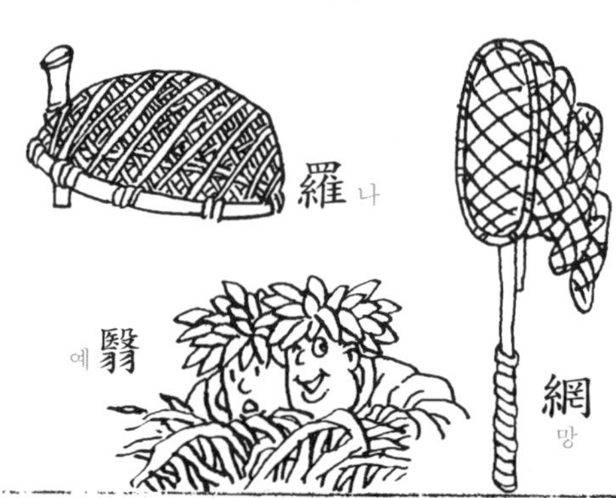

* 구문: 천자가 거처하는 궁성의 아홉 개 문.

是月也
시 월 야

命野虞無伐桑柘
명 야 우 무 벌 상 자

鳴鳩拂其羽 戴勝降于桑
명 구 불 기 우 대 승 강 우 상

具曲植蘧筐
구 곡 식 거 광

后妃齊戒 親東鄉躬桑
후 비 재 계 친 동 향 궁 상

禁婦女毋觀 省婦使
금 부 녀 무 관 생 부 사

以勸蠶事
이 권 잠 사

蠶事旣登 分繭稱絲效功
잠 사 기 등 분 견 칭 사 효 공

以共郊廟之服 無有敢惰
이 공 교 묘 지 복 무 유 감 타

이달에는
야우에게 명하여 뽕나무 가지를 베지 못하도록 한다.
산비둘기가 날갯짓을 하고 오디새가 뽕나무에 내려앉으면
바로 양잠에 필요한 거, 광, 치를 준비한다.
후와 비는 재계하고 친히 동향에 가서 뽕잎을 딴다.
부녀자들이 화장을 하지 못하도록 하고 잡무를 줄여
오로지 양잠에만 힘을 쏟도록 한다.
누에 치는 일이 끝나면
누에고치를 나누어 모두 실을 뽑아 무게를 달아 성적을 매긴다.
누에를 쳐서 나온 실은 제사 지낼 때 입는 예복으로 만들어
게으름을 피우지 못하도록 한다.

이 달에는 산림과 들판을 맡은 관원에게 명하여
그 누구도 뽕나무 가지를 치지 못하도록 한다.

산비둘기가 날갯짓을 하고
오디새가 뽕나무에 내려앉으면
바로 양잠에 필요한 누에 채반,
시렁, 광주리를 준비한다.

蘧
거

筐
광

천자의 후와 비는 부정한 일을 피하고 몸과 마음을 깨끗이 한 후 계절의 기운을 맞이하고 친히 동향에 가서 뽕잎을 딴다.

부녀자들이 화장을 하지 못하도록 하고 잡무를 줄여 양잠에만 힘을 쏟도록 한다.

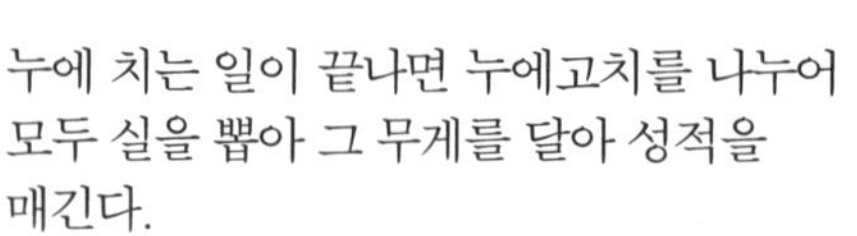

누에 치는 일이 끝나면 누에고치를 나누어 모두 실을 뽑아 그 무게를 달아 성적을 매긴다.

누에를 쳐서 나온 실은 하늘에 제사 지낼 때 입는 예복으로 만들어 게으름을 피우지 못하도록 한다.

是月也 시 월 야	이 달에는
命工師令百工審五庫之量 명 공 사 령 백 공 심 오 고 지 량	공사에게 명하여 장인들에게 다섯 개의 창고에 넣어둔
金鐵 皮革筋 角齒 금 철 피 혁 근 각 치	금철, 피혁근, 각치와
羽箭幹 脂膠丹漆 우 전 간 지 교 단 칠	우전간, 지교단칠에
毋或不良 무 혹 불 량	불량품이 없는지 살피라 한다.
百工咸理 백 공 함 리	장인들이 모든 기물의 제작을 시작하면
監工日號 감 공 일 호	감독관 공사는 매일
毋悖于時 무 패 우 시	"기물을 만드는 적절한 시기를 놓치지 말라.
毋或作爲淫巧以蕩上心 무 혹 작 위 음 교 이 탕 상 심	지나치게 기교를 부려 군주의 마음을 흔들지 말라"고 명령한다.

이 달에는 공사에게 명하여 각 장인들에게 다섯 개의 창고에 저장해둔 금과 철, 가죽, 동물의 뿔과 뼈, 화살 재목, 기름, 아교, 염료의 종류 등에 불량품이 있는지 살피라 한다.

그런 후 감독관인 공사는 각 장인들에게 제작 순서에 맞게 기물을 제작하여 시한을 놓치지 말 것을 독촉한다.

천인합일天人合一의 정신에 입각하여, 기물을 만들 때 반드시 순서를 지킨다. 활을 만드는 것을 예로 들면 봄에는 꼭 뿔을 액체에 담그고, 여름에는 힘줄을 다듬으며, 가을에는 염료와 아교, 실 세 가지 재료를 섞는다.

장인은 자연에 대한 경외심과 경건함을 담아 기물에 천지사시天地四時의 기운이 녹아들도록 한다.

지나치게 기교를 부린 물건을 만들어서 군주의 마음을 흔들지 않도록 한다.

是月之末 擇吉日 大合樂
시월지말 택길일 대합악

이 달 말일에는
길일을 택하여 음악회를 연다.

天子乃率三公 九卿 諸侯 大夫親往視之
천자내솔삼공 구경 제후 대부친왕시지

천자는 삼공, 구경, 제후, 대부를 친히
거느리고 음악회에 참석한다.

是月也 乃合累牛騰馬遊牝于牧
시월야 내합루우등마유빈우목

이 달에는
수소와 수말을 암컷과 교미시킨다.

犧牲駒犢 擧書其數
희생구독 거서기수

희생으로 바칠 망아지와 송아지 숫자를
세어 장부에 기록한다.

命國難 九門磔攘 以畢春氣
명국난 구문책양 이필춘기

국난에게 명하여 구문에 짐승을 찢어두고
나례를 행하여 봄의 음기를 몰아내도록 한다.

이 달에는 길일을 택하여 성대한 무도회를 거행하고, 천자는 삼공과 구경, 제후와 대부를 친히 거느리고 음악회에 참석한다.

이 달에는 봄의 양기가 이미 성하여 출생이 시작되므로 매어둔 황소나 발정한 수말을 모아 목장에 풀어 교배를 시키고 번식할 수 있도록 한다.

제사에 희생으로 쓸 만한 망아지와 송아지가 태어나면 즉시 장부에 수량을 기록한다.

국나에게 명하여 화와 액을 몰아내는 나제儺濟를 드리라 한다. 구문九門에 제사 음식을 나누어 바치고 봄의 절기를 끝내도록 한다.

孟夏之月 日在畢 맹 하 지 월 일 재 필	맹하의 달에 태양은 필성 부근에 위치한다.
昏翼中 旦婺女中 혼 익 중 단 무 녀 중	황혼녘에는 익성이 한가운데 있고 새벽녘에는 무녀성이 한가운데 있다.
其日丙丁 其帝炎帝 기 일 병 정 기 제 염 제	이 달에 속하는 천간은 병정이고 제는 염제이며
其神祝融 其蟲羽 기 신 축 융 기 충 우	신은 축융이다. 벌레는 날개가 있는 우충이다.
其音徵 律中中呂 기 음 치 율 중 중 려	주음은 치이며, 12율로는 중려와 호응한다.
其數七 其味苦 기 수 칠 기 미 고	숫자는 7이며 맛은 쓴맛이고
其臭焦 기 취 초	냄새는 탄내다.
其祀竈 祭先肺 기 사 조 제 선 폐	제사는 부엌 신에게 올리며 희생은 오장 중에서 폐를 먼저 올린다.

맹하, 즉 초여름의 달인 4월에
태양은 28수의 필성畢星 부근에 위치하며
황혼녘에는 익성翼星이 남쪽 하늘
한가운데 나타난다.

새벽에는 여수女宿가 남쪽 하늘
한가운데 나타난다.

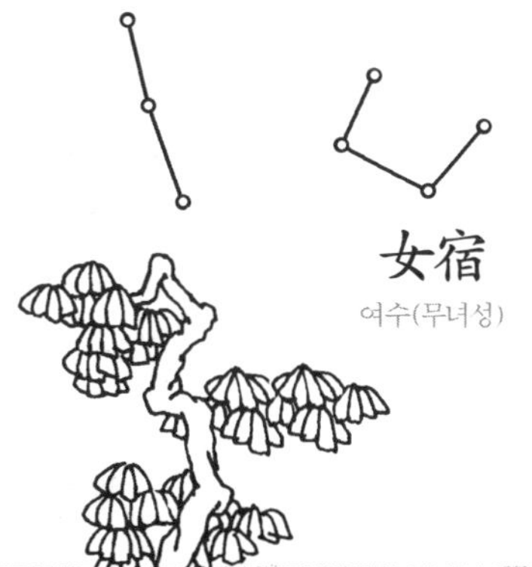

태양은 병정丙丁에 속한다. 여름은 사계
중에서 불에 속하며, 기일의 십간 중에서 병정
역시 불에 속한다.

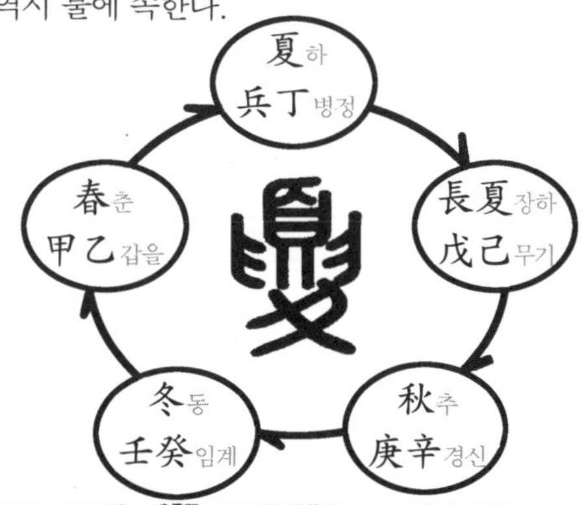

이 계절을 주재하는 대제는 염제炎帝 신농神農이다.

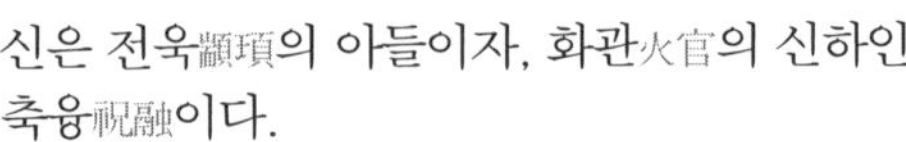
신은 전욱顓頊의 아들이자, 화관火官의 신하인 축융祝融이다.

맹하의 계절에 번성하는 것은 화에 속하는 날아다니는 새다.

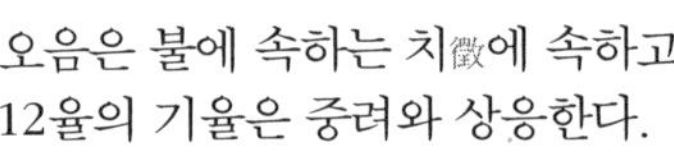
오음은 불에 속하는 치徵에 속하고 12율의 기율은 중려와 상응한다.

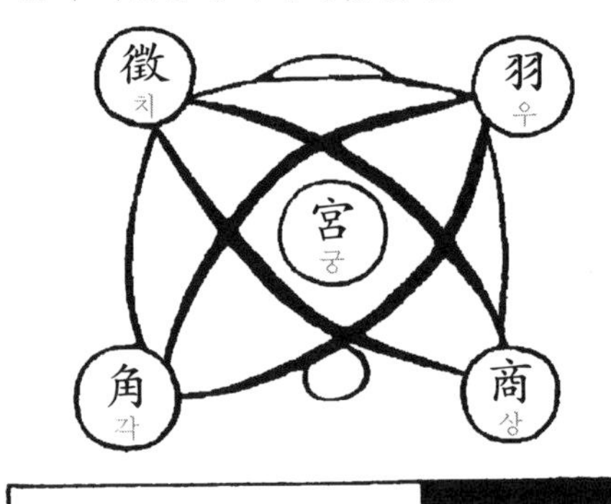

중려의 수는 60이다.

수는 토土(5)에 화火(2)를 더한 7이며, '땅의 2가 화를 낳아 地二生火' 이루어진 숫자이다.

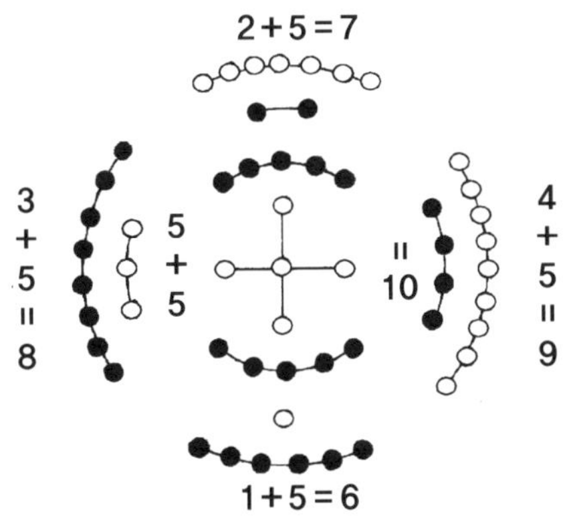

맛은 쓴맛이며 냄새는 불에 탄내이다.
쓴맛과 탄내는 모두 불에 속한다.

부뚜막에 있는 불이 인간의 생존에 도움을 준다고 해서, 부뚜막에 제사를 지낸다.
희생으로 폐를 먼저 바치는데, 폐가 금金에 속하고 불은 금을 이길 수 있기 때문이다.

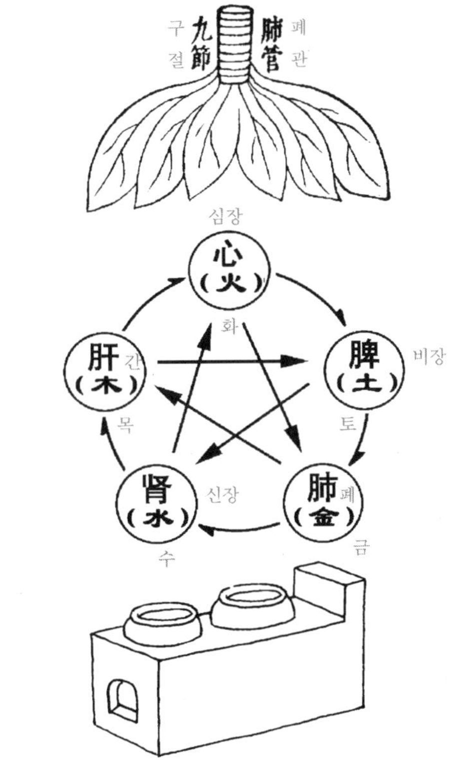

蔞蟈鳴 루 괵 명 — 청개구리가 울고

蚯蚓出 구 인 출 — 지렁이가 땅에서 나온다.

王瓜生 왕 과 생 — 하늘타리가 열리고

苦菜秀 고 채 수 — 씀바귀가 자란다.

이 달에는 청개구리가 운다.

지렁이가 땅에서 나온다.

하늘타리가 열리고 씀바귀가 자란다.

하늘타리 색깔이 붉어지는데, 이는 불의 색깔에 영향을 받았기 때문이다.

씀바귀 맛이 쓴데, 이는 불의 맛에 영향을 받았기 때문이다.

天子居明堂左個
천 자 거 명 당 좌 개

이달에 천자는 명당 좌개에 거한다.

乘朱路 駕赤騮
승 주 로 가 적 류

붉은색 수레를 타며 수레는 적류가 끌며

載赤旂
재 적 기

붉은색 기를 세운다.

衣朱衣 服赤玉
의 주 의 복 적 옥

붉은색 옷을 입고 붉은색 옥으로 만든 패옥을 찬다.

食菽與鷄
식 숙 여 계

콩밥과 닭고기를 주로 먹고

其器高以粗
기 기 고 이 조

그릇은 높고 투박한 것을 사용한다.

천자는 명당 좌개로 거처를 옮기고 붉은색 수레를 탄다. 적류赤騮*가 수레를 끌며 붉은색 기를 수레에 꽂고 붉은색 옷을 입고 붉은색 옥으로 만든 패옥을 찬다.

그릇은 높고 투박한 것을 사용하는데, 이는 만물이 실하게 자라는 이 계절을 본뜬 것이다.

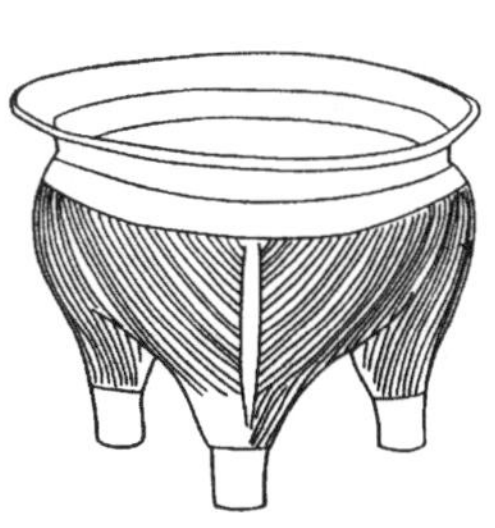

* 적류: 검정 갈기에 검정 꼬리를 한 붉은색 말로 월파말이라고도 한다.

是月也 以立夏 시월야 이입하	이 달에는 입하가 있다.
先立夏三日 太史謁之天子曰 선입하삼일 태사알지천자왈	입하 사흘 전에 태사가 천자에게
某日立夏 盛德在火 모일입하 성덕재화	"모일이 입하입니다. 성덕이 화에 있습니다"라고 고한다.
天子乃齊 천자내제	천자는 이에 사흘 동안 재계한다.
立夏之日 天子親帥三公 입하지일 천자친수삼공	입하 날에 천자는 친히 삼공,
九卿 大夫 구경 대부	구경, 대부를 거느리고
以迎夏於南郊 이영하어남교	남쪽 교외에서 여름을 맞이한다.
還反行賞 封諸侯慶賜遂行 환반행상 봉제후경사수행	조정으로 돌아와서 상을 내리고 제후를 봉하고 연회를 베푸니
無不欣說 무불흔열	모두가 기뻐한다.
乃命樂師習合禮樂 내명악사습합예악	악사에게 명하여 예악을 함께 학습하도록 한다.
命太尉贊桀俊 명태위찬걸준	태위에게 명하여 뛰어난 인물에게 상을 주고
遂賢良 擧長大 수현량 거장대	어진 사람이 뜻을 펼 수 있도록 하며 체격이 장대하고 힘센 사람을 뽑아
行爵出祿 必當其位 행작출록 필당기위	벼슬과 녹을 내리되 반드시 그 자리에 맞게 한다.

이 달에는 입하가 있으며 입하 사흘 전에 태사는 천자를 찾아 뵙고
다음과 같이 고한다. "모일이 입하입니다.
지금부터 오행의 화火가 운행하는 절기로 바뀝니다."

그리고 악사에게 예악을 연습하라 명한다.

태위에게 재주와 덕을 겸비한 사람을
표상하라 명하여 현량한 사람이
존경받도록 한다.

체격이 장대하고 힘센 사람을 뽑아 임용한다.

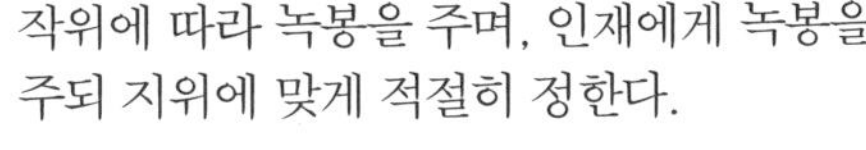

❁ 是月也 繼長增高 시월야 계장증고	이 달에는 초목이 계속 자라 무성해진다.
毋有壞墮 무유괴타	초목을 죽이거나 꺾지 않아야 한다.
毋起土功 무기토공	토목공사를 일으키지 않으며
毋發大衆 毋伐大樹 무발대중 무벌대수	백성을 징발하지 않고 큰 나무를 베지 않는다.
是月也 天子始絺 시월야 천자시치	이 달에 천자는 칡베 옷으로 갈아입는다.
命野虞出行田原 명야우출행전원	야우에게 명하여 들로 나가
爲天子勞農勸民 위천자로농권민	천자를 대신하여 농사에 힘쓰도록 농부들을 권면하여
毋或失時 무혹실시	농사에 때를 놓치지 않도록 한다.
命司徒巡行縣鄙 명사도순행현비	사도에게 명하여 현이나 비를 돌아보고
命農勉作 명농면작	각지의 농민들을 열심히 지도하여
毋休于都 무휴우도	도시에 남아 빈둥대는 관리가 없도록 한다.
是月也 驅獸毋害五谷 시월야 구수무해오곡	이 달에는 짐승을 쫓아내어 오곡을 해치지 못하게 하고
毋大田獵 무대전렵	큰 사냥을 금한다.

이 달에는 만물의 생장이 무성해지므로 작물에 이미 형성된 기운을 꺾거나 훼손하는 행위를 하지 못하도록 한다.

거대한 토목공사를 거행하지 않으며, 백성을 징집해 농사일을 방해하는 일은 피한다.

이 달에 천자는 여름철 옷으로 갈아입는다.

임야나 산림을 담당하는 관리에게 명하여 각지를 돌아보고 천자를 대신하여 농민을 위로하고, 농사일에 힘쓰도록 농부들을 권면하여 농사에 때를 놓치지 않도록 한다.

사도에게 명하여 각 현과 비를 순찰하고 각지의 농민들을 열심히 지도하여 도시에 남아 빈둥대는 관리가 없도록 한다.

이 달에는 항상 짐승을 쫓아내서 오곡을 해치지 못하게 한다.

그러나 대규모의 사냥은 거행하지 않는다.

農乃登麥
농 내 등 맥
새로 나는 보리를 천자에게 진상한다.

天子乃以彘嘗麥 先薦寢廟
천 자 내 이 체 상 맥 선 천 침 묘
천자는 돼지고기와 곁들여 보리밥을 먹는데
먼저 침묘에 제를 올린다.

是月也 聚畜百藥
시 월 야 취 축 백 약
이 달에는 온갖 약초를 캐서 저장한다.

靡草死 麥秋至
미 초 사 맥 추 지
잎이 가는 풀이 시들고 보리는 누렇게 익는다.

斷薄刑 決小罪
단 박 형 결 소 죄
가벼운 형벌에 판결을 내리고
작은 소송은 빠르고 확실하게 처리하고

出輕繫
출 경 계
가벼운 죄로 구속된 사람은 석방한다.

蠶事畢 后妃獻繭
잠 사 필 후 비 헌 견
누에치는 일이 끝나면 후와 비는 누에고치를 바친다.

乃收繭稅 以桑爲均
내 수 견 세 이 상 위 균
누에고치에 대한 세금을 거둘 때는
소유한 뽕나무밭의 정도에 따라 균등하게 정한다.

貴賤長幼如一
귀 천 장 유 여 일
신분이나 연령을 막론하고 균등하게 징수한다.

以給郊廟之服
이 급 교 묘 지 복
그 세금으로 천지와 조상에게 제사 지내는 예복을 만든다.

是月也 天子飮酎
시 월 야 천 자 음 주
이 달에 천자는 새로 빚은 술로 종묘에
'음주'의 예를 거행한다.

用禮樂
용 예 악
그 자리에는 예악을 사용한다.

농사일을 관장하는 벼슬아치는 새로 난 보리를 진상한다. 천자는 돼지고기와 더불어 보리밥을 먹기 전 먼저 침묘에 제를 올린다.

이 달에는 각종 약초를 캐서 저장한다.

이때는 냉이 등 잎이 가는 식물은 이미 말라버리고 보리가 익는 계절이다.

가벼운 체벌을 내리고 죄행이 가볍거나 단기간 구류를 살아야 되는 경우라면 판결 후 곧 석방한다.

누에 치는 일이 끝나면 후后와 비妃는 누에고치를 바치는 예를 거행한다.

소유한 뽕나무밭에 따라 균등하게 세금으로 바칠 누에치의 수량을 정한다. 신분의 귀천이나 연령의 고하를 막론하고 수확에 따라 균등하게 징수한다.

그 세금으로 천지와 조상에게 제사 지내는 예복을 만든다.

이 달에 천자는 새로 빚은 술로 종묘에 '음주飮酒'의 예를 거행하고 새로운 술을 맛본다. 그 자리에는 예악을 사용한다.

仲夏之月 日在東井
중하지월 일재동정

중하의 달에 태양은 28수의 동정 부근에 위치한다.

昏亢中 旦危中
혼항중 단위중

황혼녘에는 항성이 한가운데에 위치하고
새벽녘에는 위성이 한가운데 있다.

其日丙丁 其帝炎帝
기일병정 기제염제

이 달에 속하는 천간은 병정이며 제는 염제이다.

其神祝融 其蟲羽
기신축융 기충우

신은 축융이고, 벌레는 날개가 있는 우충이다.

其音徵 律中蕤賓
기음치 율중유빈

주음은 치이며, 12율로는 유빈과 호응한다.

其數七 其味苦
기수칠 기미고

숫자는 7이며 맛은 쓴맛이고

其臭焦
기취초

냄새는 탄내다.

其祀竈 祭先肺
기사조 제선폐

부엌의 신에게 제사를 올리며
희생은 오장 중에서 폐를 먼저 올린다.

5월 중하에 태양은 28수의 동정수東井宿
부근에 위치한다.
황혼녘에는 항성亢星이 남쪽 하늘
한가운데 있다.

새벽녘에는 위수危星가 남쪽 하늘 한가운데
나타난다.

이 달의 기氣는 12율 중의 오율午律인
유빈蕤賓과 호응한다.

小暑至 螳螂生
소서지 당랑생

鵙始鳴 反舌無聲
격시명 반설무성

天子居明堂太廟
천자거명당태묘

乘朱路 駕赤騮
승주로 가적류

載赤旂 衣朱衣 服赤玉
재적기 의주의 복적옥

食菽與鷄 其器高以粗
식숙여계 기기고이조

養壯佼
양장교

是月也 命樂師修鞀鞞鼓
시월야 명악사수도비고

均琴瑟管簫
균금슬관소

執干戚戈羽
집간척과우

소서가 다가오면 사마귀가 생기고

백로가 울기 시작하며 지빠귀는 울지 않는다.

천자는 명당 태묘에 거하고

붉은색 수레를 타고 적류가 수레를 끈다.

붉은색 기를 세우고 붉은색 옷을 입고 붉은색 패옥을 찬다.

콩밥과 닭고기를 먹으며 그릇은 높고 투박한 것을 사용한다.

체격이 크고 잘생긴 사람을 양성한다.

이 달에는 악사에게 명하여 각종 북을 수리하도록 하고

모든 관현악기를 조율한다.

간, 척, 과, 우와 같이 무악舞樂에 쓰이는 각종 기물을 시험한다.

소서 절기가 다가오면 사마귀가 생긴다. 백로가 울기 시작하나 지빠귀는 울지 않는다.

천자는 명당 태묘로 거처를 옮긴다. 이 달에는 악사에게 명하여 큰 북이나 작은 북을 정리하도록 하고, 모든 관현악기를 조율하도록 한다.

문무文舞, 무무武舞에 사용하는 도구를 살피도록 한다.

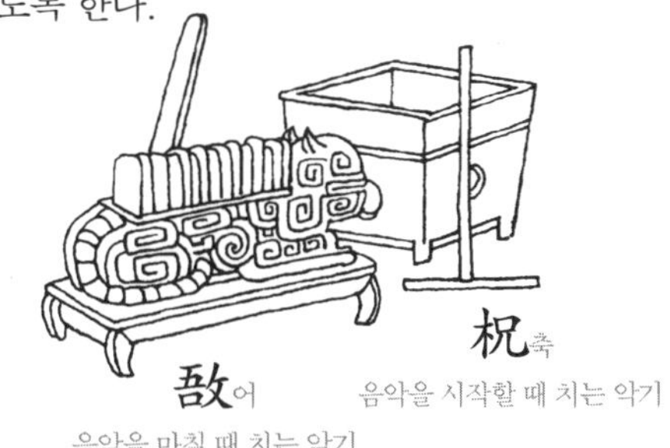

調竽笙箎簧 飭鍾磬柷敔
조 우 생 지 황 칙 종 경 축 어

우, 생, 지, 황과 같은 각종 피리를 살피고 종, 경, 축, 어와 같은 각종 타악기를 잘 정비해둔다.

命有司 爲民祈祀山川百源
명 유 사 위 민 기 사 산 천 백 원

유사에게 명하여 백성을 위해 산천의 발원지에 빌고

大雩帝 用盛樂
대 우 제 용 성 악

대우제를 지내도록 하며 대우제를 지낼 때는 음악을 성대하게 연주한다.

乃命百縣雩祀
내 명 백 현 우 사

또한 모든 고을에 명하여

百辟卿士有益於民者
백 벽 경 사 유 익 어 민 자

경사에게 기우제를 지내

以祈谷實
이 기 곡 실

곡식이 잘 여물게 해달라고 기원한다.

우생지황竽笙箎簧과 같은 관악기와 종경鍾磬과 축어柷敔를 깨끗하게 닦아놓는다.

제사를 맡은 관원에게 백성을 대신하여 산천의 발원지에 기도 드리도록 명하고, 상제에게 대우제大雩帝를 올릴 때 성대하게 음악을 연주하도록 한다.

각 지역의 관민에게 명령하여 기우제를 거행하도록 한다. 역대 백성에게 복을 주었던 백관과 경사에게 제사할 때는 곡식이 잘 여물게 해달라고 기도한다.

是月也農乃登黍
시 월 야 농 내 등 서

이 달에는 농사지은 기장을 진상한다.

天子乃以雛嘗黍
천 자 내 이 추 상 서

천자가 닭고기와 함께 기장을 맛본다.

羞以含桃 先薦寢廟
수 이 사 도 선 천 침 묘

닭고기와 앵두를 먹기 전에 먼저 침묘에 제사 지낸다.

令民毋艾藍以染
영 민 무 애 람 이 염

백성에게 쪽풀을 베어 남색 물을 들이지 못하게 하며

毋燒灰 毋暴布
무 소 회 무 폭 포

재를 만들지 못하게 하며 베를 햇볕에 쬐어 말리지 못하게 한다.

門閭毋閉 關市毋索
문 여 무 폐 관 시 무 색

성문과 마을 입구의 문을 닫지 못하도록 하고
관문이나 시장의 탈세품을 수색하지 말도록 한다.

挺重囚 益其食
정 중 수 익 기 식

중죄인을 너그럽게 다스리고 식사량을 더해준다.

游牝別群
유 빈 별 군

목장에서 방목하던 암말을 따로 가두고

則縶騰駒 班馬政
즉 집 등 구 반 마 정

날뛰는 망아지나 말을 묶어두며 말을 기르는 정령을 반포한다.

이 달에 농사일을 맡아보는 벼슬아치는
새로 익은 기장을 진상하고
천자는 닭고기와 더불어 기장을 먹기 전에
먼저 기장과 앵두로 침묘에 제사한다.

백성에게 쪽풀을 베어 남색 물을 들이지 못하도록 하고
재로 베를 삶지 못하도록 하며, 햇볕이 가장 강렬한
계절에 베를 널어 말려
시기時氣를 상하지 않도록 한다.

문을 닫지 않는다. 첫째는 시기時氣를 순조롭게 통하게 하기 위해서이며, 둘째는 더운 기운이 분산되게 하기 위해서이다.

세를 절감하는 데 너무 가혹하게 법의 잣대를 들이대지 말고, 세금을 감면해주도록 한다.

중죄인에게 좀더 넓은 공간을 마련해주고 식사량을 늘려준다.

목장에서 방목하던 소나 말 중에서 새끼 밴 암컷은 따로 모은다. 암컷과 수컷을 각각 분리해서 기르고 종마는 다른 곳에 묶어둔다. 또한 말을 기르는 정령을 반포한다.

◎ 是月也 日長至 시 월 야 일 장 지	이 달에는 낮의 길이가 가장 길어지며
陰陽爭 死生分 음 양 쟁 사 생 분	음양이 다투며 생사가 나뉜다.
君子齊戒 處必掩身 군 자 재 계 처 필 엄 신	군자는 재계하고 심신을 근신하며 처신할 때는 반드시 조심하고
毋躁 무 조	조급하게 굴지 않는다.
止聲色 毋或進 지 성 색 무 혹 진	음악과 여색 탐하기를 그치고 부인과 동침하지 않는다.
薄滋味 毋致和 박 자 미 무 치 화	진미를 먹지 않으며 담백한 것을 먹는다.
節耆欲 定心氣 절 자 욕 정 심 기	기호와 욕망을 절제하며 마음을 편안히 한다.
百官靜事毋刑 백 관 정 사 무 형	모든 관원은 형벌을 시행하지 않고 정사를 조용하게 처리하여
以定晏陰之所成 이 정 안 음 지 소 성	음기가 안정되도록 한다.
鹿角解 蟬始鳴 록 각 해 선 시 명	이 달에는 사슴이 뿔을 갈고 매미가 울기 시작하며
半夏生 木菫榮 반 하 생 목 근 영	반하라는 약초가 나고 무궁화 꽃이 활짝 핀다.

이 달 하지夏至는 1년 중 낮의 길이가 가장 길다. 음양이 서로 다투는 상황이며
만물이 생사의 경계로 나뉜다.

군자는 이때 재계하고 집에서 조용히 심신을 수양하고 조급하게 굴지 않는다.

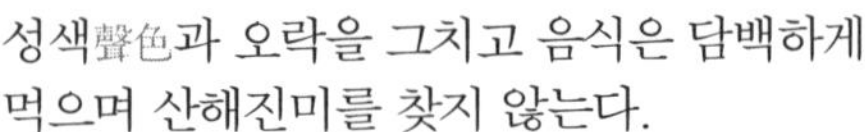

성색聲色과 오락을 그치고 음식은 담백하게 먹으며 산해진미를 찾지 않는다.

각종 기호나 취미를 절제하고 심기를 편안히 한다.

모든 벼슬아치들은 심기를 편안히 한 채 정무를 처리하고, 형벌을 금하여 음양이 나눠지는 시기를 평화롭게 지낼 수 있도록 한다.

이 시기는 사슴이 뿔을 갈며 매미가 울기 시작한다.

반하초는 이미 자라서 채집할 수 있고, 무궁화는 꽃을 활짝 피운다.

是月也 시월야 — 이 달에는
毋用火南方 무용화남방 — 남쪽에서 불을 사용하지 않는다.
可以居高明 가이거고명 — 높고 밝은 곳에 거처하는 것이 좋으며
可以遠眺望 가이원조망 — 멀리 바라보는 것도 좋다.
可以升山林 가이승산림 — 산 정상이나 언덕 높이 있는
可以處臺榭 가이처대사 — 누각이나 정자에 거처할 만하다.

이 달에는 남쪽에서 불을 사용하지 않아야 한다.

높고 서늘한 곳에 거처하며
멀리 내다보고 심기를 편안히 한다.

산 정상이나 언덕 높이 있는
누각이나 정자에 거처할 만하다.

季夏之月 日在柳 계 하 지 월 일 재 류	계하의 달에 태양은 28수의 하나인 유성에 위치하고
昏火中 혼 화 중	황혼녘에는 화성이 한가운데 위치하고
旦奎中 단 규 중	새벽녘에는 규성이 한가운데 위치한다.
其日丙丁 기 일 병 정	이 달에 속하는 천간은 병정이며
其帝炎帝 其神祝融 기 제 염 제 기 신 축 융	제는 염제이고 신은 축융이다.
其蟲羽 기 충 우	이 달에 속하는 벌레는 날개가 있는 우충이다.

6월 계하에 태양은 28수의 유수柳宿 부근에 위치한다.

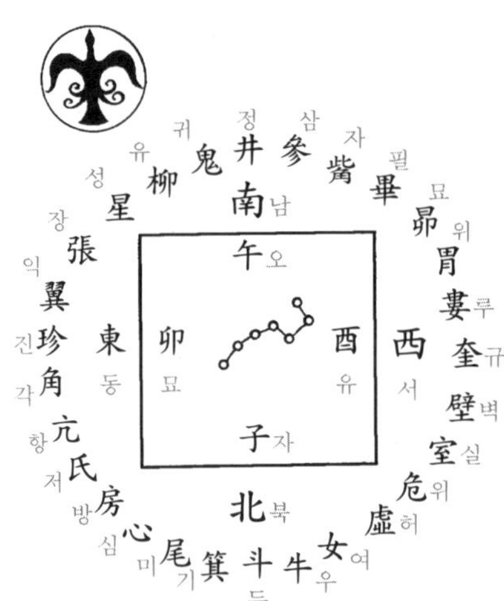

황혼녘에는 화성火星(또는 심수心宿)이 남쪽 하늘 한가운데 나타난다.

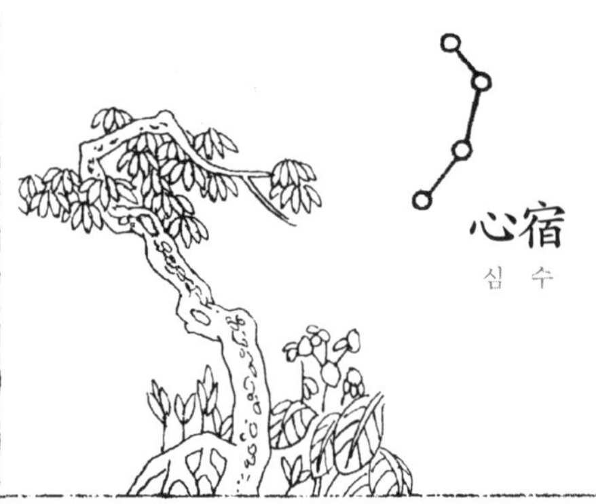

새벽녘에는 규수奎宿가 남쪽 하늘 한가운데 나타난다.

其音徵 律中林鍾 기 음 치 율 중 림 종	주음은 치이며 12율로는 임종과 호응한다.
其數七 其味苦 其臭焦 기 수 칠 기 미 고 기 취 초	숫자는 7이며 맛은 쓴맛이고 냄새는 탄내다.
其祀竈 祭先肺 기 사 조 제 선 폐	제사는 부엌의 신에게 올리며 희생은 오장 중에서 폐를 먼저 올린다.
溫風始至 온 풍 시 지	따뜻한 바람이 비로소 불어온다.
蟋蟀居壁 鷹乃學習 실 솔 거 벽 응 내 학 습	귀뚜라미는 벽 속에서 살고 새끼 매는 날갯짓을 배우고
腐草爲螢 부 초 위 형	썩은 풀은 개똥벌레가 된다.

따뜻한 바람이 불기 시작한다.

귀뚜라미는 여전히 벽 속에서 사는데,
아직 다 자라지 못했기 때문이다.

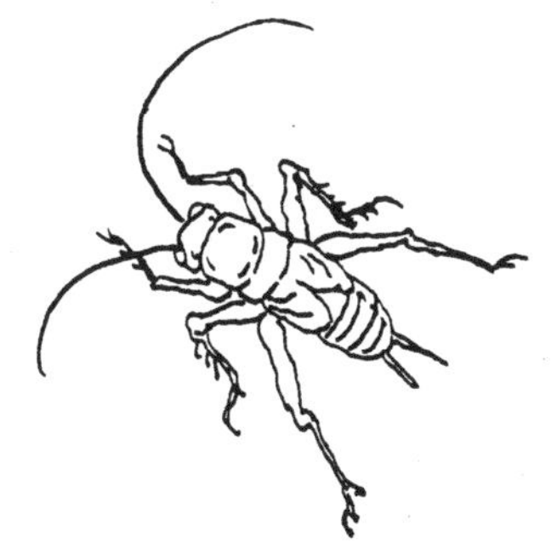

새끼 매는 날개짓을 배운다.

눅눅한 여름날 대기를 통해, 썩은 풀에 있던
개똥벌레 유충이 부화한다.

天子居明堂右個
천자거명당우개

천자는 명당 우개에 거처한다.

乘朱路 駕赤騮
승주로 가적류

붉은색 수레를 타며 적류가 수레를 끈다.

載赤旂 衣朱衣 服赤玉
재적기 의주의 복적옥

붉은색 기를 수레에 꽂고 붉은색 옷을 입고 붉은색 옥으로 만든 패옥을 찬다.

食菽與鷄 其器高以粗
식숙여계 기기고이조

콩밥과 닭고기를 주로 먹고 그릇은 높고 투박한 것을 사용한다.

命漁師伐蛟
명어사벌교

천자는 어사에게 명하여 교룡을 치고

取鼉 登龜 取黿
취타 등귀 취원

악어를 잡으며, 거북이를 끌어올리고 자라를 잡도록 한다.

命澤人納材葦
명택인납재위

택인에게 명하여 그릇을 만들 갈대를 채취하도록 한다.

천자는 어류를 관장하는 어사漁師에게 명하여 교룡과 악어를 잡으며, 거북이를 끌어올리고 자라를 잡도록 한다.

호수를 관장하는 택인澤人에게 명하여 그릇을 만들 갈대를 채취하도록 한다.

❁ 是月也 命四監 시월야 명사감	이 달에는 사감에게 명하여
大合百縣之秩芻 以養犧牲 대합백현지질추 이양희생	모든 고을에서 바치는 일정한 양의 꼴을 모아다가 희생을 먹이도록 한다.
令民無不咸出其力 영민무불함출기력	백성이 힘써 꼴을 모아 희생을 기르게 함으로써
以其皇天上帝名山大川 이기황천상제명산대천	황천상제와 명산대천,
四方之神 사방지신	사방의 신에게 희생을 바친다.
以祠宗廟社稷之靈 以爲民祈福 이사종묘사직지령 이위민기복	종묘사직의 신령들에게 제사하고 백성을 위해 복을 빈다.

이 달에는 사감*의 관리들에게 명하여 각 지역의 상규에 따라 상납하는 꼴을 모아 희생을 먹이도록 한다.

백성에게 힘써 꼴을 모아 희생을 기르게 함으로써 황천상제와 명산대천, 사방의 신에게 희생을 바친다. 종묘사직의 신령들에게 제사하고 백성을 위해 복을 빈다.

* 사감: 산우山虞, 택우澤虞, 임형林衡, 천형川衡.

是月也 命婦官染采 시월야 명부관염채	이 달에는 부관에게 명하여
黼黻文章必以法故 無或差貸 보불문장필이법고 무혹차대	보, 불, 문, 장을 옛 법도대로 염색하되 조금도 어긋남이 없도록 한다.
黑黃倉赤 莫不質良 흑황창적 막불질량	흑, 황, 청, 적색의 빛깔이 선명하여 불량품이 나오지 않도록 하며
毋敢詐僞 무감사위	감히 속이는 일이 없도록 한다.
以給郊廟祭祀之服 이급교묘제사지복	염색한 천으로 천신과 조상신에게 제사 지낼 때 입는 예복을 만들거나
以爲旗章 이위기장	기장을 만든다.
以別貴賤等給之度 이별귀천등급지도	또한 귀천의 등급을 구분하는 기준이 된다.

이 달에는 부관婦官*에게 염색을 하라 명한다.

각종 염색에 사용되는 염료의 색깔과 무늬는 반드시 예부터 내려오는 전통적인 방식에 따라야 한다.

보불문장黼黻文章이란 흰색과 검정색으로 된 도안을 가리켜 '보黼' 라고 하고, 검정색과 청색을 가리켜 '불黻' 이라 하고, 청색과 빨간색을 가리켜 '문文' 이라 하고, 빨간색과 흰색을 가리켜 '장章' 이라 한다.

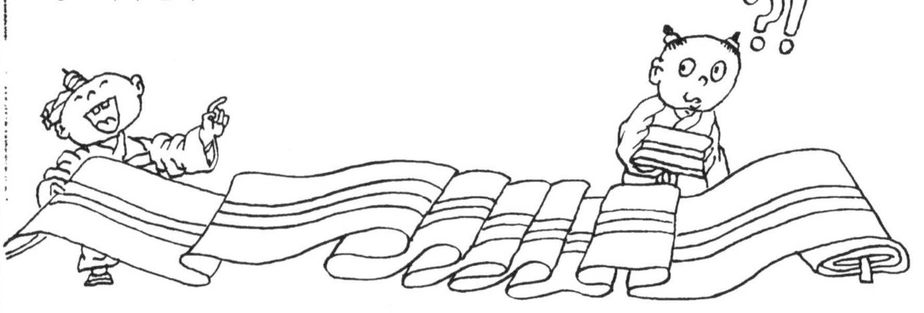

* 부관: 궁중에서 여러 가지 일을 맡아보는 여인들. 여관女官이나 궁녀를 말한다.

이 일을 하는 데 조금도 어긋남이 없어야 한다.

염색한 천으로 천신과 조상신에게 제사 지낼 때 입는 예복을 만들기 때문이다.

조금도 속이는 일 없이 가장 좋은 흑백청홍의 염료를 사용한다.

또한 색깔을, 귀천의 등급을 구분하는 기준으로 사용한다.

是月也 樹木方盛
시 월 야 수 목 방 성

이 달에는 수목이 바야흐로 무성해진다.

命虞人入山行木 毋有斬伐
명 우 인 입 산 행 목 무 유 참 벌

우인에게 명하여 산에 들어가 순찰하여 수목을 벌목하는 일이 없도록 한다.

不可以興土功 不可以合諸侯
불 가 이 흥 토 공 불 가 이 합 제 후

토목공사를 일으켜서도 안 되고 제후들을 모아서도 안 되며

不可以起兵動衆
불 가 이 기 병 동 중

군사를 일으키거나 백성을 동원해서도 안 된다.

毋擧大事以搖養氣
무 거 대 사 이 요 양 기

이와 같은 일을 일으켜 만물이 자라나는 기운을 망치지 않도록 한다.

毋發令而待 以妨神農之事也
무 발 령 이 대 이 방 신 농 지 사 야

백성을 동원하는 명령을 내려 백성을 기다리게 해서 농사일을 방해해서도 안 된다.

水潦盛昌 神農將持功
수 료 성 창 신 농 장 지 공

이 달은 비가 많이 내려 생물이 무성하게 자라므로 신농이 농사의 공을 이루려 한다.

擧大事 則有天殃
거 대 사 즉 유 천 앙

그러니 큰일을 일으키면 하늘의 재앙이 있을 것이다.

이 달에는 수목의 생장이 무성하므로 산림을 관장하는 관리인 우인虞人에게 산에 들어가 산림을 순찰하도록 명하여 나무를 함부로 채취하거나 베는 일이 없도록 한다.

토목공사를 일으키지 않도록 주의하며 제후를 모아서도 안 되고 군사를 일으키거나 백성을 동원해서도 안 된다.

대규모 행동을 발동해서도 안 된다. 이는 이 계절의 성장의 기운을 해치지 않기 위해서이다.

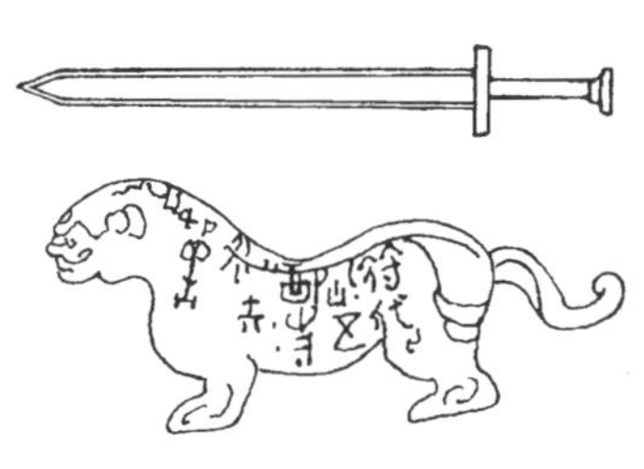

요역의 때가 아니므로 요역 명령을 미리 내려서 토지신의 일을 방해해서는 안 된다.

28수 중 정수井宿는 물을 주관하는 별자리이며, 미未 방향에 있다. 그러므로 미월未月은 큰비가 오는 달이다.

대제 신농은 만물의 성장을 책임지고 있다.

是月也 土潤溽暑 시월야 토윤욕서	이 달에는 땅의 기운이 습하고 무더우며
大雨時行 대우시행	때로 큰비가 내린다.
燒薙行水 소치행수	풀을 베어 말려서 태우고 난 뒤 빗물에 적시면
利以殺草 이이살초	풀을 제거하는 데 이롭다.
如以熱湯 여이숙탕	날이 더워지면 고인 빗물이 끓는 물처럼 되어
可以糞田疇 가이분전주	불에 태운 풀을 썩게 하고 밭의 거름으로 만들어
可以美土疆 가이미토강	척박한 땅이 기름지게 된다.

이 달에는 해가 땅을 달구기 때문에 더운 열기가 공기 중으로 올라가 날씨가 무덥고 습하다.

태양이 동정수에 다가서면 큰 비가 내린다.

큰 비가 내리기 전에 풀을 베어 태우고 나면 비가 와서 풀을 태운 밭을 적시게 되는데, 이때 풀을 제거하기 이롭다.

날이 더워지면 고인 빗물이 끓는 물처럼 되어 불에 태운 풀이 썩고, 그 뒤 썩은 풀이 밭의 거름이 되어 척박한 땅[疆]을 기름지게 한다.

⊛ 中央土 其日戊己
중앙토 기일무이

중앙의 달은 토에 해당한다. 토에 해당하는 천간은 무기이다.

其帝黃帝 其神后土
기제황제 기신후토

제는 황제이며 신은 후토다.

其蟲倮
기충라

벌레는 피부가 드러난 나충이다.

其音宮 律中黃鍾之宮
기음궁 율중황종지궁

주음은 궁이며 12율로는 황종의 궁음과 호응한다.

其數五 其味甘 其臭香
기수오 기미감 기취향

숫자는 5이며 맛은 단맛이며 냄새는 향내이다.

其祀中霤 祭先心
기사중류 제선심

중류의 신에게 제사하며 희생은 오장 중에서 심장을 먼저 바친다.

6월 말 중앙中央은 오행 중 토土에 속한다. 오행의 학설에서 토는 사시四時, 즉 춘하추동의 끝에 각 18일씩을 차지하여 왕성해지며 1년에 모두 72일이다. 사시에서 토뿐만 아니라 목木, 화火, 금金, 수水도 각각 72일이다. 토는 사시에 있어 있지 않은 곳이 없으므로 정해진 위치가 없고, 토의 기만 존재하는 곳도 없으니 진辰(계춘), 술戌(계추), 축丑(계동), 미월未月(계하)인 마지막 달에 붙어 왕성해진다.

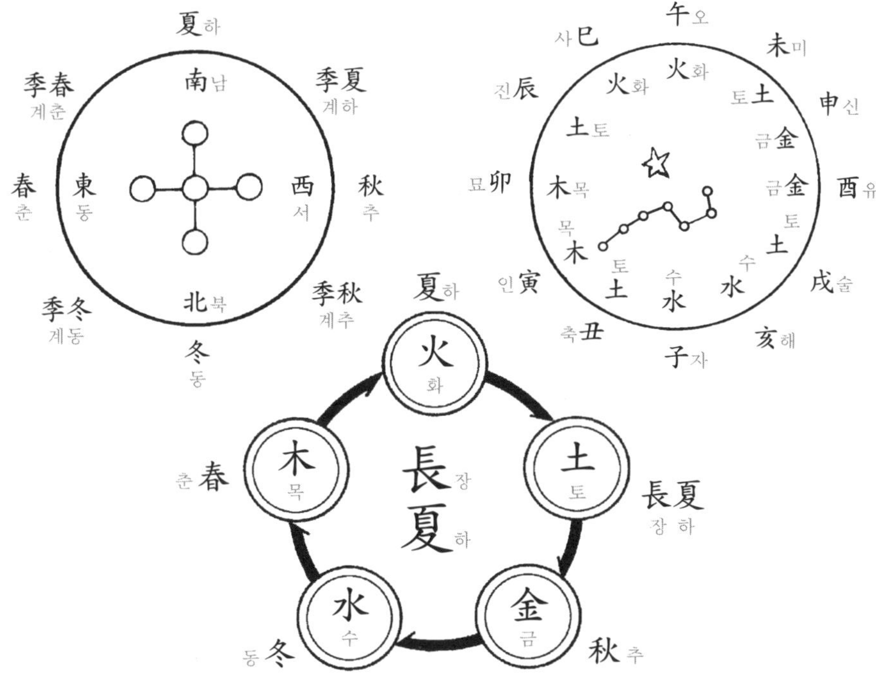

미월未月인 6월은 화火(여름)와 금金(가을) 사이에 있으며, 한 해의 가운데 있다. 그러므로 특별히 6월 중앙이 토土의 절기에 속하는 것이다. 토는 또한 장하長夏라고 하며, 오행의 여름과 가을 사이에 있다.

토에 해당하는 천간은 무기戊己이다. '무戊'는 무성함을 뜻하고 '기己'는 일어남을 뜻한다.

이 달의 주재는 황제黃帝이며 신은 후토后土이다.

번식하는 동물은 나충류로 가장 대표적인 나충류는 사람이다.

토의 주음은 5음 가운데 궁宮인데, 이는 궁이 토에 속하기 때문이다. 또한 궁은 5음 중 임금으로 중앙에 속한다.

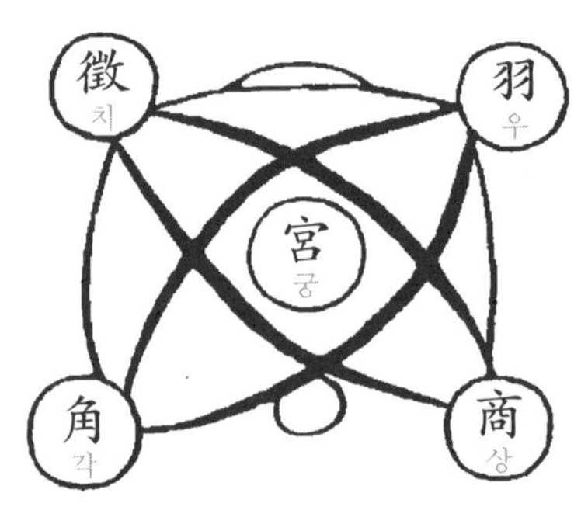

12율 중에서는 황종黃鐘이 궁음宮音에 해당된다. 황종은 11월에 해당하는 율로, 황종의 궁은 그 소리가 높고 커서 나머지 12율의 궁음 중 으뜸이며, 모든 음이 황종에서 일어난다.
토土가 목, 화, 금, 수의 근본이 되듯이 중앙中央에는 토가 배속된다. 열두 달의 후기候氣 뜻으로 취한 것이 아니라 중中(여기에서는 종種과도 통한다)의 뜻으로 취했다.

숫자 5는 옛사람들이 천문을 관측할 때 동서남북 한가운데의 방위를 말하는 것이며, '천오생토天五生土' 라고 했다. 하늘의 5가 토를 낳아서 땅의 10이 완성된다는 뜻이다. 기타 사시에 모두 성수成數를 들어 말했는데 여기서만 유독 생수生數를 든 까닭은, 토가 없으면 사계의 물物(수, 화, 목, 금)이 이뤄지지 못하기 때문이다.

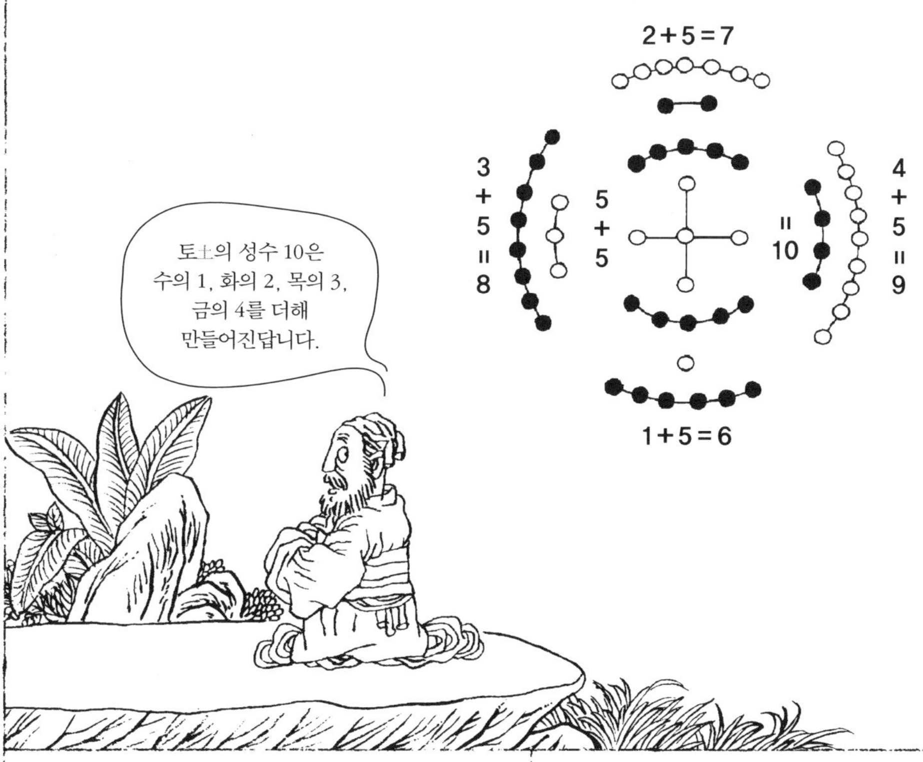

맛은 단맛이고 냄새는 향내이다. 제사는 방 한가운데에서 중류의 신에게 지내는데, 중류도 토신土神이다.

제사에 바치는 희생은 심장이다. 심장은 가장 가운데 위치하며 오장 중 으뜸이 되는 기관이다. 또한 화에 속하는데, 오행 중에서 화가 토를 낳기 때문이다.

天子居太廟太室
천 자 거 태 묘 태 실

천자는 태묘 태실에 거하고

乘大路 駕黃騮
승 대 로 가 황 류

누런색 수레를 타고
황류가 수레를 끌며

載黃旂 衣黃衣
재 황 기 의 황 의

누런색 깃발을 수레에 꽂고
누런색 옷을 입고

服黃玉
복 황 옥

누런색 옥을 찬다.

食稷與牛
식 직 여 우

기장밥과 소고기를 먹으며

其器圜以閎
기 기 환 이 굉

그릇은 둥글고 넓은 것을
사용한다.

천자는 명당 한가운데 있는 태실로 거처를 옮긴다.

천자는 황류가 끄는 큰 수레를 타고, 수레에는 누런 깃발을 꽂고 누런 옷을 입고 누런 옥을 찬다.

음식은 토土에 속하는 기장과 소고기를 먹는다.

그릇은 둥글고 넓은 것을 사용하는데, 모든 것이 흙을 취해 만들어졌다는 의미를 나타내기 위해서이다.

孟秋之月 日在翼
맹추지월 일재익

맹추의 달에는 태양이 익성 부근에 위치하며

昏建星中 旦畢中
혼건성중 단필중

황혼녘에는 건성이 한가운데 있고
새벽녘에는 필성이 한가운데 있다.

其日庚辛 其帝少皞
기일경신 기제소호

이 달에 속하는 천간은 경신이며 제는 소호이다.

其神蓐收 其蟲毛
기신욕수 기충모

신은 욕수이며 벌레는 모충이다.

其音商 律中夷則 其數九
기음상 율중이칙 기수구

주음은 상이며 12율로는 이칙과 호응하며 숫자는 9이다.

其味辛 其臭腥
기미신 기취성

맛은 매운맛이고 냄새는 비린내다.

其祀門 祭先肝
기사문 제선간

제사는 문의 신에게 올리며 희생은 간을 먼저 바친다.

7월 맹추에 태양은 28수의
익수翼宿 부근에 위치한다.

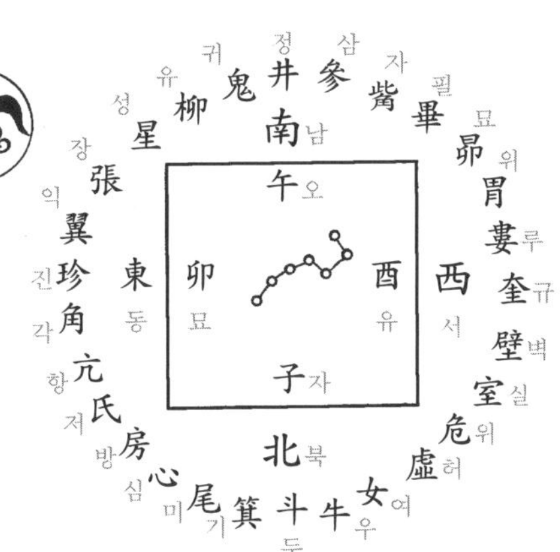

황혼녘에 건수建宿는 남쪽 하늘 한가운데
출현한다.

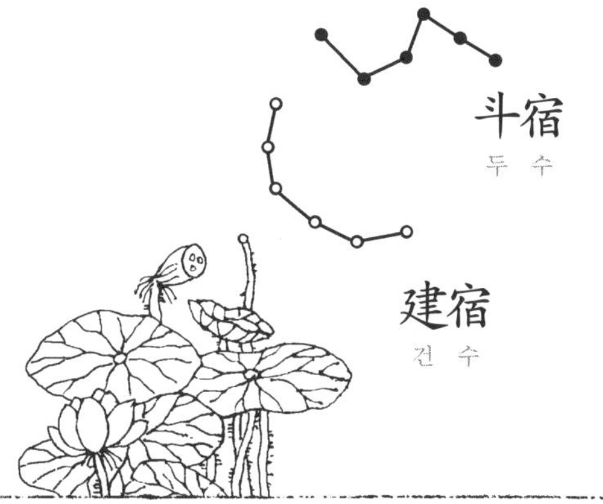

새벽녘에 필수畢宿는 남쪽 하늘 한가운데
출현한다.

이 달에 속하는 천간은 경신庚申이다.
夏하
丙丁병정
長夏장하
戊己무기
秋추
庚辛경신
冬동
壬癸임계
春춘
甲乙갑을
제는 흰색 정령의 군주인 소호少皞다. 신인 욕수蓐收는 그의 아들이며 금관金官의 신하이다.
번성하는 것은 털이 있는 모충이다.
12율 중에 신율申律은 이칙夷則과 상응해요.
금의 성수 9는 토(5)에 금(4)을 더해 만들어진답니다.
2+5=7
3+5=8
=10
5+5
4+5=9
1+5=6

맛은 매운맛이고, 냄새는 비린내다.
매운맛과 비린내는
모두 추금秋金에 속한다.

가을은 음기의 한가운데 위치하므로 이 달에 제사 드리는 대상은 문門이다.

《황제내경皇帝內徑》의 천문지호도天門地戶圖

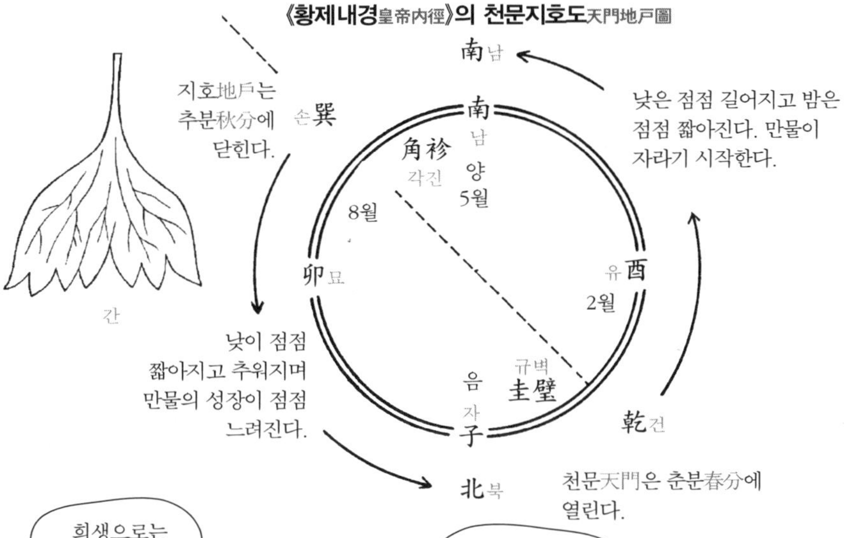

남 南
북 北
南 남
子 자
卯 묘
酉 유
巽 손
乾 건
角袗 각진
圭壁 규벽
양
음
5월
8월
2월
간

지호地戶는 추분秋分에 닫힌다.

낮은 점점 길어지고 밤은 점점 짧아진다. 만물이 자라기 시작한다.

낮이 점점 짧아지고 추워지며 만물의 성장이 점점 느려진다.

천문天門은 춘분春分에 열린다.

희생으로는 간을 바친답니다.

금을 취하면 목을 넉넉하게 이길 수 있다는 뜻에서지요.

涼風至 白露降 寒蟬鳴
량풍지 백로강 한선명
서늘한 바람이 불어오고 서리가 내리며 쓰르라미가 울고

鷹乃祭鳥 用始行戮
응내제조 용시행륙
매가 새들을 잡아 전부 먹어치우지 않고 제물을 진열하듯 늘어놓으면 죄인에 대한 처형도 이때부터 시작한다.

天子居總章左個
천자거총장좌개
천자는 총장 좌개로 거처를 옮긴다.

乘戎路 駕白駱
승융로 가백락
수레는 융로를 타고 백락이 끌도록 한다.

載白旂 衣白衣 服白玉
재백기 의백의 복백옥
흰색 깃발을 꽂고 흰색 옷을 입고 흰색 옥을 찬다.

食麻與犬 其器廉以深
식마여견 기기렴이심
음식으로는 마와 개고기를 먹는다.
그릇은 각지고 깊은 것을 사용한다.

是月也 以立秋
시월야 이입추
이 달에는 입추가 있다.

先立秋三日 太史謁之天子曰
선입추삼일 태사알지천자왈
입추 사흘 전에 태사가 천자를 찾아뵙고

某日立秋 盛德在金
모일입추 성덕재금
"모일이 입추입니다. 성덕이 금에 있습니다"라고 아뢴다.

찬바람이 불어오기 시작하고 서리가 내리고 쓰르라미가 운다. 매가 새들을 잡아 비축해 놓는다.

매는 새를 잡으나 전부 먹어치우지 않고 겨울을 위해 저장해놓는다. 철이 바뀌니 천자도 죄인에 대한 처형을 실행한다.

천자는 총장의 좌개로 거처를 옮긴다.

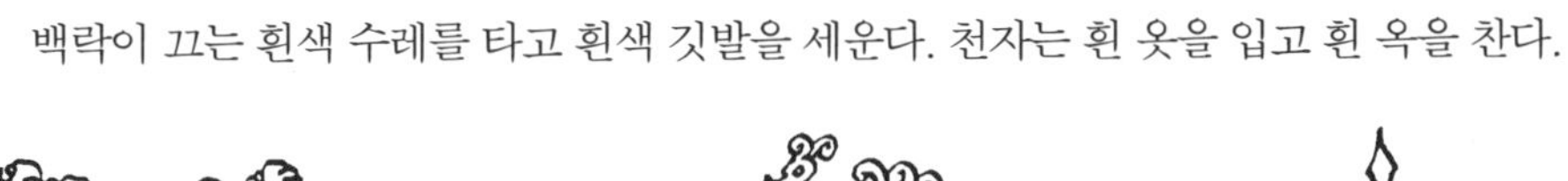

백락이 끄는 흰색 수레를 타고 흰색 깃발을 세운다. 천자는 흰 옷을 입고 흰 옥을 찬다.

맛은 신맛이고 음식은 마와 개고기를 위주로 하는데, 이는 가을의 시기時氣에 따른 것이다.

이 달은 입추가 있다. 입추 사흘 전에 태사는 천자를 찾아뵙고 "모일이 입추입니다. 지금부터 오행의 금金이 운행하는 절기로 바뀝니다"라고 아뢴다.

天子乃齊 立秋之日 天子親帥 천자내제 입추지일 천자친수	천자는 이에 재계한다. 입추 날에 천자는 친히
三公 九卿 諸侯 大夫 삼공 구경 제후 대부	삼공, 구경, 제후, 대부를 이끌고
以迎秋於西郊 이영추어서교	서쪽 교외에 나가 가을을 맞이한다.
還反賞軍帥武人於朝 환반상군수무인어조	조정으로 돌아와 군수와 무인에게 상을 내린다.
天子乃命將帥選士厲兵 천자내명장수선사려병	천자는 장수에게 명령하여 무사를 선발하고 병사를 독려하며
簡練桀俊 간련걸준	재주와 지혜가 뛰어난 사람을 뽑아 훈련을 시키도록 한다.
專任有功 以征不義 전임유공 이정불의	공을 세운 자들에게 직임을 전적으로 맡겨 불의한 사람을 정벌하도록 하고
詰誅暴慢 以明好惡 힐주폭만 이명호악	잔혹하고 오만한 사람을 추궁하고 주살하여 선악을 명확하게 드러내
順彼遠方 순피원방	먼 지방 사람들을 복종하게 한다.

이어 군대의 장수에게 명령을 내려 전사를 선발하고 칼이나 창과 같은 무기를 날카롭게 갈고, 힘세고 재간 있는 자를 뽑고, 전쟁의 성적이나 경험이 있는 자에게 전권을 위임하고 불의한 자를 정벌하러 간다.

아랫사람에게 포악하고 윗사람에게 패역하거나 오만한 자들의 책임을 추궁하고 벌을 주어, 시비를 분명하게 밝힌다.

이는 멀리 있는 자들도 능히 이러한 소문을 듣고 경외심과 복종심을 갖도록 하기 위함이다.

◎ 是月也 命有司修法制 시월야 명유사수법제	이 달에는 유사에게 명하여 법제를 정비하고
繕囹圄 具桎梏 선령어 구질곡	감옥을 수리하며 족쇄와 수갑과 같은 형구를 구비하여
禁止姦 愼罪邪 금지간 신죄사	간악한 짓을 막고 사악한 자를 신중히 벌주고
務搏執 무박집	죄인을 체포하는 데 힘쓴다.
命理瞻傷 察創 명리첨상 찰창	감옥을 맡은 옥관에게 명하여 외상과 내상을 입은 죄수를 보살피고
視折審斷 시절심단	골절을 입은 죄수를 치료하도록 한다.
決獄訟 必端平 결옥송 필단평	옥리가 송사를 처리할 때 바르고 공평하도록 하며
戮有罪 嚴斷刑 육유죄 엄단형	죄 있는 자를 죽여 형벌이 엄중하고 단호함을 보인다.
天地始肅 不可以贏 천지시숙 불가이영	천지 만물이 시들고 살기가 충만하므로 교만함이나 나태함이 없도록 한다.

이 달에는 법을 다루는 벼슬아치에게 명하여 법제를 정비하도록 하고, 감옥을 수리하며 족쇄와 수갑과 같은 형구를 구비하여 정당하지 못한 언론을 금지하고, 사악한 행위를 신중하게 처벌한다. 죄를 범하는 자는 즉시 구속한다.

옥관에게 죄수들의 상처를 살피라 한다. 고문을 당해 창상을 입었거나 골절을 당한 사람들을 치료해준다. 모든 송사는 공평하고 바르게 한다.

죄가 있는 자를 죽여 형벌이 엄중하고 단호함을 보인다. 이때는 천지 만물이 시들고 살기가 충만하므로 교만함이나 나태함이 없도록 한다.

是月也 農乃登谷
시월야 농내등곡

이 달에는 햅쌀을 진상한다.

天子嘗新 先薦寢廟
천자상신 선천침묘

천자는 햅쌀을 맛보되 먼저 침묘에 제를 올린다.

命百官始收斂
명백관시수렴

백관에게 농작물을 거두어들이라 명한다.

完堤坊 謹壅塞 以備水潦
완제방 근옹색 이비수료

제방을 완벽하게 보수하고 막힌 곳이 없는지 살펴 홍수를 대비한다.

修宮室 壞牆垣 補城郭
수궁실 괴장원 보성곽

궁실을 수리하고 담장에 허술한 데가 없도록 매만지고 성곽을 보수한다.

是月也 毋以封諸侯 立大官
시월야 무이봉제후 입대관

이 달에는 제후를 봉하거나 고관을 새로 임명하지 않는다.

毋以割地 行大使 出大幣
무이할지 행대사 출대폐

땅을 나누어주거나 사신을 파견하거나 예물을 주고받는 일이 없도록 한다.

이 달에 농사일을 맡아보는 관리는 천자에게 백곡百谷의 수확을 알린다.

천자는 이 달에 생산된 햇것을 맛보되 먼저 침묘에 이를 바친다.

백관에게 명하여 조세를 징수하도록 하고 제방을 보수하여 홍수의 범람을 막는다.

이 달에는 제후를 봉하지 않고 대관大官을 임명하지 않으며
땅을 나누어주지 않고 사신을 파견하거나
예물 등을 주고받는 일이 없도록 한다.

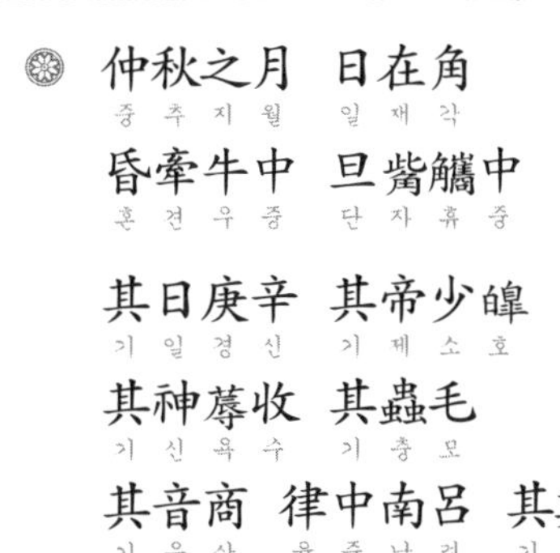

仲秋之月 日在角 중추지월 일재각	중추인 이 달에는 태양이 각성 부근에 위치한다.
昏牽牛中 旦觜觿中 혼견우중 단자휴중	황혼녘에는 견우성이 한가운데 위치하고 새벽녘에는 자휴성이 한가운데 있다.
其日庚辛 其帝少皞 기일경신 기제소호	중추에 속하는 천간은 경신이고 제는 소호이다.
其神蓐收 其蟲毛 기신욕수 기충모	신은 욕수이며 벌레는 모충이다.
其音商 律中南呂 其數九 기음상 율중남려 기수구	주음은 상이며 12율로는 남려와 호응하며 숫자는 9이다.
其味辛 其臭腥 기미신 기취성	맛은 매운맛이고 냄새는 비린내다.
其祀門 祭先肝 기사문 제선간	제사는 문의 신에게 올리며 희생은 간을 먼저 바친다.

8월 중추에 태양은 28수의 각수角宿 부근에 위치한다.

南 午 卯 酉 子 北 東 西 鬼 井 參 觜 畢 昴 胃 婁 奎 壁 室 危 虛 女 牛 斗 箕 尾 心 房 氐 亢 角 珍 翼 張 星 柳

황혼녘에는 견우성이 남쪽 하늘 한가운데 나타난다.

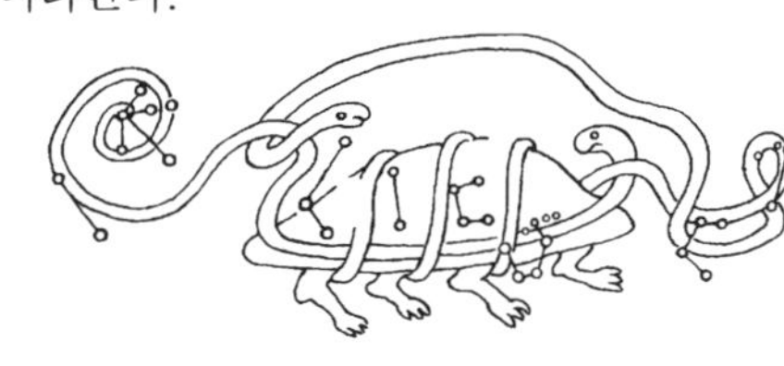

새벽녘에는 자수觜宿가 남쪽 하늘 한가운데 나타난다.

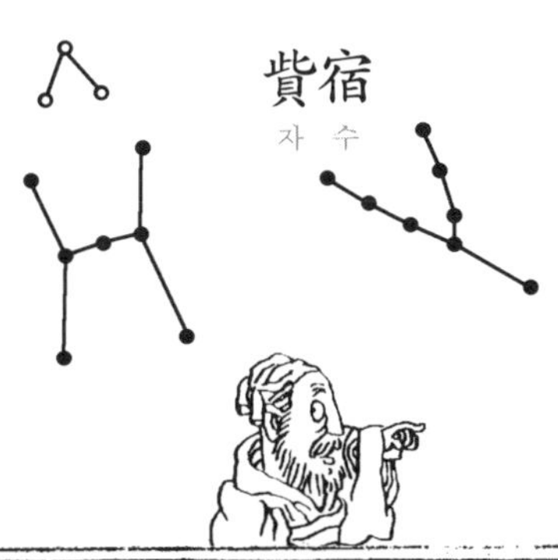

이 달은 12율 중에 유율酉律인 남려南呂와 상응한다.

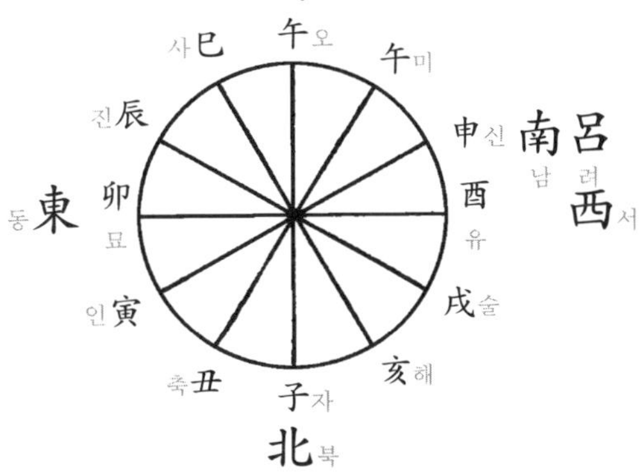

盲風至 鴻雁來 玄鳥歸
맹풍지 홍안래 현조귀
거친 바람이 불어오고 기러기는 북녘에서 돌아오며 제비는 남쪽으로 날아간다.

群鳥養羞
군조양수
새들은 겨우내 먹을 양식을 비축하느라 바쁘다.

天子居總章太廟
천자거총장태묘
천자는 총장 태묘에 거한다.

乘戎路 駕白駱 載白旂
승융로 가백락 재백기
수레는 융로를 타고 백락이 수레를 끌며 흰색 깃발을 꽂고

衣白衣 服白玉
의백의 복백옥
흰색 옷을 입고 흰색 옥을 찬다.

食麻與犬 其器廉以深
식마여견 기기렴이심
음식은 마와 개고기를 먹고 그릇은 각지고 깊은 것을 사용한다.

是月也 養衰老
시월야 양쇠노
이 달에는 노쇠한 노인을 봉양하는데

授几杖
수궤장
안석과 지팡이를 마련해주며

行糜粥飮食
행미죽음식
죽이나 미음과 같이 부드러운 음식을 대접한다.

거친 바람이 불어오고 기러기는 북쪽에서 돌아오며 제비는 남쪽으로 날아간다. 새들은 겨우내 먹을 양식을 비축하느라 바쁘다.

이 달에는 노쇠한 노인을 봉양하는데 방석과 지팡이를 마련해준다.

죽이나 미음과 같이 부드러운 음식을 대접하여 노인들의 음식 식단을 조절해준다.

乃命司服 具飭衣裳
내 명 사 복 구 칙 의 상

사복에게 명하여 의복을 고루 갖추도록 하는데

文繡有恒
문 수 유 항

무늬와 수놓는 것에 일정한 법칙이 있다.

制有小大 度有長短
제 유 소 대 도 유 장 단

법식에는 크고 작은 것이 있고 치수에는 길고 짧은 것이 있다.

衣服有量 必循其故
의 복 유 량 필 순 기 고

의복은 각기 정해진 수량이 있으며 반드시 정해진 방식에 따른다.

冠帶有常
관 대 유 상

의관이나 띠도 정해진 법도가 있다.

乃命有司申嚴百刑
내 명 유 사 신 엄 백 형

유사에게 거듭 명하여 모든 형벌을 신중하게 처리하도록 한다.

斬殺必當 毋或枉橈
참 살 필 당 무 혹 왕 요

사형에 처할 때는 반드시 그 처벌이 마땅한지
공정하게 살펴 억울함이 없도록 한다.

枉橈不當
왕 요 부 당

만약 억울하게 참형에 처하는 경우가 생기면

反受其殃
반 수 기 앙

오히려 사법관이 대신 재앙을 받는다.

의복을 담당하는 관리에게 명하여 규정에 따라 모든 제의를 만들도록 한다. 옷에 무늬나 수를 놓을 때 문양의 크기는 정해진 규칙에 따른다.

평상복의 수량은 정해진 방식에 따른다. 의관이나 띠도 마찬가지이다.

감옥을 다스리는 관리에게 거듭 명하여 형벌을 신중히 처리하도록 하며, 마땅히 참형에 처할 때는 혹여 한 치라도 억울함이 없도록 한다. 만약 억울하게 참형에 처하는 경우가 생기면 사법관이 대신 그 죄를 받아야 한다.

是月也 (시월야)	이 달에는
乃命宰祝 循行犧牲 (내명재축 순행희생)	재와 축에게 명령하여 제사에 쓸 희생을 순시하도록 한다.
視全具 按芻豢 (시전구 안추환)	먼저 희생으로써 사용하기에 지체肢體에 흠이 없는지 살피고 희생을 먹이는 먹이를 살핀다.
瞻肥瘠 察物色 (첨비척 찰물색)	살찌고 여윈 것을 살피고 희생의 털빛을 살펴
必比類 (필비류)	반드시 음양의 부류에 따라 구분한다.
量小大 視長短 (량소대 시장단)	체구의 크고 작음과 뿔의 길고 짧음을 헤아린다.
皆中度 五者備當 (개중도 오자비당)	이 모두가 법도에 맞아 다섯 가지 조건이 구비된 것을 가려서
上帝其饗 (상제기향)	상제에게 바치면 상제가 흠향할 것이다.
天子乃難 以達秋氣 (천자내난 이달추기)	천자는 나례를 행하여 가을의 기운이 통하게 한다.
以犬嘗麻 先薦寢廟 (이견상마 선천침묘)	개고기와 마를 맛보되 먼저 침묘에 제사를 올린다.

이 달에는 태재와 태축에게 제사에 쓸 희생을 순시하고 그 털색이 순색인지 체구에 결점이 없는지 살피고, 살찌고 여윈 것을 살피고 신체의 안색을 살핀다. 그러고 나서 양제陽祭와 음제*에 사용할 희생의 종류를 둘로 구분하고, 신체의 대소와 뿔의 장단을 헤아려 요구 조건에 부합하는지 본다.

이상 다섯 가지 조건을 갖추면 상제에게 희생으로 바친다. 천자는 나례를 거행하여 추기秋氣가 통달하도록 한다.

대마와 더불어 개고기를 먹되 먼저 침묘에 바친다.

* 양제와 음제: 양제에는 털빛이 붉은 희생을 사용하고, 음제에는 털빛이 검푸른 희생을 사용한다.

是月也 可以築城郭 시월야 가이축성곽	이 달에는 성곽을 쌓고
建都邑 穿竇窖 修囷倉 건도읍 천두교 수균창	도읍을 건설하며 움막을 파고 창고를 수리한다.
乃命有司趨民收斂 내명유사추민수렴	유사에게 명하여 백성을 독려하여 가을걷이를 서두르게 하고
務畜菜 多積聚 무축채 다적취	힘써 채소를 많이 저장하여 겨울철 양식을 비축하도록 한다.
乃勸種麥 毋或失時 내권종맥 무혹실시	보리를 파종하도록 권하여 때를 놓치지 않도록 한다.
其有失時 行罪無疑 기유실시 행죄무의	때를 놓친 사람이 있으면 주저 없이 벌을 준다.

이 달에는 도읍을 건설하고 성벽을 축조한다.

동그랗거나 네모난 동굴을 파고 창고를 수리한다.

벼슬아치에게 명하여 백성이 농작물을 저장하도록 독촉하고, 채소를 힘써 비축하여 겨울철 식량을 대비하도록 한다.

아울러 백성에게 보리를 파종할 시기임을 일깨우고 때를 놓치지 않도록 한다. 만약 때를 놓친 사람은 반드시 벌을 준다.

是月也 日夜分
시월야 일야분
이 달에는 밤과 낮의 길이가 같다.

雷始收聲
뇌시수성
우레 소리가 비로소 그치고

蟄蟲壞户
칩충괴호
겨울잠을 자는 벌레들은 출입구 주위에 흙을 쌓아둔다.

殺氣浸盛 陽氣日衰
살기침성 양기일쇠
살기가 점차 왕성해지고 양기가 날로 쇠하며

水始涸
수시학
물이 마르기 시작한다.

日夜分 則同度量
일야분 칙동도량
밤낮의 길이가 같아지므로 도량형도 고르게 한다.

平權衡 正鈞石
평권형 정균석
저울추와 저울의 눈금을 같게 하고 근수의 차이를 바로잡고

角斗甬
각두용
말과 섬을 비교하여 바르게 한다.

밤낮의 길이가 같아지므로 도량형도 고르게 한다. 저울추와 저울의 눈금을 같게 하고 근수의 차이를 바로잡고 말〔10되〕과 섬〔10말〕을 비교하여 바르게 한다.

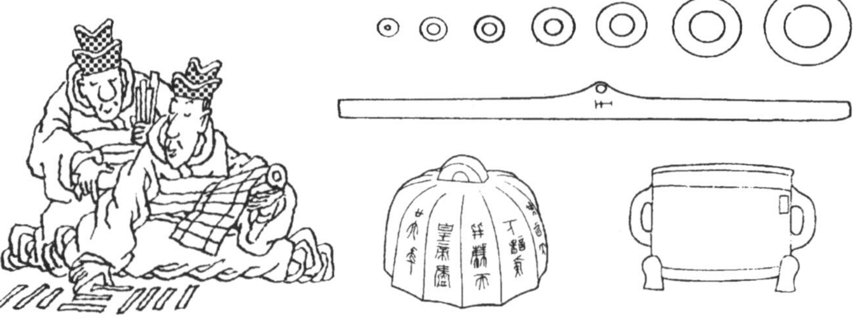

◎ 是月也 易關市
시월야 이관시

來商旅 納貨賄 以便民事
내상려 납화회 이변민사

四方來集 遠鄕皆至
사방래집 원향개지

則財不匱 上無乏用
즉재불궤 상무핍용

百事乃遂
백사내수

凡擧大事 毋逆大數
범거대사 무역대수

必順其時 愼因其類
필순기시 신인기류

이 달에는 관시의 출입 절차를 간소화하여

장사꾼이 모여들게 하며, 많은 상품을 들여와
백성의 생활을 편리하게 한다.

행상들이 사방에서 모여들고 먼 지방의 상인들까지 와서

물자의 교역이 왕성해지면 재정에 궁핍함이 없어

모든 일이 순조롭게 이루어진다.

무릇 큰일을 행함에 있어 음양의 큰 법칙을 거스르지 말아야 하며

반드시 천시에 순응하여야 하며
같은 부류에 의거하여 신중히 행해야 한다.

이 달에는 관시關市의 출입 절차를 간소화하고 세금을 줄여 장사꾼들이 모여들게 한다. 매매가 활발하면 상품이 많이 들어와 백성의 생활을 편리하게 하고, 국가도 쓸 것을 공급받는다.

무릇 백성의 노동력을 모으는 큰일은 모두 하늘의 도를 거스르면 안 된다.

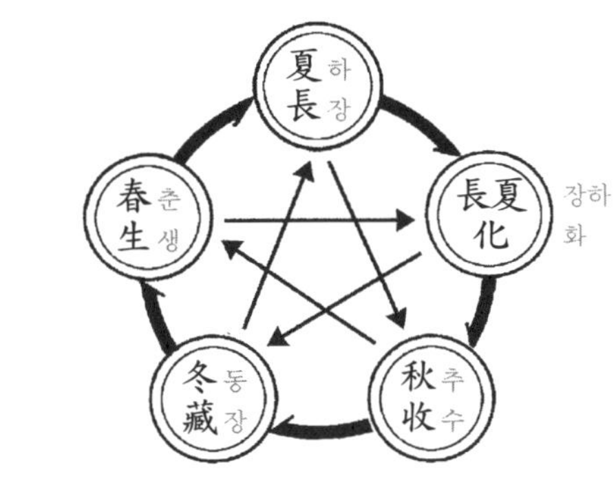

모든 일은 반드시 천시天時를 따라야 하며, 중추의 달에는 거두어들이는 부류의 일을 신중히 행해야 한다.

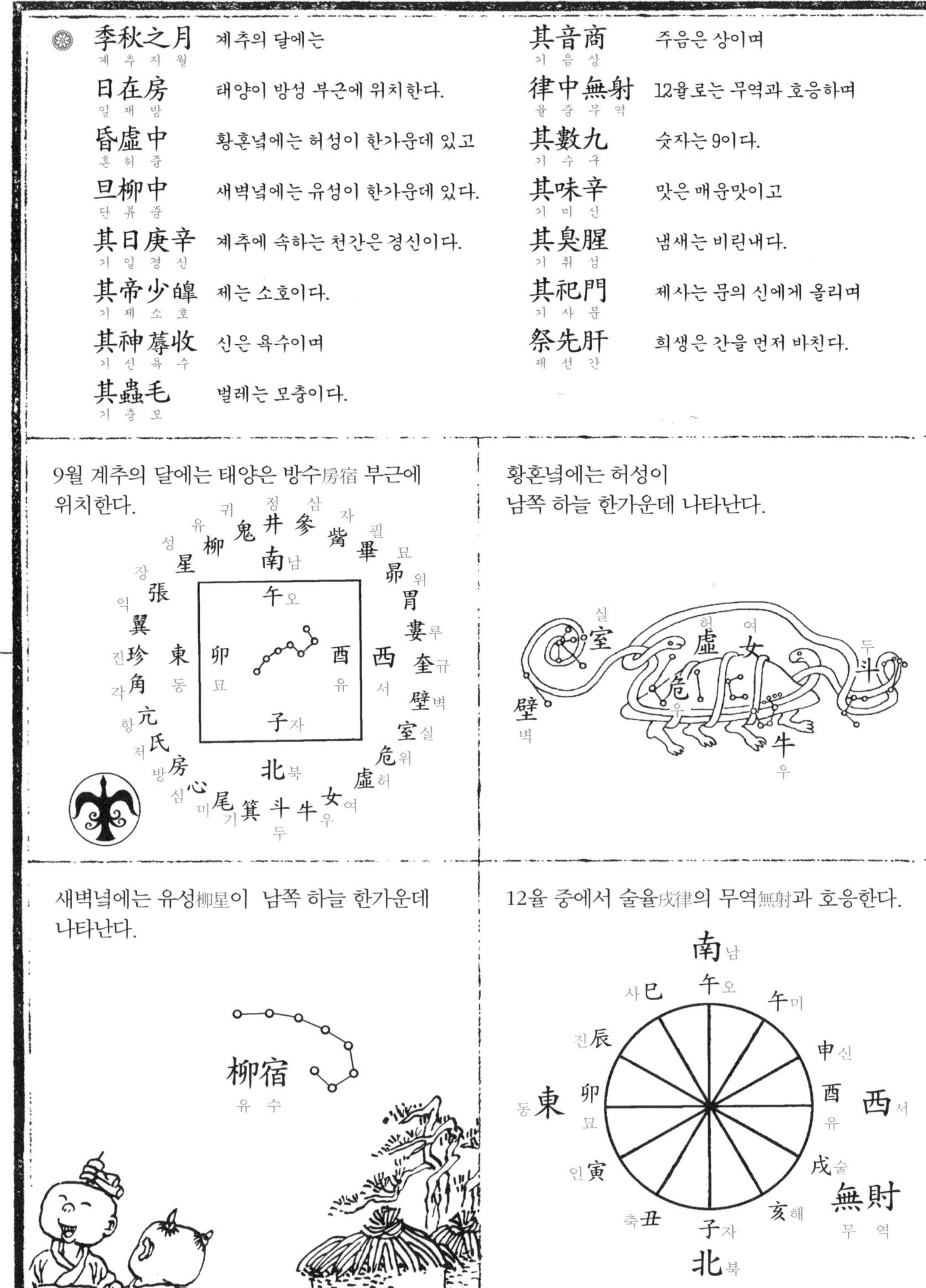

季秋之月 (계추지월) 계추의 달에는

日在房 (일재방) 태양이 방성 부근에 위치한다.

昏虛中 (혼허중) 황혼녘에는 허성이 한가운데 있고

旦柳中 (단류중) 새벽녘에는 유성이 한가운데 있다.

其日庚辛 (기일경신) 계추에 속하는 천간은 경신이다.

其帝少皥 (기제소호) 제는 소호이다.

其神蓐收 (기신욕수) 신은 욕수이며

其蟲毛 (기충모) 벌레는 모충이다.

其音商 (기음상) 주음은 상이며

律中無射 (율중무역) 12율로는 무역과 호응하며

其數九 (기수구) 숫자는 9이다.

其味辛 (기미신) 맛은 매운맛이고

其臭腥 (기취성) 냄새는 비린내다.

其祀門 (기사문) 제사는 문의 신에게 올리며

祭先肝 (제선간) 희생은 간을 먼저 바친다.

9월 계추의 달에는 태양은 방수房宿 부근에 위치한다.

황혼녘에는 허성이 남쪽 하늘 한가운데 나타난다.

새벽녘에는 유성柳星이 남쪽 하늘 한가운데 나타난다.

12율 중에서 술율戌律의 무역無射과 호응한다.

鴻雁來賓
홍 안 래 빈
계추에는 손님과 같은 기러기가 온다.

爵入大水爲蛤
작 입 대 수 위 합
참새가 바다로 들어가 조개를 잡아먹는다.

鞠有黃華
국 유 황 화
국화가 노랗게 피고

豺乃祭獸戮禽
시 내 제 수 륙 금
승냥이는 마치 제사를 지내듯 잡은 짐승을 늘어놓는다.

天子居總章右個
천 자 거 총 장 우 개
천자는 총장 우개에 거하고

乘戎路 駕白駱
승 융 로 가 백 락
수레는 융로를 타며 백락이 수레를 끈다.

載白旂 衣白衣 服白玉
재 백 기 의 백 의 복 백 옥
흰색 깃발을 꽂고 흰색 옷을 입으며 흰색 옥을 찬다.

食麻與犬
식 마 여 견
마와 개고기를 먹고

其器廉以深
기 기 렴 이 심
그릇은 각지고 속이 깊은 것을 사용한다.

계추에는 원래의 보금자리로 아직 돌아가지 않은 손님과 같은 기러기가 온다.

참새가 호수나 강, 바다로 들어가 물고기와 조개를 잡아먹는다.

국화가 노랗게 핀다. 승냥이는 겨울에 먹을 짐승을 잡느라 바쁘다.

이 달에 천자는 절기에 따라 서당西堂의 북쪽방으로 거처를 옮긴다.

是月也 申嚴號令
시월야 신엄호령
이 달에 거듭 호령을 엄하게 내리고

命百官貴賤無不務內
명백관귀천무불무내
백관에게 명하여 귀천, 상하를 가리지 말고 만물을 안으로 거둬들이는 일에 힘쓰도록 한다.

以會天地之藏 無有宣出
이회천지지장 무유선출
지금의 천시는 거둬들여 저장하는 계절이므로 시기에 어긋나지 않도록 곡식을 나누지 않는다.

乃命冢宰 農事備收
내명총재 농사비수
총재에게 명하여 농작물을 모두 거둬들이면

擧五谷之要
거오곡지요
조세로 들어온 오곡의 수량을 장부에 기입하도록 한다.

藏帝籍之收於神倉
장제적지수어신창
적전에서 거둬들인 수확은 신창에 갈무리하되

祇敬必飭
기경필칙
특별히 조심해서 삼가고 공경하는 마음으로 한다.

이 달에는 백관에게 직무의 고하에 관계없이 만물을 거둬들이는 일에 힘쓰라고 명한다. 이 시기는 거둬들여 저장하는 계절이므로 천시에 따라 곡식을 널리 나누지 않는다.

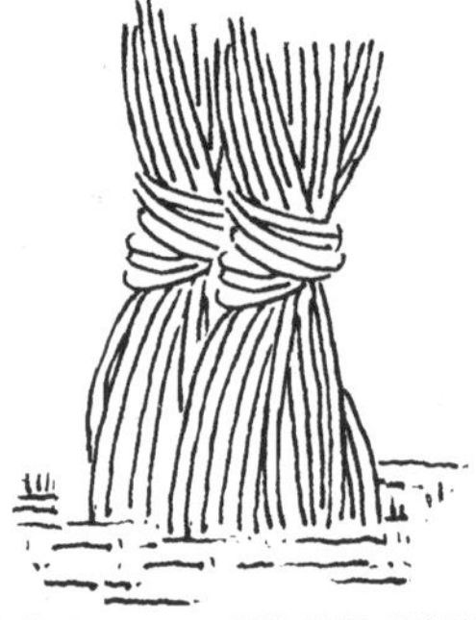

총재冢宰*에게 명하여 농작물을 모두 거둬들이면 조세로 들어온 오곡의 수량을 장부에 기입하도록 한다.

천자가 직접 경작한 적전籍田에서 거둬들인 수확은 신창神倉이라는 창고에 갈무리하되 특별히 조심해서 삼가고 공경하는 마음으로 한다.

* 총재: 주周나라 때 육경六卿의 우두머리.

◎ 是月也 霜始降
시월야 상시강

則百工休
즉백공휴

乃命有司曰
내명유사왈

寒氣總至 民力不堪
한기총지 민력불감

其皆入室
기개입실

上丁
상정

命樂正入學習吹
명악정입학습취

이 달에는 서리가 내리기 시작하니

장인들을 쉬도록 한다.

유사에게 명하여

"한기가 몰아닥쳐 백성은 이를 견딜 수 없으므로

모두 집으로 돌아가 쉬도록 하라"고 알린다.

9월 상순 정일에

악정에게 명하여 국학에서 관악기를 교습하도록 한다.

이 달에는 서리가 내리기 시작하므로 장인과 예인 등 모두가 피곤하다. 따라서 벼슬아치에게 다음과 같은 명을 내린다.

9월 첫 번째 정일丁日을 택하여 악정에게 국학에서 관악기를 교습하도록 명한다.

是月也 大饗帝 嘗 시 월 야 대 향 제 상	이 달에는 오제에게 대향제를 거행하고 상제를 지낸다.
犧牲 희 생	희생을 완벽하게 갖춘 후
告備于天子 고 비 우 천 자	천자에게 이를 알린다.
合諸侯 합 제 후	천자는 제후를 모으고
制百縣 제 백 현	모든 현에
爲來歲受朔日 위 래 세 수 삭 일	다음 해의 달력과
與諸侯所稅於民輕重之法 여 제 후 소 세 어 민 경 중 지 법	제후가 백성에게 거둘 세금의 경중에 관한 기준과
貢職之數 공 직 지 수	공물의 수량에 대한 칙령을 내린다.
以遠近土地所宜爲度 이 원 근 토 지 소 의 위 도	이때 거리의 원근과 토질에 따라 기준을 정하고
以給郊廟之事 이 급 교 묘 지 사	상제와 종묘에 드리는 제사에 공급하되
無有所私 무 유 소 사	사사로움이 없어야 한다.

이 달에는 오제五帝에게 대향제를 거행하고, 군신群神에게 가을 시제인 상제嘗祭를 지낸다. 이전의 대우제는 바람과 비를 순조롭게 내려달라는 기우제였으나 9월에 올리는 대향제는 주재와 신령의 은혜에 보답하는 제사다.

대향제와 상제에는 모두 희생을 사용한다. 중추에 이미 희생의 털빛이 순색인지 체구에 결함이 없는지를 살폈으니, 이때에는 희생이 완벽하게 갖추어졌음을 천자에게 아뢴 후 제사에 사용한다.

천자는 제후를 소집하고 각 현에서 사용하게 될 다음 해 달력을 반포한다.

제후국의 세율은 거리의 원근과 토지의 대소에 따라 제정한다.

소신의 봉지는 좁고 인구도 많지 않으며 불행하게도 올해 작황이 좋지 않사오며…

하늘과 조상에게 제사하는 데 바쳐야 하는 희생은 사사로움이 없어야 한다.

◎ 是月也 (시월야) — 이 달에는

天子乃教於田獵 (천자내교어전렵) — 천자가 사냥을 이용하여 전술을 가르치며

以習五戎 (이습오융) — 다섯 가지 무기 다루는 법을 익히게 하고

班馬政 (반마정) — 승마의 정령을 반포한다.

命僕及七騶咸駕 (명복급칠추함가) — 복과 칠추에게 명하여 일곱 종류의 말을 마구에 채워 전차에 연결하도록 한다.

載旌旐 授車以級 (재정조 수차이급) — 수레에 깃발을 꽂은 후 관직의 고하에 따라 전차를 분배하고

整設于屛外 (정설우병외) — 사냥터의 병장 바깥에 정렬하도록 한다.

司徒搢撲 (사도진박) — 사도는 채찍을 허리에 꽂고

北面誓之 (북면서지) — 북쪽을 바라보고 맹세한다.

天子乃厲飾 (천자내려식) — 천자는 사냥할 때 입는 복장을 갖춰 입고

執弓挾矢以獵 (집궁협시이렵) — 활을 쏘아 새를 잡아 무예를 과시한다.

命主祠祭禽于四方 (명주사제금우사방) — 그리고 사제에게 명하여 사냥터에서 잡은 짐승을 사방의 신에게 제사하도록 한다.

이 달에 천자는 사냥을 이용하여 백성에게 전술을 가르치고 다섯 가지 무기(활과 화살, 칼, 검, 세모창, 갈대창)를 다루는 방법을 익히도록 한다.

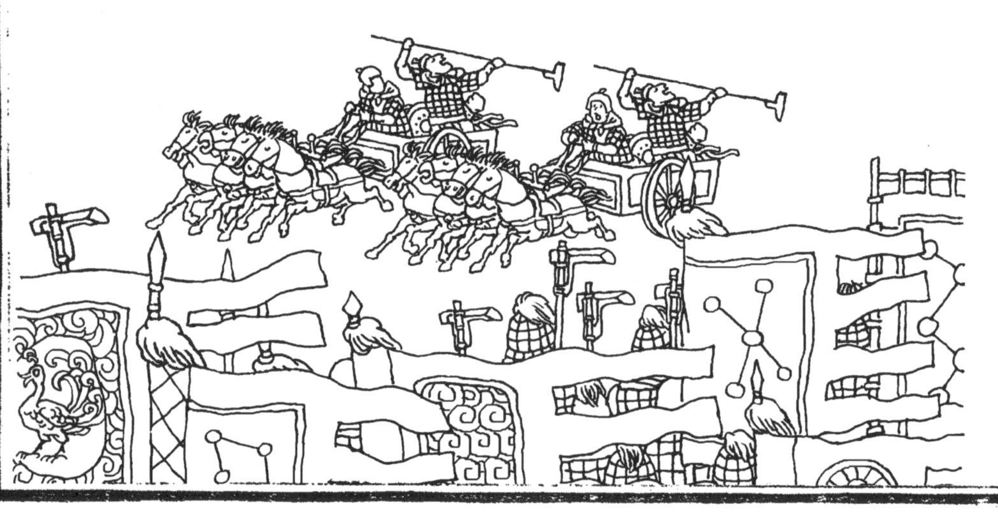

말을 모는 규칙을 반포하고 말의 털 색깔이나 다리 힘에 따라 말을 구분한다.

융복戎僕과 어자御者에게 명하여 일곱 종류의 말을 마구에 채워 전차에 연결하도록 한다.

수레에 깃발을 꽂은 후 관직의 고하에 따라 전차를 분배하고 사냥터의 병장屛障* 바깥에 정렬하도록 한다. 사도는 채찍을 허리에 꽂고 북쪽을 바라보고 천자에게 맹세한다.

천자는 완전무장을 하고 활을 쏘아 친히 제사에 바칠 희생을 잡는다.

그러고 나서 제사를 담당하는 관리에게 명하여 사냥터에서 잡은 짐승으로 사방의 신에게 제사를 올리도록 한다.

*병장 : 보호벽.

是月也
시 월 야
이 달에는

草木黃落
초 목 황 락
초목이 누렇게 시들고 마르는 때이므로

乃伐薪爲炭
내 벌 신 위 탄
땔나무를 베어다가 숯을 만든다.

蟄蟲咸俯
칩 충 함 부
겨울잠을 자려는 벌레들은 모두 땅 속으로 기어들어가

在內皆墐其户
재 내 개 근 기 호
숨고 그 틈을 막는다.

乃趣獄刑
내 취 옥 형
소송사건을 얼른 해결하며

毋留有罪
무 류 유 죄
옥에 갇힌 죄수를 미결로 두지 않는다.

收祿秩之不當
수 록 질 지 불 당
하는 일 없이 녹봉을 받는 자나

供養之不宜者
공 양 지 불 의 자
나라에 공로가 없는 자들에게 주던 녹봉을 거두어들인다.

是月也
시 월 야
이 달에

天子乃以犬嘗稻
천 자 내 이 견 상 도
천자는 햅쌀과 함께 개고기를 맛보되

先薦寢廟
선 천 침 묘
먼저 침묘에 제사를 드린다.

이 달에는 초목이 누렇게 시들고 마른다.

따라서 땔나무를 베어다가
숯을 만들어 월동 준비를 한다.

소송사건을 얼른 해결하며
법을 어긴 죄인을 미결로 남겨두지 않는다.

과다하게 지출된 녹봉은 거둬들인다.

자격도 없이 정부의 복리 혜택을 누리는
사람들의 녹봉도 거둬들인다.

이 달에 천자는 절기에 따라 개고기와 햅쌀로 지은 밥을
맛보되 먼저 침묘에 제사하고 맛본다.

孟冬之月 日在尾
맹동지월 일재미

맹동의 달에 태양은 미성 부근에 위치한다.

昏危中 旦七星中
혼위중 단칠성중

황혼녘에는 위성이 한가운데 있고
새벽녘에는 칠성이 한가운데 있다.

其日壬癸 其帝顓頊
기일임계 기제전욱

맹동에 해당하는 천간은 임계이며 제는 전욱이고

其神玄冥 其蟲介
기신현명 기충개

신은 현명이다. 이 달에 해당하는 벌레는 개충이고

其音羽 律中應鍾
기음우 율중응종

주음은 우이며 12율은 응종과 호응한다.

其數六 其味鹹 其臭朽
기수육 기미함 기취후

숫자는 6이고 맛은 짠맛이며 냄새는 썩은 냄새다.

其祀行
기사행

제사는 길의 신인 행신에게 지내며

祭先腎
제선신

희생은 오장 중에서 신장을 먼저 바친다.

10월 맹동에 태양은 28수의 미수尾宿 부근에 위치한다.

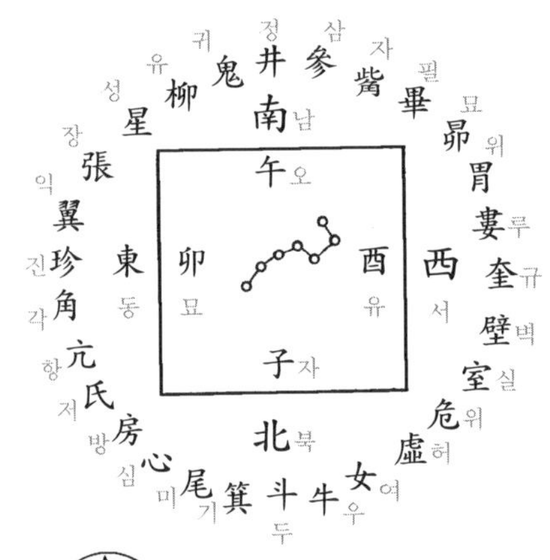

황혼녘에 위수危宿는 남쪽 하늘 한가운데 나타난다.

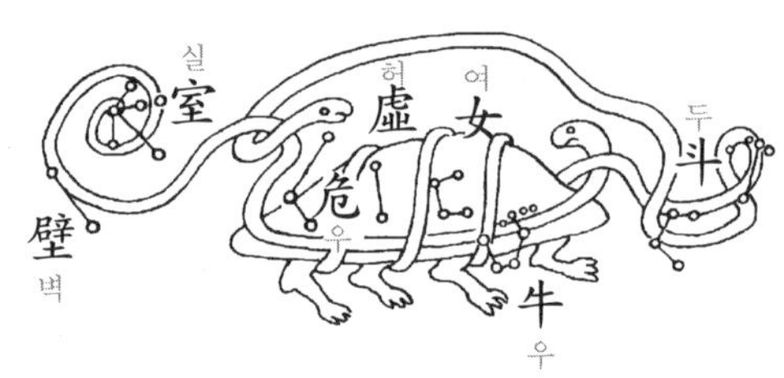

새벽녘에 성수星宿는 남쪽 하늘 한가운데 나타난다.

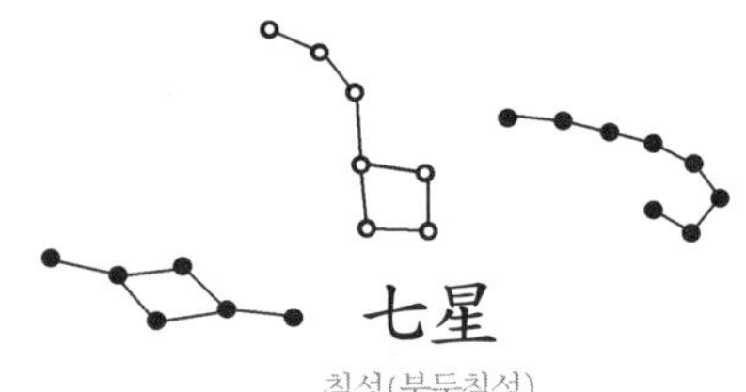

맹동에 해당하는 천간은 임계壬癸다.

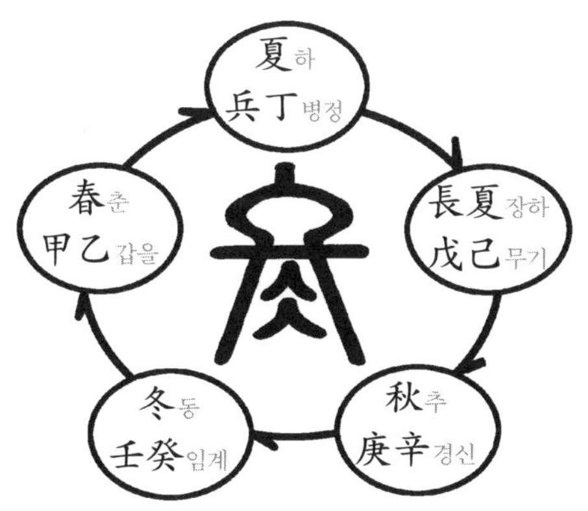

이 계절의 주재는 검은 정기를 지닌 임금인 전욱이고 그 신하는 물을 관리하는 현명이다.

번성하는 것은 물속에 사는 거북이와 같은 딱딱한 등껍질을 가진 개충이다.

주음은 우羽이다.

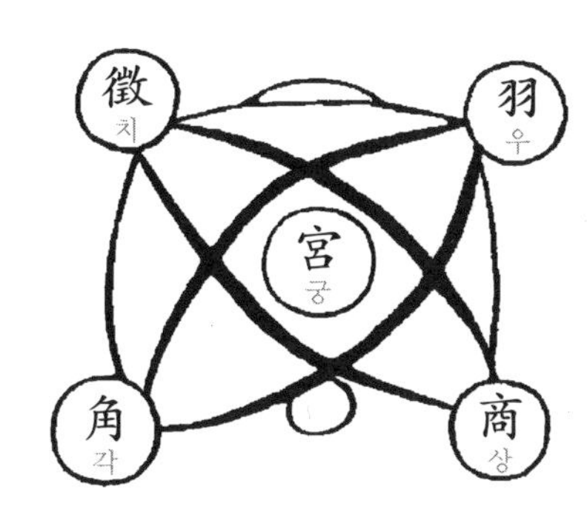

12율 중에서 해율亥律의 응종應鐘과 호응한다.

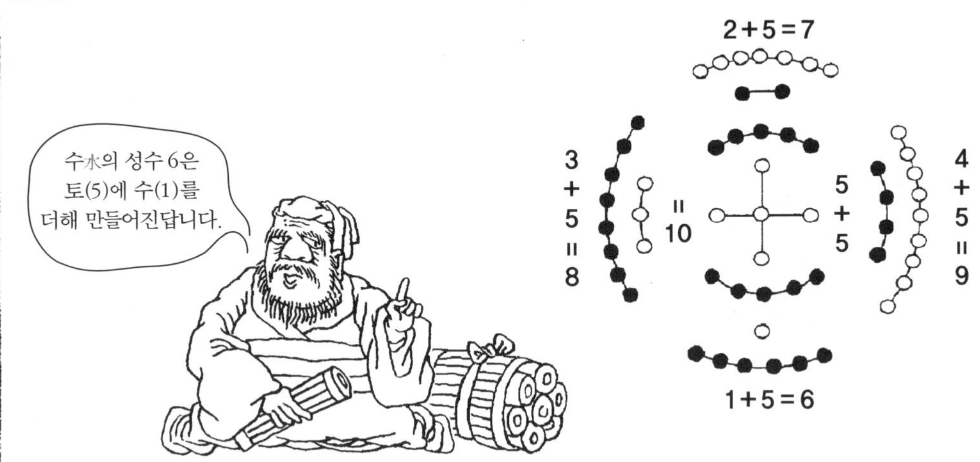

맛은 짠맛이며 냄새는 썩은 냄새다.

기타 사시에는 모두 제압하라는 의미로 상극 관계에 속하는 장기를 먼저 바쳤기 때문에, 겨울에도 수水와 상극 관계에 속한 심장을 먼저 바쳐야 한다. 하지만 중앙中央에 이미 심장을 바쳤기 때문에 겨울에는 수水에 속하는 신장을 바친다. 아울러 겨울에는 정靜을 위주로 하기 때문에 상극 관계를 따르지 않는다.

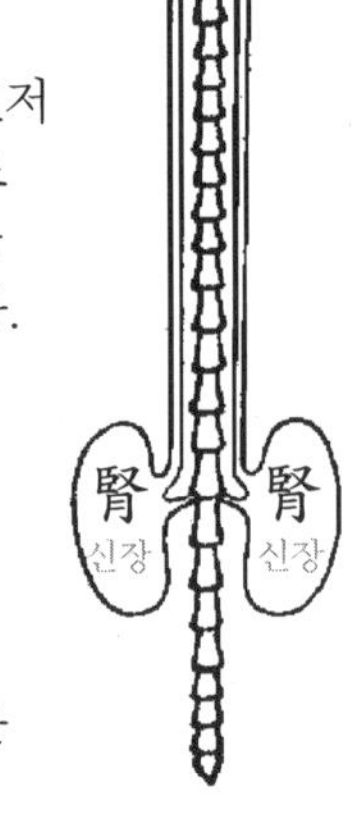

제사의 대상은 길을 왕래하는 행신行神인데, 이는 겨울에는 음이 가고 양이 오는 길行이라는 의미 때문이다.

水始冰 地始凍
수시빙 지시동

물이 얼기 시작하고 땅이 얼기 시작한다.

雉入大水爲蜃
치입대수위신

꿩은 날아오르지 않고 바닷물은 용솟음친다.

虹藏不見 天子居玄堂左個
홍장불견 천자거현당좌개

무지개도 숨어서 보이지 않는다. 천자는 현당 좌개에 거한다.

乘玄路 駕鐵驪
승현로 가철려

검은색 수레를 타고 수레는 검은색 말인 철려가 끈다.

載玄旂 衣黑衣 服玄玉
재현기 의흑의 복현옥

검은색 깃발을 꽂고 검은색 옷을 입으며 검은색 옥을 찬다.

食黍與彘 其器閎以奄
식서여체 기기굉이엄

기장밥과 돼지고기를 먹으며
그릇은 가운데가 넓고 주둥이가 좁은 것을 쓴다.

이때는 물이 얼기 시작하고 땅도 얼기 시작한다.

무지개도 음양의 기氣의 변화에 따라 숨어서 보이지 않는다.

양물陽物에 속하는 꿩은 더 이상 날아오르지 않고 강물과 바닷물이 흉흉하게 뛰노는데, 그 모습이 마치 교룡이 날아오르는 듯하다.

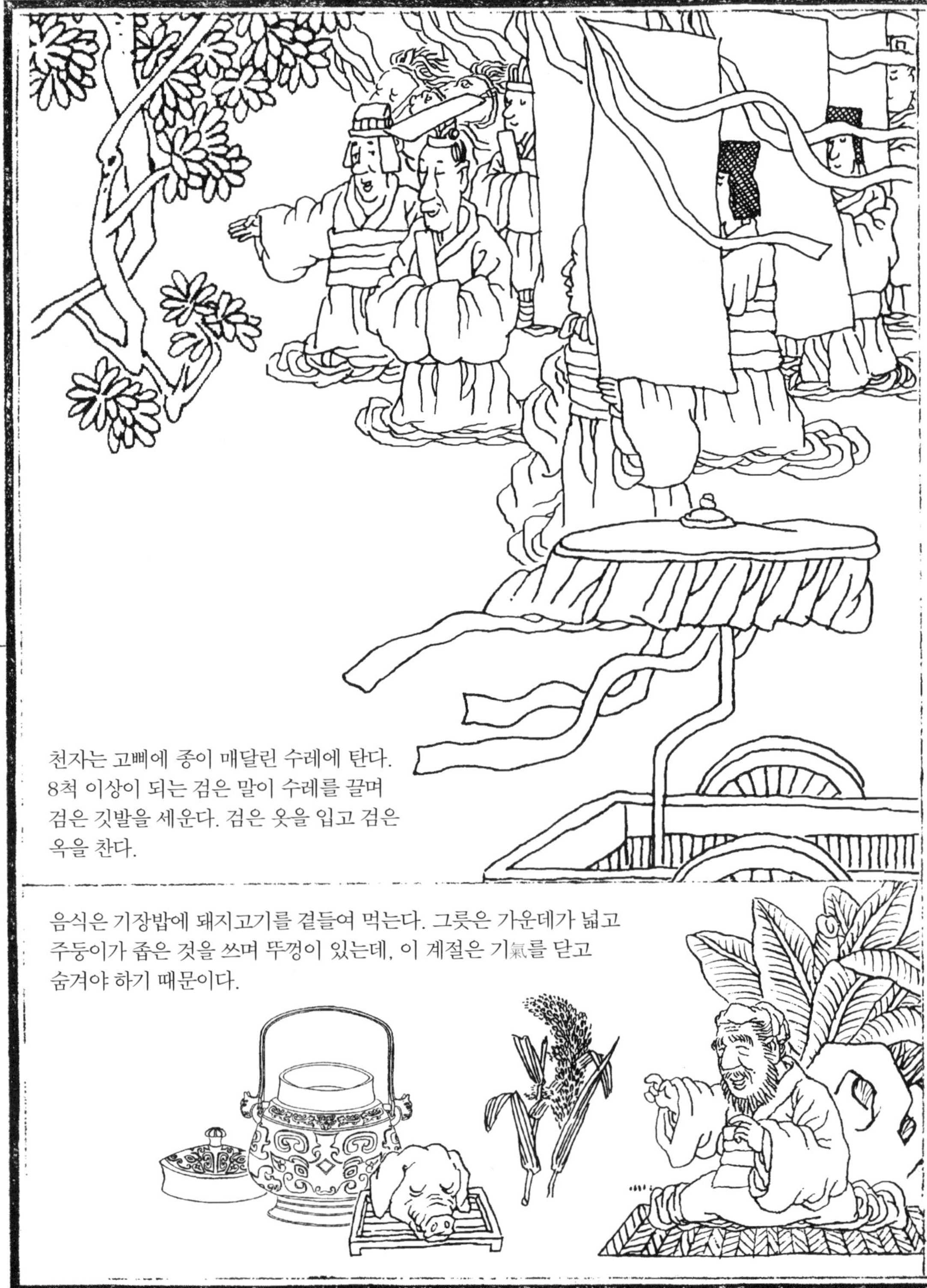
천자는 고삐에 종이 매달린 수레에 탄다. 8척 이상이 되는 검은 말이 수레를 끌며 검은 깃발을 세운다. 검은 옷을 입고 검은 옥을 찬다.
음식은 기장밥에 돼지고기를 곁들여 먹는다. 그릇은 가운데가 넓고 주둥이가 좁은 것을 쓰며 뚜껑이 있는데, 이 계절은 기氣를 닫고 숨겨야 하기 때문이다.

是月也 以立冬 시월야 이입동	이 달에는 입동이 있다.
先立冬三日 太史謁之天子 曰 선입동삼일 태사알지천자 왈	입동 사흘 전에 태사가 천자를 찾아뵙고
某日立冬 盛德在水 모일입동 성덕재수	"모일이 입동입니다. 성덕은 수에 있습니다"라고 아뢴다.
天子乃齊 立冬之日 천자내재 입동지일	천자는 이에 재계한다. 입동 날에
天子親帥三公 九卿 大夫 천자친수삼공 구경 대부	천자는 친히 삼공, 구경, 대부를 거느리고
以迎冬於北郊 이영동어북교	북쪽 교외에 나가 겨울의 기운을 맞아들인다.
還反 賞死事 환반 상사사	조정으로 돌아와 순국한 사람에게 상을 내리고
恤孤寡 휼고과	그 유족을 진휼한다.

이 달은 입동立冬 절기가 있다. 입동 사흘 전에 태사가 천자를 찾아뵙고 "모일이 입동입니다. 지금부터 오행의 수水가 운행하는 절기로 바뀝니다"라고 아뢴다. 천자는 재계한다.

입동 당일에 천자는 친히 삼공, 구경, 대부를 거느리고 북쪽 교외에 나가 겨울을 맞는다.

조정으로 돌아와 순국한 사람에게 상을 내리고 그 유족을 위로한다.

是月也 시월야	이 달에는
命太史衅龜著 占兆 명대사흔귀시 점조	태사에게 명하여 희생의 피를 거북의 등껍질과 산가지에 발라 조짐을 점치고
審卦吉凶 是察阿黨 심괘길흉 시찰아당	괘의 길흉을 살핀다. 윗사람에게 아첨하고 법을 어지럽히는 자를 적발하여 벌을 주고
則罪無有掩蔽 칙죄무유엄폐	잘못된 일을 덮어 감추는 일이 없도록 한다.
是月也 天子始裘 시월야 천자시구	이 달에 천자는 가죽옷을 입기 시작한다.
命有司曰 天氣上騰 명유사왈 천기상등	벼슬아치에게 명하여 "하늘로는 양기가 올라가고
地氣下降 天地不通 지기하강 천지불통	땅으로는 음기가 내려와 천지의 기운이 통하지 않으니
閉塞而成冬 폐색이성동	터진 곳을 모두 막아 겨울을 대비하라"고 한다.

이 달에는 태사에게 명하여 희생의 피를 거북의 등껍질과 산가지에 발라 길흉을 점치도록 한다.

윗사람에게 아첨하고 법을 어지럽히는 자를 적발하여 벌을 주고, 잘못을 덮지 말고 파헤쳐 드러나게 한다.

이 달에 천자는 가죽 옷을 입는다. 벼슬아치에게 명하여 "하늘로는 양기가 올라가고 땅으로는 음기가 내려와 천지의 기운이 통하지 않으니 터진 곳을 모두 막아 겨울을 대비하라"고 한다.

命百官謹蓋藏 명백관근개장	백관에게 명하여 갈무리하여둔 것을 잘 덮어서 겨울을 대비하도록 한다.
命司徒循行積聚 無有不斂 명사도순행적취 무유불렴	유사에게 명하여 8월 중추에 쌓아둔 양식을 순찰하고 단단히 갈무리를 하도록 한다.
壞城郭 戒門閭 修鍵閉 괴성곽 계문려 수건폐	성곽을 보수하고 거리를 순찰하고 문빗장을 수리하고
愼管籥 신관약	열쇠와 자물쇠를 잘 간수한다.
固封疆 備邊竟 完要塞 고봉강 비변경 완요색	봉토의 경계를 명확하게 하고 변방 경계를 철저히 하고 요새를 튼튼하게 한다.
謹關梁 塞徯徑 근관량 색혜경	관문과 교량의 통행을 경계하고 샛길의 통행을 막아 국방을 튼튼히 한다.
飭喪紀 辨衣裳 칙상기 변의상	상사에 관한 규칙을 바로잡고 상복에 대한 등급을 매긴다.
審棺槨之薄厚 심관곽지박후	관곽의 두께와
塋丘壟之大小 高卑 영구롱지대소 고비	무덤의 크기와 봉분의 높낮이와
厚薄之度 貴賤之等級 후박지도 귀천지등급	후하고 박하게 하는 정도를 정하고 귀천의 등급을 살핀다.

백관에게 명하여 올해 거둔 수확을
조심히 잘 갈무리하라 이른다.
사도에게 명하여 쌓아둔 양식을 순찰하여
단단히 갈무리를
하도록 한다.

성곽이 무너진 곳을 보수하고
거리를 순찰하고 문빗장을 수리하고
열쇠와 자물쇠를 잘 간수한다.

봉토의 경계를 명확히 하고 변방 경계를 철저히 하고 변방 요새를 적의 침입에 대비해 튼튼하게 한다. 관문과 교량의 통행을 경계하고 샛길의 통행을 막아 국방을 튼튼히 한다.

상사에 관한 규칙을 바로잡고 상복에 대한 등급을 매긴다.

관의 두께를 살피고 분묘의 대소와 고저를 정한다.

이를 귀천의 서열에 맞게 한다.

是月也 命工師效功 시 월 야 명 공 사 효 공	이 달에는 공사에게 명하여 제조한 기물을 바치라 하고
陳祭器 按度程 진 제 기 안 도 정	제작된 제기를 진열하여 그 양식이 법도에 맞는지 살핀다.
毋或作爲淫巧以蕩上心 무 혹 작 위 음 교 이 탕 상 심	지나치게 기교를 부려 천자의 마음을 산란하게 하지 않으며
必功致爲上 필 공 치 위 상	정교하고 정성을 기울인 기물을 최고로 꼽는다.
物勒工名 以考其誠 물 륵 공 명 이 고 기 성	제작된 기물에는 만든 장인의 이름을 새기고 선조의 신령에게 얼마나 정성을 기울였는지 고증한다.
功有不當 공 유 부 당	정성을 기울이지 않은 자가 있다면
必行其罪 以窮其情 필 행 기 죄 이 궁 기 정	반드시 죄를 묻는다.

이 달에는 공사에게 명하여 제조한 여러 기물을 바치라 하고 제작된 제기를 진열하여 그 양식이 법도에 맞는지 살핀다.

기물이 지나치게 기교를 부려 천자의 마음을 혼란스럽게 하지 않았는지 살핀다. 정교하고 정성을 기울인 기물을 최고로 꼽는다.

제작된 기물에는 기물을 만든 장인의 이름을 새기고 그가 선조의 신령에게 얼마나 정성을 기울였는지 고증한다.

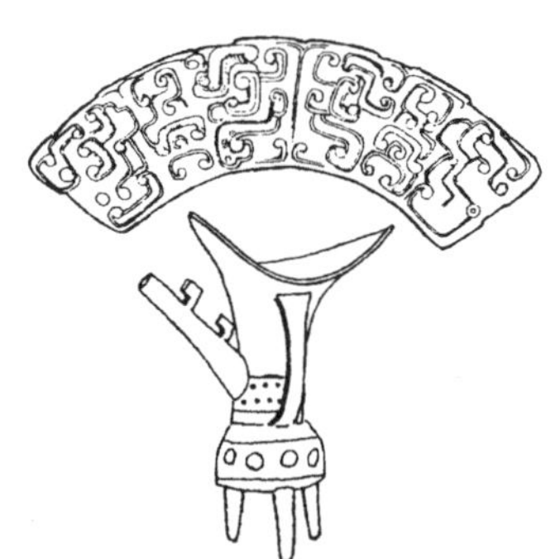

만약 정성을 기울이지 않은 자가 있다면 반드시 죄를 묻는다.

是月也 大飮烝 시월야 대음증	이 달에는 겨울 시제인 증제를 올린다.
天子乃祈來年于天宗 천자내기래년우천종	천자는 일월성신인 천종에 돌아오는 새해에 풍년이 들기를 기도한다.
大割祠于公社及門閭 대할사우공사급문려	희생을 크게 나누어 공사와 문려에 제사지낸다.
臘先祖五祀 납선조오사	사냥하여 얻은 물건으로 선조와 오사에 제사지낸다.
勞農以休息之 노농이휴식지	1년 동안 농사짓느라 수고한 농민들을 위로하고 편안히 쉬도록 한다.
天子乃命將帥講武 천자내명장수강무	천자는 장수에게 명하여 무예를 강론하도록 하고
習射御 角力 습사어 각력	활쏘기와 말을 모는 연습을 하고 서로 힘겨루기를 하도록 한다.
是月也 시월야	이 달에는
乃命水虞漁師 내명수우어사	수우와 어사에게 명하여
收水泉池澤之賦 수수천지택지부	샘물과 연못의 세금을 거두게 하되
毋或敢侵削衆庶兆民 무혹감침삭중서조민	많은 백성을 착취하여
以爲天子取怨于下 이위천자취원우하	천자가 원한을 사는 일이 없도록 한다.
其有若此者 기유약차자	만약 이와 같은 사람이 있다면
行罪無赦 행죄무사	죄를 묻고 용서하는 일이 없도록 한다.

이 달에는 겨울 시제인 증제蒸祭를 올린다. 천자는 일월성신을 향해 은총을 기도하고 토지신과 출입문의 신에게도 은총을 구하는 기도를 한다.

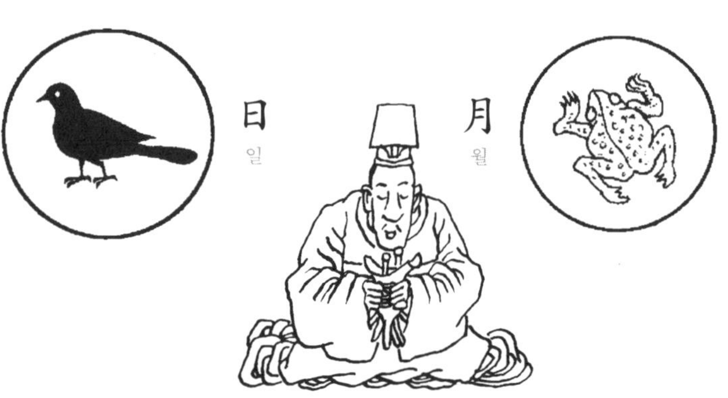

선조와 오계의 모든 신에게 향제를 올리고 농민의 노고를 위로하고 편안히 휴식을 취하도록 한다.

천자는 장수에게 명하여 무예를 연마하고 서로 힘겨루기를 하도록 한다.

이 달에는 어업을 담당하는 관리와 어사에게 명령하여 샘물과 연못의 세금을 거둬들이라 한다.

백성의 이익을 침해하거나 감소시켜 천자가 백성들로부터 원한을 사지 않도록 한다.

만약 이러한 사람이 있다면 반드시 심한 벌을 주어야 한다.

체포하라!

仲冬之月 日在斗
중동지월 일재두
중동의 달에 태양은 두성에 위치한다.

昏東壁中 且軫中
혼동벽중 차진중
황혼녘에는 동벽성이 한가운데 있고 새벽녘에는 진성이 한가운데 있다.

其日壬癸 其帝顓頊 其神玄冥
기일임계 기제전욱 기신현명
이 달의 천간은 임계이고 제는 전욱이며 신은 현명이다.

其蟲介 其音羽 律中黃鍾
기충개 기음우 율중황종
벌레는 개충이며 주음은 우이며 12율은 황종과 호응한다.

其數六 其味鹹 其臭朽
기수육 기미함 기취후
숫자는 6이고 맛은 짠맛이며 냄새는 썩은 냄새다.

其祀行 祭先腎
기사행 제선신
제사는 길의 신인 행신에게 지내며 희생은 오장 중에서 신장을 먼저 바친다.

冰益壯 地始坼
빙익장 지시탁
얼음이 더욱 굳게 얼고 땅이 갈라지기 시작한다.

鶡旦不鳴 虎始交
갈단불명 호시교
할단새가 울음을 그치고 호랑이가 교미를 시작한다.

11월 중동에 태양은 28수의 두수斗宿 부근에 위치한다.

井 정 參 삼 觜 자 畢 필 昴 묘 胃 위 婁 루 奎 규 壁 벽 室 실 危 위 虛 허 女 여 牛 우 斗 두 箕 기 尾 미 心 심 房 방 氐 저 亢 항 角 각 軫 진 翼 익 張 장 星 성 柳 유 鬼 귀

南 남 午 오 西 서 酉 유 北 북 子 자 東 동 卯 묘

황혼녘에는 벽수壁宿가 남쪽 하늘 한가운데 나타난다.

壁宿
벽수

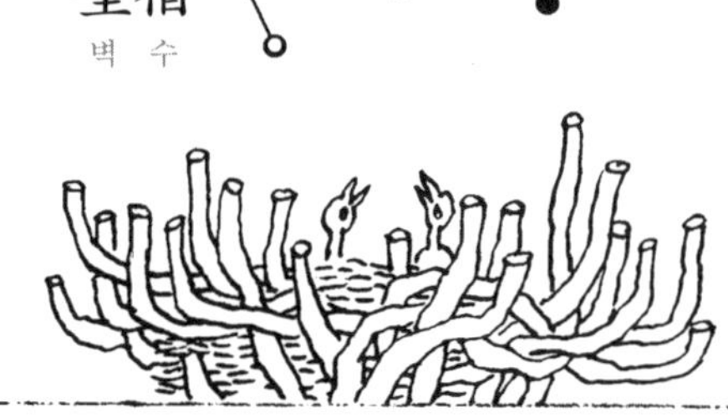

새벽녘에는 진수軫宿가 남쪽 하늘 한가운데 나타난다.

이 달은 12율 중에서 자율子律인 황종黃鐘과 호응한다.
南 남
午 오
巳 사
午 미
辰 진
申 신
東 동
卯 묘
酉 유
西 서
寅 인
戌 술
丑 축
亥 해
子 자
北 북
黃鐘 황종
얼음이 더욱 두껍게 언다.
엄동설한에 대지가 갈라진다.
호랑이가 교미를 시작한다.
날이 밝아오는 것을 알리는 할단새는 울음을 그친다.

天子居玄堂太廟 천자거현당태묘	천자는 현당 태묘에 거처하며
乘玄路 駕鐵驪 승현로 가철려	검정색 수레를 타고 수레는 철려가 끈다.
載玄旂 衣黑衣 服玄玉 재현기 의흑의 복현옥	검은색 깃발을 꽂고 검은색 옷을 입으며 검은색 옥을 찬다.
食黍與彘 其器閎以奄 식서여체 기기굉이엄	기장과 돼지고기를 먹으며 그릇은 가운데가 넓고 주둥이가 좁은 것을 쓴다.
飭死事 칙사사	육군六軍 병사들이 필사의 결의를 가지도록 독려한다.
命有司曰 土事毋作 명유사왈 토사무작	유사에게 명하여 토목공사를 일으키지 말고,
愼毋發蓋 毋發室屋 신무발개 무발실옥	갈무리하여 저장해놓은 것을 열지 말고 집의 방문이나 창문을 열어두지 않으며,
及起大衆 급기대중	백성을 동원하지 않는다.
以固而閉 地氣沮泄 이고이폐 지기저설	모든 것을 단단히 싸서 안전하게 저장해놓도록 한다.
是謂發天地之房 시위발천지지방	땅속에 있는 양기가 밖으로 새어나오면 이는 천지에 저장해놓은 것이 방출되는 것과 같다.
諸蟄則死 제칩즉사	그러면 땅속에서 겨울잠을 자는 동물이나 곤충이 죽게 되고
民必疾疫 又隨以喪 민필질역 우수이상	사람들은 전염병에 걸려 죽게 될 것이다.
命之曰暢月 명지왈창월	이를 창월이라 한다.

천자는 절기에 따라 북당北堂의 태묘 정실正室로 거처를 옮긴다.

육군의 병사들에게 전쟁에 나가 장렬히 싸우다 전사하겠다는 정신을 심어준다.

유사에게 명하여 "토지를 사용하는 어떤 일이나 계획도 세우지 말라"고 한다.

꽁꽁 싸매둔 것은 절대로 그 뚜껑을 열지 않는다.

모든 것을 단단히 싸서 안전하게 저장해놓는다.

땅속에 있는 양기가 밖으로 새어나오면 천지에 저장해놓은 것이 방출되기 때문이다.

그러면 땅속에 숨어 겨울잠을 자는 동물이나 곤충이 죽고, 사람들 또한 전염병에 걸려 죽게 될 것이다.

是月也
시 월 야
이 달에는

命奄尹申宮令
명 엄 윤 신 궁 령
궁의 여닫이를 맡은 엄윤에게 명하여 궁내의 법령을 알리도록 한다.

審門閭 謹房室
심 문 려 근 방 실
문려의 개폐를 살피고 방과 집을 꼼꼼히 살펴

必重閉
필 중 폐
안쪽과 바깥쪽의 문과 창문을 잘 닫도록 한다.

省婦事 毋得淫
성 부 사 무 득 음
부녀자의 일을 줄이고, 일이 지나치게 공교롭지 않도록 한다.

雖有貴戚近習 毋有不禁
수 유 귀 척 근 습 무 유 불 금
천자의 총애를 받는 사람이나 친척도 이를 꼭 지키도록 한다.

乃命大酋 秫稻必齊
내 명 대 추 출 도 필 제
대추에게 명하여 차조와 벼는 반드시 알이 꽉 찬 것을 선택하고

麴蘗必時 湛熾必潔
국 벽 필 시 담 치 필 결
누룩은 제때에 맞춰 띄우고
쌀은 물에 담가 씻고, 찌는 일은 꼭 정갈하게 한다.

水泉必香 陶器必良
수 천 필 향 도 기 필 량
샘물은 반드시 달고 신선한 것을 쓰고
술을 담는 오지그릇은 좋은 것으로 갖추어 놓는다.

火齊必得
화 제 필 득
술을 빚는 시기는 꼭 제때에 맞추도록 한다.

兼用六物
겸 용 육 물
여섯 가지가 준비되면

大酋監之 毋有差貸
대 추 감 지 무 유 차 대
대추는 술을 빚는 과정을 감독하고 한 치의 어긋남이 없도록 한다.

이 달에는 엄인奄人*의 우두머리에게 거듭 궁내의 법령을 알리도록 한다.

문려의 개폐를 살피고 방과 집을 꼼꼼히 살펴 안쪽과 바깥쪽의 문과 창문을 꼭 잘 닫도록 한다.

* 엄인: 그 정기를 새어나가지 않게 막는다는 의미로 붙은 이름이다.

부녀자의 일을 줄이고,* 지나친 기교를 부리지 못하도록 한다.

설사 천자의 친척이나 천자의 총애를 받는 사람이라도 명을 어겨서는 안 된다.

대추大酋**에게 명하여 차조와 벼는 반드시 알이 꽉 찬 것을 선택하고, 누룩은 제때에 맞춰 띄우고, 쌀은 물에 담가 씻고, 찌는 일은 꼭 정갈히 하도록 한다. 샘물은 반드시 달고 신선한 것을 쓰고 술을 담는 오지그릇은 좋은 것으로 갖추어 놓도록 한다.
술을 빚는 시기는 꼭 제때에 맞추도록 한다.

여섯 가지 술을 빚는 과정은 대추가 책임지고 이를 감독하며 한 치의 어긋남이 없도록 한다.

천자는 사제에게 명하여 사해四海, 대천大川, 하류河流, 심택深澤과 우물과 샘에 빌고 제사 지내도록 한다.

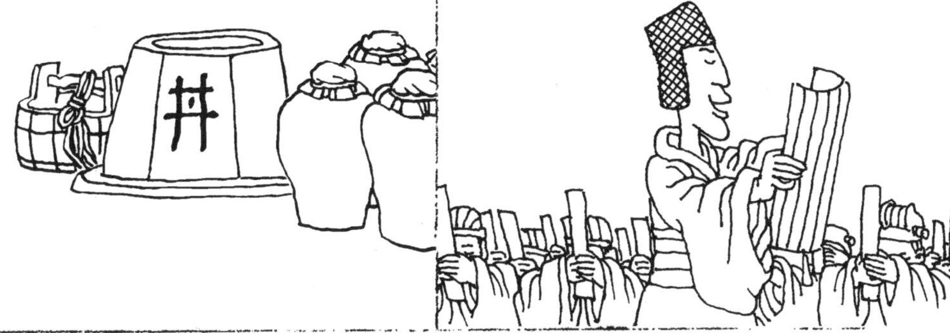

*음의 고요함을 힘써 따른다는 뜻이다.
** 대추: 술을 빚는 관원.

是月也
시월야

農有不收藏積聚者
농유불수장적취자

馬牛畜獸有放佚者
마우축수유방일자

取之不詰
취지불힐

山林藪澤 有能取蔬食
산림수택 유능취소식

田獵禽獸者 野虞敎導之
전렵금수자 야우교도지

其有相侵奪者 罪之不赦
기유상침탈자 죄지불사

이 달에는

농사지은 것을 거두어 쌓아두지 않거나

소, 말 등 집에서 기르는 가축을 간수하지 못하는 자가 있다면

다른 사람이 이를 가져도 힐책하지 않는다.

산림과 소택지에서 채소나 과실을 채취하거나

새나 짐승을 사냥하는 자가 있으면
야우는 이들에게 마땅히 어떻게 해야 하는지 가르친다.

만약 서로 침탈하는 일이 발생하면 심하게 벌을 준다.

이 달에는 농사지은 것을 거두어 갈무리하거나 쌓아두지 않는 자가 있거나, 소나 말 등 집에서 기르는 가축을 잘 간수하지 못해 제멋대로 돌아다니게 하는 자가 있다면, 다른 사람이 이를 가져도 힐책하지 않는다.

산림과 소택지에서 채소나 과실을 채취하거나 새나 짐승을 사냥하는 자가 있으면, 산림과 소택지를 관장하는 관리가 마땅히 어떻게 해야 하는지 가르친다.

是月也 시 월 야	이 달에는
日短至 일 단 지	낮의 길이가 가장 짧다.
陰陽爭 諸生蕩 음 양 쟁 제 생 탕	음양이 다투며 만물이 살아나는 기미가 엿보인다.
君子齊戒 處必掩身 군 자 제 계 처 필 엄 신	군자는 재계하고 거처를 가린다.
身欲寧 신 욕 녕	심신을 편안히 하며,
去聲色 禁耆欲 거 성 색 금 자 욕	성색과 오락을 멀리하고
安形性 事欲靜 안 형 성 사 욕 정	기호와 욕망을 금한다.
以待陰陽之所定 이 대 음 양 지 소 정	음양의 조화가 이루어지길 기다린다.
芸始生 운 시 생	운초가 자라기 시작하고
荔挺出 蚯蚓結 여 정 출 구 인 결	지렁이가 땅속에서 꿈틀거린다.
麇角解 水泉動 균 각 해 수 천 동	사슴의 뿔이 떨어지고 수원이 불어난다.
日短至 일 단 지	낮의 길이가 짧아지면
則伐木取竹箭 즉 벌 목 취 죽 전	벌목을 하고 대나무를 채취한다.

이 달에는 낮의 길이가 가장 짧다. 음양이 서로 조화를 이루기 위해 다투는 과정에서 각종 생물에도 변화가 생긴다.

군자는 재계하고 거처를 가린다. 또한 성색과 오락을 멀리하고 기호와 욕망을 금한다.

심신을 편안히 하고 일 처리를 조용히 한다.
음양이 조화를 이루길 기다린다.

운초가 자라기 시작하고
지렁이가 땅속에서 꿈틀거린다.

사슴의 뿔이 떨어지고 수원水源은 양의 기운이
시작되는 동지부터 점점 불어난다.

낮 길이가 가장 짧은 극점에 이르면
음이 왕성하고 재목이 완성되므로 벌목을
한다. 큰 대나무를 죽竹, 작은 대나무를
전箭이라고 한다.

이 달에는 일이 없어서 빈둥거리는 관리를
그만두게 하고, 그릇 중에서 쓸모없는 것을
없앨 수 있다.

대궐이나 마을의 문을 보수하고 감옥을
축소한다. 이는 하늘과 땅을 닫고 갈무리하는
일을 돕는 것이다.

季冬之月 (계동지월)	계동의 달에는
日在婺女 (일재무녀)	태양이 무녀성 부근에 위치한다.
昏婁中 (혼루중)	황혼녘에는 누성이 한가운데 있고
旦氐中 (단저중)	새벽녘에는 저성이 한가운데 있다.
其日壬癸 (기일임계)	계동의 천간은 임계이다.
其帝顓頊 (기제전욱)	제는 전욱이고
其神玄冥 (기신현명)	신은 현명이다.
其蟲介 其音羽 (기충개 기음우)	벌레는 개충이며 주음은 우이며
律中大呂 (율중대려)	12율은 대려와 호응한다.
其數六 其味鹹 (기수육 기미함)	숫자는 6이고 맛은 짠맛이며
其臭朽 (기취후)	냄새는 썩은 냄새다.
其祀行 (기사행)	제사는 길의 신인 행신에게 지내며
祭先腎 (제선신)	희생은 신장을 먼저 바친다.

12월 계동에 태양은 28수의 여수女宿 부근에 위치한다.

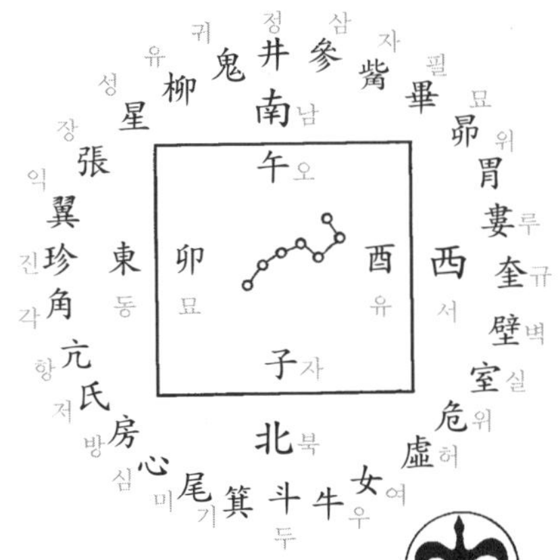

황혼녘에는 누수婁宿가 남쪽 하늘 한가운데 나타나고, 새벽녘에는 저수氐宿가 남쪽 하늘 한가운데 나타난다.

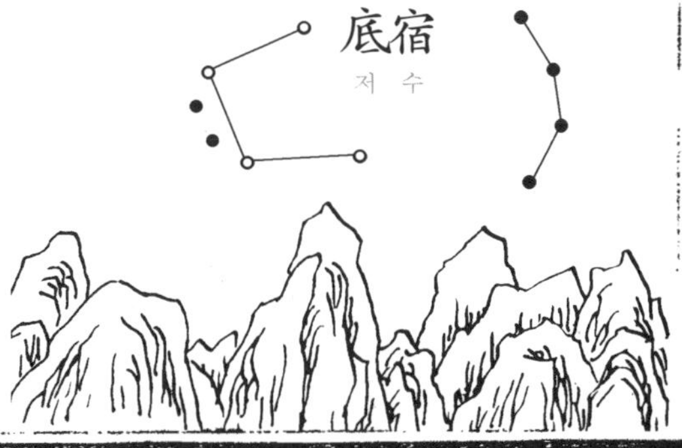

雁北向 (안 북 향)	기러기가 북쪽을 향해 날아가고
鵲始巢 (작 시 소)	까치가 둥지를 만들기 시작한다.
雉雊 雞乳 (치 구 계 유)	꿩이 암컷을 찾아 울고 닭이 알을 품는다.
天子居玄堂右個 (천 자 거 현 당 우 개)	천자는 현당 우개에 거한다.
乘玄路 駕鐵驪 (승 현 로 가 철 려)	검은색 수레를 타고 수레는 철려가 끈다.
載玄旂 (재 현 기)	검은색 깃발을 꽂고
衣黑衣 (의 흑 의)	검은색 옷을 입고
服玄玉 (복 현 옥)	검은색 옥을 찬다.
食黍與彘 (식 서 여 체)	기장밥과 돼지고기를 먹으며
其器閎以奄 (기 기 굉 이 엄)	그릇은 가운데가 넓고 주둥이가 좁은 것을 쓴다.
命有司大難 (명 유 사 대 난)	유사에게 명하여 나례를 거행하고
旁磔 (방 책)	도성의 사대문에 희생을 찢어놓는다.
出土牛以送寒氣 (출 토 우 이 송 한 기)	토우를 만들어 한기를 다 보낸다.

기러기가 북쪽을 향해 날아가고 까치는 둥지를 만든다. 꿩이 암컷을 찾아 울고 닭은 알을 품는다.

담당 관리에게 명하여 나례를 거행해 역귀를 몰아내고 도성의 사대문에 희생을 찢어 놓도록 한다. 흙으로 소를 만들어 한기를 보낸다.

征鳥厲疾 乃畢山川之祀
정 조 려 질 내 필 산 천 지 사
매와 새매가 매우 사납고 빨라지면 산천의 신령과

及帝之大臣 天之神祇
급 제 지 대 신 천 지 신 기
오제의 대신과
천지의 신에게 올리는 제사를 끝내도록 한다.

是月也 命漁師始漁
시 월 야 명 어 사 시 어
이 달에는 어사에게 명하여 물고기를 잡기 시작하는데

天子親往 乃嘗魚
천 자 친 왕 내 상 어
천자가 친히 행차하여 잡은 물고기를 맛보되

先薦寢廟
선 천 침 묘
먼저 침묘에 제사를 올리고 맛을 본다.

冰方盛 水澤腹堅
빙 방 성 수 택 복 견
얼음이 한창이어서 강이나 호수에 얼음이 두껍게 얼었다.

命取冰 冰以入
명 취 빙 빙 이 입
따라서 얼음을 떠다가 빙고를 채우도록 한다.

매와 새매는 사납고 빠르게 공중을 난다.

그러면 산천의 귀신과 오제를 보좌하는 신하와 천지의 신에게 올리는 제사를 끝내도록 한다.

이 달에는 어사에게 명하여 물고기를 잡기 시작하는데 천자가 친히 행차하여 잡은 물고기를 맛보되 먼저 침묘에 제사를 올리고 맛을 본다.

강이나 호수에 얼음이 두껍게 얼었으므로 천자는 얼음을 떠다가 저장고에 채우라고 명한다.

令告民出五種 영 고 민 출 오 종	백성에게 오곡의 종자를 내게 하고
命農計耦耕事 명 농 계 우 경 사	농업을 담당하는 관리에게 경작에 관한 계획을 세우도록 명한다.
修耒耜 수 뢰 사	쟁기와 보습을 수리하고
具田器 구 전 기	농기구를 구비한다.
命樂師大合吹而罷 명 악 사 대 합 취 이 파	악사에게 명하여 크게 취주악을 연주하게 한다.
乃命四監收秩薪柴 내 명 사 감 수 질 신 시	사감에게 명하여 땔나무를 가져오도록 하여
以共郊廟及百祀之薪燎 이 공 교 묘 급 백 사 지 신 료	종묘와 사당의 온갖 제사에 땔감으로 쓸 수 있도록 한다.
是月也 시 월 야	이 달에는
日窮于次 일 궁 우 차	태양이 28수인 견우성을 다하게 되어 끝에 이르며,
月窮于紀 월 궁 우 기	달도 회기를 끝내고
星回于天 성 회 우 천	별이 한 바퀴를 돌아서
數將幾終 수 장 기 종	원위치로 돌아온다.
歲且更始 세 차 갱 시	다시 일 년이 시작된다.

농사를 담당하는 관리에게 명하여 백성에게 오곡의 종자를 선별할 것을 알린다.

농민이 경작에 관해 계획을 세우도록 한다. 쟁기와 보습을 수리하고 농기구를 갖추도록 한다.

악사에게 명하여 연합하여 연주를 하도록 한 후 해산시킨다.

그러고 나서 산림과 소택을 관리하는 사감에게 명하여 백성에게 마땅히 바쳐야 할 땔나무를 모아 종묘와 사당 등 온갖 제사에 필요한 땔감으로 쓸 수 있도록 한다.

이 달에는 태양이 원래의 위치로 돌아오고 달은 태양과 만나며 별도 하늘을 한 바퀴를 돌아 제자리를 찾는다. 일 년의 수數가 곧 종말을 고하고 새로운 일 년이 도래하는 것이다.

◎ 專而農民 毋有所使
전이농민 무유소사

농민들은 오로지 농사에만 전념하게 하고 부역에 동원해서는 안 된다.

天子乃與公卿大夫
천자내여공경대부

자는 공경, 대부와 함께

共飭國典 論時令
공칙국전 논시령

나라의 법전을 바로잡고 사시의 정령을 논하여

以待來歲之宜
이대래세지의

돌아오는 새해에 차질이 없도록 대비한다.

乃命太史次諸侯之列
내명태사차제후지열

태사에게 명하여 제후의 서열에 따라

賦之犧牲
부지희생

제사에 쓸 희생의 수를 정해

以共皇天上帝社稷之饗
이기황천상제사직지향

상제와 사직에 드리는 제향의 제물을 바치게 한다.

乃命同姓之邦
내명동성지방

동성의 제후국에게 명하여

共寢廟之芻豢
공침묘지추환

침묘에 사용할 희생을 바치도록 한다.

농민은 농사일에만 전념하도록 하며 부역에 동원하지 않는다.

천자는 신하를 모두 모아놓고 함께 국가의 법전을 연구하고, 사시의 정강政綱을 토론하여 돌아오는 새해의 상황에 적합하도록 한다.

태사에게 명하여 제후의 서열에 따라 제사에 쓸 희생 수를 정하고 상제와 사직에 드리는 제향에 제물로 바치게 한다.

또한 같은 성姓을 가진 제후에게 명하여 제사에 쓸 희생을 바치도록 한다.

命宰歷卿大夫至于庶民 명 재 력 경 대 부 지 우 서 민	재상에게 명을 내려 경 · 대부에서 서민에 이르기까지
土田之數 而賦犧牲 토 전 지 수 이 부 희 생	소유하고 있는 전지의 면적에 따라 바칠 희생의 수를 할당하고,
以共山林名川之祀 이 공 산 림 명 천 지 사	명산과 대천에 드리는 제사의 제물을 바치도록 한다.
凡在天下九州之民者 범 재 천 하 구 주 지 민 자	천하 구주에 사는 온 백성에게
無不咸獻其力 무 불 함 헌 기 력	힘써
以共皇天上帝 社稷寢廟 이 공 황 천 상 제 사 직 침 묘	상제, 사직, 종묘, 명산, 대천에 올리는
山林名川之祀 산 림 명 천 지 사	제물을 바치도록 한다.

재상에게 명을 내려 경 대부의 녹전祿田에서 백성이 소유하고 있는 토지의 면적에 따라 바칠 희생 수를 할당하고, 명산과 대천에 드리는 제사의 제물을 바치도록 한다.

구주에 사는 온 백성에게 힘써
상제, 사직, 종묘, 명산, 대천에 올리는 제물을
바치도록 한다.

禮義也者 人之大端也	예의야자 인지대단야
故壞國 喪家	고괴국 상가
亡人 必先去其禮	망인 필선거기례
故禮之於人也 猶酒之有糵也	고례지어인야 유주지유얼야
君子以厚	군자이후
小人以薄	소인이박

예의라는 것은 사람의 근본이다.

나라가 망하고, 집안이 몰락하고,

개인의 명예가 실추되는 까닭은 예를 버렸기 때문이다.

예는 사람에게 있어 술의 누룩과 같다.

군자는 향기가 진한 맛 좋은 술과 같지만

소인은 향이 없는 맛없는 술과 같다.